음식과 먹기의 사회학

Food, the Body and the Self

음식, 몸, 자아

데버러 럽턴 지음
박형신 옮김

한울
아카데미

Food, the Body and the Self

SAGE
Los Angeles|London|New Delhi
Singapore|Washington DC

Food, the Body and the Self
by Deborah Lupton

차례

감사의 말

이 책은 내가 네피안에 소재한 웨스턴시드니 대학교에서 통상적인 강의와 행정 의무를 면제받은 1995년 1학기의 긴 휴식 기간에 완성되었다. 나는 내게 연구와 저술에 전념할 수 있는 시간을 제공해준 대학 당국에 감사한다. 이 기간 동안에 나는 몇 주간을 글래스고우 대학교의 MRC 의료사회학 연구단과 질롱에 소재한 디킨 대학교의 몸과사회연구소에서 방문 연구원으로 지냈다. 나는 (좋은 음식과 와인을 대접해준 것을 비롯하여) 친절한 호의를 베풀어주고 특히 나의 음식 연구 세미나를 지켜보고 토론을 자극해준 두 기관의 참모진에게 감사한다. 인터뷰와 포커스 그룹 토론을 훌륭하게 수행해준 연구조교 엘스 래키Else Lackey, 제인 맥린Jane McLean, 저스틴 로이드Justine Lloyd에게도 감사한다. 나의 일을 계속해서 지원해준 가미니 콜레스Gamini Colless에게는 특별한 감사를 표한다.

이 책에는 이전에 발표한 다음의 두 편의 논문에서 따온 부분들이 포함되어 있다. "Food, memory and meaning: the symbolic and social nature of food events", The Sociological Review, 42(4), 1994, pp. 664~685; "'A healthy lifestyle might be the death of you': discourses on diet, cholesterol control and heart disease in the press and among the lay public"(with S. Chapman), Sociology of Health and Illness, 17(4), 1995, pp. 477~494.

서론

음식과 먹기 습관은 일상생활의 평범한 관행이다. 살아 있는 존재로서의 우리 모두는 생존하기 위해서는 먹어야만 한다. 하지만 이 명백한 평범성이 판단을 그르치게 한다. 음식과 먹기 습관 그리고 음식 선호는 단지 우리 스스로에게 '연료를 공급하고' 배고픔의 고통을 완화하고 미각을 즐기는 문제인 것만은 아니다. 음식과 먹기는 우리의 주체성이나 자아의식 그리고 우리의 육체화 경험, 또는 우리가 우리의 몸속에서 그리고 몸을 통해 살아가는 방식 — 그 자체로 주체성과 뗄 수 없게 연결되어 있는 — 에서 중심을 차지하고 있다. 따라서 음식과 먹기의 의미, 담론, 관행은 문화적으로 상세하게 분석하고 해석할 만한 가치가 있다. 이 책은 육체적 경험과 신체적 느낌이 사회와 문화에 의해 구성되거나 매개되는 정도와 관련한 문제들을 탐구함으로써 육체화와 주체성의 맥락에서 먹기 선택과 선호를 설명하고자 한다.

오늘날 사회학 내에서 어떤 신체적 과정 — 그것이 질병이든, 성적 갈망이든, 감정적 반응이든, 또는 어떤 음식에 대한 열망이든 간에 — 이 순수하게 생물학의 산물이라고 주장되는 경우는 드물다. 내가 음식과 먹기의 사회문화적 의미에 대한 분석에서 채택해온 접근 방식은 흔히 사회구성주의적 관점으로 지칭되는 것이다. 나는 음식을 둘러싼 음미와 경험에 일정 정도 생리학적 요소가 존재한다는 것을 받아들이지만(왜냐하면 일정 형태의 영양분이 없이는 인간의 몸은 솔직히 존재할 수 없기 때문이다), 배고픔, 취향, 음식 선호와 같이 대체로 생물학적인 것으로 자주 이해되는 현상들 역시 우리가 태어난 사회문화적 환경의 산물이라고 주장한다. 따라서 인간은 생존을 위한 먹기 욕구를 가지고 세상에 태어나지만, 태어나는 순간부터 그들이 다른 사람들 및 문화적 인공물과 상호작용 하는 방식이 음식에 대한 그들의 반응을 틀 짓는다.

모든 인간 사회에는 음식 관행과 음식 선호를 둘러싼 다양한 문화적 의미와 담론들이 존재한다. 실제로 음식은 "아주 뛰어난 상징적 매체"이다 (Morse, 1994: 95). 음식 소비 습관은 단지 생물학적 욕구와 결합되어 있는 것만이 아니다. 그것은 또한 사회 계급, 지리학적 지역, 국가, 문화, 젠더, 생활 주기 단계, 종교, 직업들 간의 경계를 특징짓고 의례, 전통, 축제, 계절, 하루의 시간들을 구분하는 작용도 한다. 음식은 "우리의 문화에서 사람의 판단 기준을 구조화한다"(Curtin, 1992a: 4). 식습관은 어떤 사람의 몸에 대한 통제력을 입증하고 상징하기 위해 사용되곤 한다. 음식은 수많은 이원적 범주 — 좋은 또는 나쁜, 남성적 또는 여성적, 강력한 또는 약한, 살아 있는 또는 죽은, 건강에 좋은 또는 건강에 나쁜, 위로 또는 벌, 세련된 또는 서투른, 죄 또는 미덕, 동물성 또는 식물성, 날 것 또는 요리된 것, 자신 또는 타자 — 로 분류될 수 있다. 이러한 이원대립 각각은 일상생활에서의 음식 선호와 믿음을 틀 짓는 데, 어떤 음식의 선택을 지지하고 다른 음식의 선택을 방해하는 데, 그리고 주체성과 육체화된 경험을 구성하는 데 영향력을 행사한다.

음식 의례와 음식 의미가 인간의 육체화와 주체성의 형성 및 경험에서 갖는 분명한 중요성에도 불구하고, 최근까지 사회학자들은 인간의 몸을 단지 주어진 것으로 간주하는 경향이 있었고, 그리하여 사회학 역시 육체화에 대한 연구를 소홀히해온 것과 마찬가지로 육체화의 본질적 차원을 구성하는 음식 관행과 먹기 관행의 연구에 별 주의를 기울이지 않아왔다. 몸의 욕망과 습관에 관한 연구를 진지하게 수행하는 것에 대한 이러한 경멸은 고전 철학에 그 뿌리를 두고 있다. 고대 그리스 철학자 플라톤이 주장했듯이, '진정한 철학자'는 육체적 쾌락과 몸치장 같은 주제를 경멸한다. 왜냐하면 그러한 것에 빠질 경우 "우리는" 육체를 위해 일하는 "노예가 되기" 때문이다. "만약 우리가 육체의 요구로부터 어떤 안일을 얻는다면, 육체는 다시 한 번 더 우리의 탐구에 침입하여 우리가 어렴풋하게나마 진리를 감지하는 것을 방해하고 교란시키고 가로막고 그것에서 빗나가게 할 것이다"(Plato, 1992: 26). 플라톤에 따르면, 육체의 "어리석음"은 순수한 진리와 지식의 탐구를 "오염시킨다". 따라서 철학자의 영혼은 육체를 무시하고 "가능한 한 공정한 판단이 이루어지도록 현실 탐구에서 가능한 한 모든 신체적 접촉과 결합을 피하기" 위해 가혹한 노력을 해야만 한다(Plato, 1992: 25). 그리하여 먹기와 음식 준비와 같은 일상적 관행은 철학적 연구에서 일말의 가치도 없는 것으로 간주될 뿐만 아니라, 철학자들의 육체적 욕구를 부추겨 그들의 명상을 방해하고 혼란에 빠지게 함으로써 순수한 사고를 위협하는 것이었다. 육체화에 주의를 집중하는 것은 실제로 철학의 로고스 중심주의적 프로젝트 전체 — 합리화 충동, 정신과 육체의 분명한 구분, 육체화보다는 사고력의 고양 — 를 좌절시킨다.

유사하게 요리 관행도 그것의 덧없는 성격 때문에 그리고 육체 노동과 연계되고 '과학', '예술' 또는 '이론'보다는 육체 서비스의 제공과 연결되어 있기 때문에 진지한 학문적 관심의 대상이 되지 못해왔다. 요리는 속세의 물리적 세계와 얽혀 있는 하나의 실제적 활동으로 인식된다. 그리하여 요리는 지적 또는 정신적 활동에 비해 천하고 열등한 것으로 간주된다(Heldke, 1992a: 207). 하지만 요리는 단지 원재료의 질감, 맛 또는 소화율을 변화시킴으로써 원재료를 더 먹기 좋게 만들기 위해 그것에 열을 가하거나 여타 기술을 적용하기만 하는 것이 아니다. 요리는 원물질을 '자연' 상태에서부터 '문화' 상태로 변형시키고 그럼으로써 원물질을 길들이고 순화시키는 도덕적 과정이다. 이러한 행위는 나무에서 과일을 따고 그것을 씻고 칼로 자르는 것처럼 아주 단순할 수도 있고, 또는 몇 시간에 걸친 준비를 요구하는 최고급 요리를 만드는 것처럼 아주 복잡할 수도 있다. 그러므로 음식은 요리에 의해 단지 실행의 수준에서만이 아니라 상상력의 수준에서 '문명화된다'. 실제로 피슐러(Fischler, 1988: 284)는 "그러한 행위는 매우 마법적이어서 사람들로 하여금 요리법과 요술 간에 기묘한 친족관계를 생각해내게 한다"고 주장한다.

철학은 남성적이고 탈육체화된다. 반면 음식과 먹기는 여성적이고 항상 육체화된다. 음식 관행과 같은 일상의 평범한 일에 주목하는 것은 항상 인간 주체의 '문명화된' 겉치장 내에 숨어 있는 동물적 속성을 부각시키게 된다. 음식은 그것의 유기체적 속성 때문에 합리적 사고의 '청결한' 순수성 속으로 침입한다. 음식은 더렵혀진 것, 즉 매우 분해되기 쉬운 물질이다. 음식은 그 준비 과정에서, 처리 과정에서 그리고 그 부산물 속에서 지저분해지고 더러워진다. 음식은 불가피하게 부패하고 악취를 풍긴다. 맛있는 음식도 단지 몇 시간 또는 며칠이 지나면 썩은 물질 또는 배설물이 된다.

그 결과 혐오는 결코 음식과 먹기가 주는 즐거움과 멀리 떨어져 있지 않다. 음식은 계속해서 오물이 될 조짐을 보인다. "미끈거리는 것과 기름기 많은 것이 거기서 분명하고 주목받는 한자리를 차지하고 있고, 지방질의 것과 끈적거리는 것도 그러한 점에서 큰 주목을 받고 있다. 요컨대 오물이 가질 수 있는 모든 특징들이 음식에서 발견된다"(Enzensberger, 1972: 28). 음식은 인간 육체의 죽을 수밖에 없는 운명 — 즉 생명체의 피할 수 없는 엔트로피 — 의 환유어이다. 그러므로 음식은 현저한 양가감정의 한 근원이다. 즉 음식은 항상 몸을 더럽히고 오염시킬 수 있지만, 생존에 필수적인 것이자 커다란 즐거움과 만족의 원천이기도 하다.

이 책에서 나는 음식, 먹기, 요리라는 명백히 '실제적인' 현상과 주체성, 감정, 기억, 사회화라는 보다 분명하게 '추상적이고' '사회학적인' 현상 간의 연계 관계를 탐구한다. 그 과정에서 나는 서구 사회의 음식 습관과 음식 관행, 문화, 육체화, 자아의 뒤얽힘을 어린 시절, 엄마-아이 관계, 음식 취향, 호오好惡, 외식 경험, 영성, '문명화된' 몸의 측면에서 논의한다. 비록 이 책이 '음식과 먹기의 사회학'이라는 광범한 범주에 속하기는 하지만, 나는 미셸 푸코Michel Foucault, 피에르 부르디외Pierre Bourdieu, 노르베르트 엘리아스Norbert Elias, 메리 더글라스Mary Douglas, 줄리아 크리스테바Julia Kristeva와 같은 육체화와 주체성에 관한 글을 써온 많은 주요 사회·문화이론가들뿐만 아니라 서구 사회에서 음식과 먹기에 관한 사회문화적·역사적 차원들을 탐구해온 많은 다른 학자들과 연구자들의 논의를 포괄하는 강력한 학제적 접근 방식을 취하고 있다. 이 책에서 사용한 기본 자료들은 신문과 잡지의 기사, 광고, 영화, 식품·건강·육아에 관한 책과 같은 문화적 산물뿐만 아니라 공중 보건과 의료 분야 학술 잡지의 논문, 책, 보고서 및 건강 증진 캠페인과 같은 공식 텍스트를 포함한 수많은 전거들로부터 따왔다. 이러한 자료들에 더하여 사람들의 음식과 먹기에 대한 기억, 사고, 경험, 생각을 직접 이끌어내는 세 가지 방법 — 기억 기술하기, 반半구조화된 개인 면접, 포커스 그룹 토의 — 이 시드니에 사는 서로 다른 세 집합의 사람들에게 사용되었다(이들 연구와 참여자들에 대한 보다 상세한 내용에 대해서는 부록을 참조하라).

이 책의 논의가 서구 사회에서 아무런 제약 없이 음식과 식품을 선택할 수 있는 개인들의 맥락에서 음식과 먹기를 둘러싼 주체의 위치, 감정, 기억, 육체화 경험을 주로 문화적으로 다루고 있다는 점을 지적해두어야만 한다. 이를테면 이 책을 위해 수행된 경험적 연구에 참여한 개인들 중에 (비록 일부 나이 많은 참여자들이 대공황이나 전쟁 동안 그들의 어린 시절에 겪은 궁핍을 기억하고 있었지만) 충분히 먹지 못하는 위치에 있는 사람은 아무도 없었다. 그러므로 이 책은 음식의 결핍, 영양실조 또는 굶주림을 둘러싼 문제들, 즉 개발도상국가의 많은 사람과 발전된 국가의 일부 사람들이 직면한 상황에 대해서는 다루지 않는다. 이 책에서 개관한 음식과 먹기를 둘러싼 담론, 의미, 경험들이 주기적으로 단지 끼니를 때우기 위해 분투해야만 하는 사람들의 그것들과는 아주 다를 수 있다는 것은 분명하다.

제1장에서는 음식 습관과 음식 선호를 연구하기 위해 채택해온 다양한 이론적 접근 방식들 — 영양학이 제공한 관점에서부터 기능적·비판적 구조주의와 후기구조주의를 포함하는 사회학적·인류학적 관점에 이르기까지의 — 을 소개한다. 제1장에서는 하나의 상품으로서의 음식, 음식과 구별짓기, 그리고 음식과 '문명화된' 몸을 탐구하고, 음식, 주체성, 육체화, 기억, 감정의 상호연계성을 고찰하여, 이 책의 나머지에서 수행할 논의의 토대를 마련

한다. 제2장에서는 어린 시절과 가족의 맥락에서 음식에 초점을 맞추어, 모성의 역할과 엄마-아이 관계 속에서 음식의 의미, 하나의 선물로서의 음식, 가족 내에서 음식을 둘러싼 갈등과 긴장, 그리고 크리스마스와 같은 특별한 행사에서 음식이 수행하는 역할을 논의한다. 제2장은 어린 아이에서 성인으로의 사회화 과정에서 음식과 테이블 매너가 차지하는 위치를 아이의 관점과 부모의 관점 모두에서 탐구한다. 제2장은 특히 어린 시절의 음식 기억과 음식 경험에 스며들어 있는 향수, 위안, 기쁨의 감정과 좌절, 반항, 화라는 그와 대립하는 감정들을 고찰한다.

제3장에서는 현대 서구 사회에서 음식과 먹기를 둘러싼 가장 지배적인 테마 중의 하나, 즉 음식과 건강의 연계성과 그것에 동반되는 도덕성과 자기 통제의 의미를 논의하는 것으로 나아간다. 서구 사회에서 대부분의 사람들은 음식의 부족으로 인해 고통을 받는 것이 아니라 오히려 건강, 신체적 매력, 그리고 '고결한' 개인이라는 관념을 둘러싼 정설에 맞게 자신들의 먹기 습관을 통제하려고 분투하고 있다. 제3장은 음식이 병리적인 것으로 전화되는 과정을 탐구하며, 먹기에 대한 영양학적 관점의 역사를 추적하고, '건강에 좋은' 음식과 '건강에 나쁜' 음식을 둘러싸고 흔히 불러내어지는 의미들을 개관한다. 이 논의는 '자연' 식품과 '인공' 식품 간의 이원 대립에 초점을 맞추어 진행된다. 제4장에서는 음식과 먹기 관행을 이해하는 양식들에 대한 다소 상이한 관점으로 이동한다. '좋은' 취향과 '나쁜' 취향의 관념, 문화 자본과 경제 자본의 소유, 아비투스와 음식 선호, 그리고 성향의 관계가 먼저 탐구된다. 그다음으로 외식 경험과 식품과 음식 선호의 젠더화가 분석된다. 제4장은 계속해서 미끈거리는 물질과 끈적거리는 물질, 음식으로서의 동물의 살, 내장, 피를 둘러싼 양가감정을 포함하여 특정 음

식에 대한 혐오와 반감에 대해 검토한다. 제4장은 음식 선호가 사회집단과 개인 모두에서 어떻게 변화될 수 있는지를 논의하는 것으로 끝맺음된다.

마지막 장인 제5장에서는 음식과 먹기와 관련하여 금욕주의와 소비의 변증법을 탐구한다. 이 논의는 지난 수세기 동안 종교 귀의자들이 행했던 금욕적 단식 관행과 현대의 섭식 장애와 다이어트 관행 간의 유사성을 포함하여, 단식, 영성, 순수성, 자기 통제 간의 연계성을 재검토한다. 또한 제5장에서는 음식/아름다움/건강의 삼각 관계가 '문명화된' 몸, 상품 문화, 소비주의 윤리라는 관념의 맥락에서 검토된다. 그다음으로 음식과 먹기에 대해 개인들이 취한 서로 다른 접근 방식 — 음식에 대한 거의 전적인 무욕에서부터 대식가적 입장에 이르기까지 — 이 논의된다. 제5장은 개인들이 자기가 좋아하는 음식을 탐닉함으로써 해방감과 안락감, 즉 자주 그들의 숨어 있는 본성에 의해 고조되는 쾌락을 끌어내는 방식을 탐구하는 것으로 끝맺음된다. 간략한 결론은 이 책의 주요 줄거리들을 종합하여 그것이 어떻게 서로 연결되어 있는지를 입증한다.

1

음식과 먹기: 이론적 관점

육체화 경험을 사회적으로 생산된 것으로 그리고 음식과 먹기의 관행을 항상 사회적 관계를 통해 매개되는 것으로 이해하기 위해서는 사회, 주체성, 몸이 상호 관련되는 방식에 대한 정교화된 인식이 요구된다. 지난 20여 년 동안 사회학자들은 서구 사회에서 음식 관행을 틀 지어온 의미, 신념, 사회구조에 점점 더 많은 관심을 기울여왔다. '음식과 먹기의 사회학'은 이를테면 지난 10년 동안 급성장한 몸의 사회학에 비해 비록 그것이 주류 사회학에서 여전히 비교적 사소하고 그리 탐구되지 않은 영역으로 남아 있기는 하지만, 하나의 정당한 하위 분과로 인정받아왔다. 음식과 먹기의 사회적 차원을 다루어온 사회문화적 연구의 또 다른 중요한 영역들로는 인류학, 역사학, 문화연구 등이 있다. 그러한 연구들은 전통적으로 학계의 사고에서 분리되어 있던 현상들 — 생리학과 사회, 몸과 마음, 미시와 거시 — 의 복잡한 상호작용을 탐구해왔다. 이 장에서는 음식에 대한 이러한 관점들이 제공한 통찰력을 재검토함으로써 아래에서 이어지는 장들을 위한 이론적 근거를 마련한다.

영양학적 관점

전통적으로 영양학적 또는 사회생물학적 관점이 먹기 관행에 관한 연구를 지배해왔다. 이러한 접근 방식은 음식과 먹기에 대해 매우 도구적인 견해를 취하고, 먹기 습관과 음식 선호를 인간 몸의 해부학적 기능과 관련짓는 경향이 있어왔다. 따라서 먹기 관행은 일반적으로 신체 기능 및 신체 발달에 기여하고 촉진하는 것으로, 또는 몸을 쇠약하게 하여 건강을 위협하는 것으로 이해된다. 사회생물학적 관점은 음식 선호를 유전적 성향과 문화적으로 구성된 선호 모두에 의해 인도되는, 인간 식생활의 '자연적' 토대로부터 출현하는 것으로 제시한다. 음식 선택은 주어진 생태학적 맥락 내에서 생리학적 생존을 위한 최적화를 지향하는 것으로 간주된다. "이러한 목가적인 '자연 상태'에서 …… 음식의 맛과 음식의 영양학적 속성은 같은 것이었다"(Falk, 1991: 763). 즉 인간은 어떤 음식이 생리적으로 자신들에게 알맞은 먹을거리라는 것을 '알도록' 프로그램화되어 있기 때문에 특정한 식품을 먹을 것으로 선택한다고 가정된다.

영양학자들은 서술뿐만 아니라 처방에도 관심을 기울인다. 즉 그들은 인간 식생활 전반을 과학적으로 구성하고 적절한 음식을 판정하기 위한 자료를 수집하고, 또 완전한 건강을 이루기 위한 '완전한 인간 식생활'이라는 '유토피아적' 이상을 증명하고자 한다(Khare, 1980: 526~527). 실제로 '영양'이라는 관념 그 자체는 하나의 건강법이자 기능적으로 지향된 관념이다. 다시 말해 음식은 자양분을 공급하고 몸에 연료를 제공하고 뼈, 치아, 근육을 만들기 위한 것, 즉 목적을 달성하기 위한 수단이다. 음식 선호·취향·습관은 음식이 몸에 생물학적으로 행하는 것에 비해 부차적이고 어떤 종류의 음식이 위에 들어가는지를 틀 짓는 데에서만 중요한 것으로 고려된다. 이러한 점은 영양학자들이 약 또는 약품으로서의 음식 개념을 함축하기 위해 질병을 예방하거나 치유하는 데 사용되는 '영양학적 약리학'이라는 용어를 최근 만들어낸 것에서 입증된다. 그러므로 대다수의 영양학자들에게 음식과 관련한 사회문화적 요소들은 그들이 사람들에게 '올바른' 식생활을 채택할 수 있게 하기 위해 제안한 경계 또는 개선책과 관련될 때에만 관심의 대상이 된다. 문화는 자주 영양의 목적에 도달하는 데 하나의 방해물이 되는 것으로 간주된다.

따라서 음식에 대한 영양학자들의 관심과 인류학자 및 사회학자들의 관심 간에는 주요한 차이가 있다. 음식이 위로 들어가는 것은 각각의 관점에서 서로 다른 것을 의미한다.

> 영양학자들이 볼 때, 영양분은 그것과 먹는 사람의 생리학적 특성들이 상호작용 하는 시점에서 방출된다. 인류학자들이 볼 때, 사람들 사이에서 일어나는 요리, 음식 제공, 먹기의 (사회적 교류를 포함하는) 적절한 문화적 결과가 (대체로 대부분) 완결되는 것은 그것이 신체적·정신적 삶에 문화적으로 인정된 결과를 낳을 때이다(Khare, 1980: 534).

영양학자들이 주로 신체 기능과 건강 상태에 관심을 가지는 반면, 인류학자와 사회학자들은 음식 관행과 먹기 관행의 상징적 성격 — 그러한 관행들이 문화의 맥락에서 의미하는 것 — 에 관심을 기울인다. 비록 대부분의 인류학자와 사회학자들이 음식의 준비와 소비를 둘러싼 관행들이 우선 생물학적 욕구와 식재료의 이용 가능성에 의해 지배될 수 있다는 것을 인정하지만, 그들은 그러한 관행들이 문화적 관습에 따라 다듬어진다고 주장한다. 그러므로 음식 관행은 단순한 영양학적 또는 생물학적 관점이 인정해온 것보다 훨씬 더 복잡하다.

음식 선호를 사회적 접촉과 별개로 보는 것은 문제가 아주 많다. 이를테면 사회생물학자들은 단 물질을 좋아하는 성향을 타고나는 것으로, 즉 유전적으로 부호화된 것으로 보인다는 점을 유아가 증명해준다고 주장해왔다. 하지만 먹기 경험은 아주 어릴 때부터 음식 제공자와의 긴밀한 인간적 접촉 경험 — 신체의 온기, 다른 사람의 살과의 접촉, 그들의 냄새, 그들이 만들어내는 소리 — 과 그러한 경험이 야기하는 감정 및 감각과 뒤얽혀 있다. 젖의 단맛은 단지 그것의 맛만이 아니라 그것이 주는 크나 큰 즐거운 연상 때문에 좋음과 즐거움을 의미한다. 따라서 허기를 채우는 경험은 젖을 먹거나 위를 채우는 즐거움이라는 신체 감각 이상의 것을 의미하게 된다. 그것은 음식을 제공한 사람에 대한 유아의 감정적·감각적 반응과 밀접히 관련되어 있다. 유아기에 경험한 이러한 감각과 감정 상태가 의식되거나 기억될 가능성은 없지만, 나중의 삶에서 음식에 대한 개인들의 반응에 영향을 미칠 것이다. 유아기에서 어린 시절과 성인기로 나아가면서 모든 음식물질을 축으로 하여 하나의 두꺼운 의미층이 만들어지며, 음식의 생리학적 차원은 상징적인 것과 뗄 수 없게 뒤얽힌다. 우리는 그것의 처음과 끝이

어딘지를 말할 수 없다.

특정 유형의 음식에 인간의 '타고난 성향'을 상정하는 모델은 또한 음식 선호의 동적 성격, 그리고 새로운 맛을 자신들이 먹을 수 있는 음식의 목록에 포함시키고자 하는 인간의 성향을 설명하지 못한다. 인간은 사회 속에서 음식 선호와 음식 습관을 어떻게 만들어내고 재생산하고 확산시키는가? 그것들은 어떻게 변화하는가? 우리는 음식 관행과 음식 선호에서 나타나는 인간 문화의 주요한 차이들을 어떻게 설명할 수 있는가? 음식 취향과 먹기의 문화적 변화 간에는 어떠한 상호작용이 존재하는가? 그러한 취향은 어떻게 몸에 내면화되고 각인되는가? 사회의 구조적 특징들 — 젠더와 사회경제적 특권 및 권력관계와 같은 — 은 음식 습관과 음식 선호를 틀 짓는 데서 어떤 역할을 수행하는가? 음식의 상징적 의미는 무엇이고, 그것은 어떻게 발전하는가? 이것들이 음식 관행을 연구하는 인류학자, 사회학자, 역사가들이 탐구해온 문제들이다.

기능구조주의적 접근 방식

우리가 일반적으로 구조주의적 관점이라고 칭하는 것들은 개인들의 행위, 가치, 사고, 정체성이 어떻게 사회적 규범과 기대를 통해 포괄적으로 구조화되는지 — 그리고 그러한 규범과 기대가 어떻게 사회의 보다 광범위한 조직 및 구조와 연계되어 있는지 — 에 관심을 가지고 있다. 기능구조주의적 접근 방식에서 볼 때, 그러한 규범과 사회제도들은 사회질서를 유지하기 위해 작동한다. 그러한 규범과 제도의 존재는 개인들이 타자의 행동에 대해 일정한 예상을 하고 또 타자의 기대를 충족시킬 수 있다는 것을 의미한다. 사회는 대체로 합의에 기초하고 있는 안정적이고 예측 가능한 것으로 간주되고, 또한 도덕 질서 — 문화 체계와 사회 체계에 뿌리내리고 있는 — 가 그러한 사회를 뒷받침하고 있는 것으로 파악된다. 기능구조주의적 접근방식을 채택해온 사회학자와 인류학자들은 음식 관행과 음식 습관을 마치 그것들이 명시된 내재적 규칙을 지닌 언어학적 텍스트인 것처럼 보는 경향이 있었다. 그러한 연구는 주로 사회적 삶의 일부로서 음식에 부여된 용도 — 이를테면 음식 관행이 소집단에서 협력행동이나 친족구조를 유지하는 데 기여하는 방식 — 를 탐구하는 것을 목적으로 한다.

음식 습관과 먹기 습관에 숨어 있는 의미에 가장 많은 관심을 기울여온 것은 주로 인류학적 전통을 지닌 학자들이었다. 하지만 서구 인류학자들 대부분은 음식과 먹기의 그러한 차원들을 자신들의 문화보다는 이국적인 도시화되지 않은 소규모 사회들 속에서 탐구하는 경향이 있어왔다. 음식에 대한 사회인류학적 관점은 세 가지 주요한 점에 초점을 맞추어 발전해왔다. "서로 다른 문화 체계의 논리와 원리를 예증하기 위한 사회문화적 맥락으로서의 음식", "사회 내의 물질과 도덕의 매개 체계로서의 음식", 그리고 "인간 사회의 생태 체계, 생물 체계, 문화 체계의 중첩 작동을 보여주는 일단의 영양물로서의 음식"이 그것들이다(Khare, 1980: 525). 잘 알려진 인류학자 클로드 레비-스트로스Claude Levi-Strauss는 음식에 대한 믿음을 우주론적인 것으로 이해했고, 이는 음식에 대한 오늘날의 많은 문화적 분석에 영향을 미쳐왔다. 레비-스트로스(Levi-Strauss, 1970)는 음식 관행을 모든 문화에 공통적인 '자연'과 '문화' 간의 기본적 이원 대립을 보여주는 하나의 언어로 취급했다. 레비-스트로스에 따르면, 문화는 인간들에게 독특성을 부여하고 그들을 구분해주는 관행들의 복합체이다. 음식 관행은 특히 날 것과 요리된 것, 음식과 비음식 간의 이원 대립과 같은 또 다른 이원 대립과 함께 그러한 자연 대 문화의 이원 대립을 예증한다. 레비-스트로스에 따르면, 요리된 음식은 날 것의 문화적 변형이며, 그 속에서 자연이 변형되고 그 범위가 정해진다. 일상생활의 일부로서 이러한 변형이 이루어지는 방식이 문화를 규정하는 요소로 작동한다.

또 다른 영향력 있는 인류학자 메리 더글러스 또한 음식 범주가 사회적 이벤트를 부호화하고 그리하여 구조화한다는 전제하에 "식사의 부호를 해독하는" 과정에 접근해왔다. 더글라스가 볼 때, 비서구 사회에서뿐만 아니라 서구 사회에서도 음식의 소비는 하나의 의례 활동이다. 그녀는 음식 범주가 사회적 경계체계를 구성한다고 주장한다. 즉 각각의 식사의 예측할 수 있는 구조가 잠재적 무질서로부터 질서를 창출한다. 따라서 식사는 보다 광범위한 사회구조와 경계 규정의 소우주이다. "식사라는 질서 지어진 체계는 그것과 연관된 모든 질서 지어진 체계를 표상한다"(Douglas, 1975: 273). 더글라스는 영국의 식생활을 문법, 분류법, 통합체syntagm, 계열체paradigm, 어휘목록lexicon과 같은 언어학적 용어들을 사용하여 분석했다. 그녀의 분석은 전통적인 영국 식사를 규정하고, "그 식사를 상급과 하급"으로 등급 매기고, 음식의 서로 다른 맛과 질감에 따라 식사를 서열 지우는 규칙들을 입증했다(Douglas, 1975; Douglas and Nicod, 1974; Douglas and Gross, 1981을 보라). 이를테면 노동계급의 저녁식사가 그러한 규칙을 따라 다음과 같이 묘사되었다. 그들의 맵고 짭짤한 주요리는, 감자로 만들어진 각자의 음식과 갈색 고기 국물에 고기, 생선 또는 계란이 담긴 중앙의 음식으로 구성되고, 연하고 부드럽고 달콤한 소스를 친 후식이 이어진다. 식사와 함께 찬물을 마시고, 식후에는 뜨거운 차나 커피를 마신다. 뜨거운 음식과 찬 음식은 따로 놓는다. 뜨거운 요리에 찬 음식을 추가하는 것은 허용되지 않고, 그 반대도 마찬가지이다(Douglas and Gross, 1981: 6~8). 앤 머콧(Anne Murcott, 1982)은 남부 웨일즈의 요리한 저녁식사 — 그가 '적절한 식사'로 묘사한 — 의 규칙과 형식 구조에 대해 유사한 분석을 수행하고, 다음과 같이 개관했다. 그러한 식사에서 고기는 온혈동물(이를테면 물고기가 아니라)의 희거나 붉은 살코기(내장이 아니라)여야만 한다. 땅 위에서 자라난 녹색인 다른 순수한 야채(콩, 완두콩, 양배추, 방울양배추, 브로콜리)와 대비되는, 땅 속에서 나온 탄수화물을 의미하는 감자 또한 항상 식탁에 올라온다. 또 다른 야채가 올라온다면, 그것은 보통 녹색이 아닌 다른 색깔의 야채(당근, 방풍나물, 호박, 사탕옥수수, 토마토)이다. 고기 국물은 요리에서 필수적이지만 마지막 재료, 즉 다른 요소들이 함께 어우러져서 '한 접시'의 음식을 이루게 하는 요소이다.

서구 문화에서 음식 소비의 근간을 이루는 불문규칙을 정하고자 하는 기능구조주의자들의 시도는 당연한 것으로 간주되는 일상적 활동의 의례화되고 분명하게 '고정된' 성격을 밝히고 있다. 따라서 그러한 분석은 기존의 식생활 — 아주 어린 시절 이래로 일상생활의 자연화된 일부로 전수되어온 규칙 — 에 '외래' 요소를 도입하는 데 따르는 어려움을 강조한다. 그것은 다른 선택지를 도입함으로써(이를테면 영국의 주된 식사에서 고기를 다른 야채로 대체함으로써) 규칙을 침해하고자 하는 시도는 사회적 부조화와 불안정성의 위험을 무릅쓰는 것이라고 제시한다. 이러한 분석들은 분석적이기보다는 서술적인 경향이 있고, 음식이 만들어지고 준비되고 소비되는 보다 광범위한 사회적·정치적·경제적 맥락을 다루지 않는 경우가 많다. 기능주의적 연구는 사회학자들에 의해 생물학적 환원론의 경향을 드러내고 자민족중심주의적 — 이를테면 서구화된 맛의 선호를 보편적이라고 가정하는 — 이라고 비판받아왔다(Mennell et at., 1992: 7). 또한 그러한 설명에는 역사의식이 거의 없다. 즉 그러한 설명들은 음식 관행과 음식 선호의 상황적 성격을 탐구하지 않은 채 그것이 '항상 그래왔던' 방식이라고 제시하는 경향이 있다. 이를테면 앞서 기술한 분석들은 다음과 같은 문제들을 회피하고 있다. 고기가 왜 그렇게 영국의 주된 식사의 중심적 요소인가? 그리고 그것이 얼마나 오랫동안 사실이었는가?

비판구조주의적 접근 방식

많은 사회학자와 인류학자들이 먹을거리의 생산, 유통, 소비의 사회적 성격을 분석하기 위해 마르크스주의의 영향을 받은 접근 방식을 채택해왔다. 그러한 접근 방식들 또한 '구조주의적' 접근 방식으로 범주화될 수도 있지만, 그것들은 미시 구조보다는 거시 구조 그리고 사회적 합의보다는 사회적 불평등에 초점을 맞추고 있다. 그러므로 그러한 접근 방식들은 기능주의적 관점보다 훨씬 더 비판적이며, 사회질서가 붕괴되고 그것이 사회집단들 간에 갈등을 일으키는 방식을 부각시키는 데 전력한다. 그러한 연구들에서 사회 계급과 경제 체계는 일반적으로 음식 관행과 먹기 관행의 주요한 결정 요인으로서의 특권을 부여받는다. 음식 패턴에 대한 이러한 설명의 중심에는 권력 개념이 자리하고 있다. 권력관계는 일반적으로 먹을거리의 생산, 유통, 소비와 관련하여 불평등한 것으로 제시된다. 따라서 발전된 나라의 주민들은 개발도상국의 생태계와 경제에 피해를 끼치는 방식으로 그러한 나라에서 생산된 먹을거리를 소비하기 때문에 그들의 음식 소비 관행은 착취적이라고 주장된다(Singer, 1992; Heldke, 1992b).

이러한 관점을 잘 보여주는 하나의 실례가 로빈 젠킨스Robin Jenkins의 저작 『부를 위한 먹을거리인가 아니면 건강을 위한 먹을거리인가?: 건강의 평등을 향하여Food for Wealth or Health?: Towards Equality in Health』(1991)이다. 이 책에서 그는 서구 국가의 농업 정책은 수익을 추구하는 과정에서 야생생물을 해치고 오염과 불건강을 초래한다고 주장한다. 젠킨스는 영국과 같은 나라에서 먹는 음식은 먹을거리 생산자와 제조업자의 탐욕, 그리고 그들의 활동에 대한 국가 개입과 규제의 결여 때문에 과잉 가공되고 과도하게 비싸다고 주장한다. 그는 '석기시대 선조'의 식생활과 근대 서구 국가에 살고 있는 사람들의 식생활을 비교하고, "우리의 몸은 10만 년 전과 정확하게 동일한 영양을 필요로 하"지만 오늘날 그러한 필요를 충족시키지 못하기 때문에 질병이 유행한다고 주장한다(Jenkins, 1991: 8). 이렇듯 젠킨스는 향수적인 '고귀한 야만인noble savage'[문명에 오염되지 않은 무구한 인간상 - 옮긴이]의 식생활과 먹을거리 생산 개념을 떠올린다. 그는 개인들이 '건강에 좋지 않은' 식품을 먹는 까닭은 다른 선택지가 없기 때문이며, 만약 '건강에 좋은' 먹을거리에 더 많이 접근하고 먹을거리를 덜 '가공'했더라면 그들의 선호가 바뀌었을 것이라고 넌지시 비춘다. "사람들이 가공식품에 무엇이 들어 있고 그것이 어떻게 만들어졌는지를 안다면, 그들은 그처럼 엄청난 양의 가공식품을 먹지 않을 것이다"(Jenkins, 1991: 42). 이렇듯 젠킨스는 자신의 주장을 구축하기 위해 '자연'에 대한 특정한 과학적 '지식'과 가정을 무비판적으로 받아들인다. 그의 비판 속에서 과학적·영양학적 지식은 정치적으로 중립적인 것으로 간주되고 먹을거리의 생산, 제조, 유통을 둘러싼 기득권에 대한 그의 분석과 연관지어지지 않는다. 젠킨스는 명백한 원칙론적 입장에서 사람들이 다른 식재료가 아닌 특정 식재료를 선택해야만 하는 주요한 이유로 건강을 특히 강조한다. 이를테면 그는 자신이 보다 '자연적'이고 건강에 더 좋은 것으로 주장하는 곡물과 콩류보다 고기, 생선, 유제품을 구매하기를 좋아하는 사람들을 비판한다(Jenkins, 1991: 18). 먹을거리 소비자들은 무신경한 정부와 탐욕스러운 산업에 휘둘리는 무지하고 무기력한 사람들로 제시된다.

다른 연구자들, 특히 페미니즘적 관점을 채택하는 연구자들은 젠더와 가족과 같은 음식 소비와 음식 준비의 유형에 영향을 미치는 여타 사회구조적·조직적 측면을 탐구해왔다. 페미니스트 비평가들은 남성과 비교하여 여성들이 역사적으로 음식을 박탈당하고 공적 생활에의 참여를 희생당한 채 여타의 가사 중에서 음식 준비의 책임을 떠맡아온 방식에 주의를 기울여왔다. 그들은 또한 여성성의 구성과 여성의 식생활 관행 — 음식을 먹는 양을 포함하여 — 간의 연계성에 관심을 집중해왔다. 오바크(Orbach, 1988)와 같은 비평가들이 볼 때, 서구 사회에서 여성들은 여성에게 적절한 신체 사이즈 규범에 맞게 음식 섭취를 제한하라는 사회적 압력을 끊임없이 받음으로써 음식과 병리적 관계를 발전시킨다. 여성의 신체 사이즈와 몸매에 대한 강조는 여성들이 주의를 집중하지 못하게 하고, 그들의 에너지를 빼앗고, 그리하여 여성들이 권력 지위를 획득하는 것을 방해한다고 주장된다. 한 페미니스트 비평가는 고기의 생산과 먹기를 가부장제 내의 여성의 낮은 지위와 연계시킨다. 캐롤 아담스Carol Adams는 자신의 책 『고기의 성정치The Sexual Politics of Meat』(1990)에서 고기가 "몸에 좋다"는 가정은 고기를 남성의 역할과 연계시키는 본질적으로 가부장제적인 담론이라고 주장한다. 아담스가 볼 때, 고기 생산이라는 명목으로 동물을 객체화하고 그것에 대한 폭력을 영속화하려는 관념은 남성주의적이다. 그녀는 남성의 동물에 대한 취급과 여성에 대한 취급 간에는 거의 차이가 없다고 주장한다. 왜냐하면 동물과 여성 모두가 객체화되고 남성의 폭력에 예속되어 있기 때문이다. "구체적으로 성폭행 희생자들과 매 맞는 여성과 관련하여 살펴보면, 동물이 겪는 죽음 경험이 여성이 겪는 살아 있는 경험을 설명해준다"(Adams, 1990: 42). 따라서 그녀는 모든 페미니스트들이 윤리적 채식주의자가 되어야만 하는 것은 논리적으로 필연적이라고 주장한다. 왜냐하면 고기를 먹는 것은 가부장제적 사회의 가정假定을 지지하는 것이고 또 여성의 억압에 암묵적으로 동의하는 것이기 때문이다. 그러므로 아담스에 따르면, 동물의 권리를 주장하는 것은 여성 해방을 위해 일하는 것이다.

비판구조주의적 접근 방식은 음식 습관의 기능과 목적에 대한 설명을 회피하는 극단적인 문화적 상대주의라는 비판을 받아왔다(Mennell et al., 1992: 8). 기능구조주의적 접근 방식과 비판구조주의적 접근 방식 모두는 식재료를 둘러싼 동적이고 매우 맥락적이고 자주 모순적인 의미를 충분히 인식 못한 채 텍스트로서의 음식에 단일한 의미를 할당하는, 다소 본질주의적인 경향이 있다. 구조주의가 음식 선호와 음식 습관의 정적 유형을 기술하는 데 통찰력이 있기는 하지만, 그것은 먹기의 변화, 인간 행위, 그리고 먹기 '체험'을 거의 설명하지 않는다(Mennell, 1985: 13~14; Lalonde, 1992). 게다가 아래에서 내가 보다 상세하게 지적하듯이, 비판구조주의적 접근 방식은 권력관계와 사회변동을 다소 과도하게 단순화된 방식으로 논의하는 경향이 있다. 비판구조주의는 서구 국가의 국가 당국과 음식 산업이 일치단결하여 수익을 추구하고 권력관계를 유지하기 위해 의도적으로 먹을거리 노동자들을 억압하고 착취하고 소비자들(특히 여성)을 교묘하게 조종하고 있다고 주장한다. 그러한 비평가들이 볼 때 사회변동은 단지 억압적 경제구조와 가부장제적 사회구조에 도전하는 투쟁과 갈등을 통해서만 일어난다. 하지만 음식 습관과 음식 관행이 반드시 의식적인 저항이나 정치투쟁에 의해서 변화하는 것은 아니지만, 항상 그리고 종종 빠르게 변화하고 있다는 것은 분명하다(서구 사회에서 일어난 먹기 습관의 변화에 대한 역사적 설명으로는 이를테면 Driver, 1983; Symons, 1984; Mennell, 1985; Mintz, 1986; Levenstein, 1988, 1993을 보라).

후기구조주의적 접근 방식

이 책은 기본적으로 음식, 육체화, 주체성 간의 상호작용에 초점을 맞추고 있다. 나는 음식에 대한 선호가 사회문화적 현상으로 발전하고 재생산되는 방식을 이해하기 위해 사회구성주의적 접근 방식을 취하여 그것이 갖는 의미의 가변적·맥락적 성격을 탐구하는 데 관심을 가지고 있다. 그러므로 이 책의 이론적 지향은 대체로 후기구조주의적이다. 후기구조주의적 관점은 지식의 사회구성적 성격 — 의미에서 언어의 중심성을 강조하는 — 에 대한 탐구에 의지한다. 이것은 지식과 의미가 생산되고 재생산되는 보다 광범한 역사적·정치적 맥락에 대한 비판적 강조와 결합된다. 음식·먹기·육체화를 둘러싼 담론, 유형화된 언어 체계, 그리고 관행의 개념은 의미의 생산과 재생산을 이해하는 하나의 유용한 방식이다. 따라서 이 책은 수많은 다양한 장소 — 대중문화, 의학 및 공중 보건 텍스트 그리고 자신의 음식 선호와 음식 습관에 관한 개인들의 설명 등등 — 에서 음식에 대한 담론이 표현되는 방식에 주의를 기울인다. 나는 개인들이 자신들, 자신들의 몸, 그리고 자신들과 음식 및 먹기의 관계를 이해하게 되는 것은 바로 비非담론적 또는 전前담론적인 감각적이고 육체화된 경험과 더불어 이러한 담론을 통해서라고 주장한다. 촉각, 미각, 후각, 청각, 시각은 우리가 문화에 입장하는 수단들이다. 물론 음식은 최고의 물리적 실체들 중 하나이며, 우리는 그 실체와 감각을 통해 상호작용 한다. 즉 우리는 음식을 냄새 맡고, 맛보고, 보고, 만지고, 때로는 그것(이를테면 튀김 음식의 지글거리는 소리)을 듣는다. 우리는 반드시 음식을 경험하는 말과 담론을 필요로 하지 않는다. 하지만 말과 담론은 우리가 음식을 둘러싸고 구성하는 의미 — 우리가 음식을 준비하고 만지고 먹는 감각적 경험을 해석하고 다른 사람에게 전달하는 방식 — 에 필수적이며, 그것이 다시 우리의 감각적 반응을 틀 짓는다.

후기구조주의적 접근 방식은 일반적으로 통합된 자아보다는 파편화되고 상황적인 자아 관념에 특권을 부여하고, 개인들이 자신의 삶을 경험하고 다른 사람들과의 관계 속에서 자신을 이해하는 방식을 기술하기 위해 '주체성'이라는 용어를 채택하고 있다. 주체성은 정체성보다 덜 엄격한 용어이다. 왜냐하면 그것이 자아, 또는 보다 정확하게는 자아들이 비록 권력관계, 사회제도, 헤게모니적 담론을 포함하여 개인들이 살고 있는 문화에 의해 일정한 한계를 부여받기는 하지만 매우 가변적이고 맥락적이라고 인식하기 때문이다. 무페(Mouffe, 1989: 35)가 주장하듯이, 주체에 대한 이러한 인식은 "어떠한 정체성도 결코 분명하게 확립되지 않으며, 또 서로 다른 주체 입장들이 표현되는 방식에는 항상 일정 정도의 개방성과 호모함이 존재한다"고 파악하게 한다. 주체성에 대한 후기구조주의적 접근 방식은 의식적·무의식적 사고와 감정 그리고 그것들과 말과 담론을 통한 주체의 구성 간의 상호작용에도 관심을 기울인다. "담론이 주체가 되는 방식, 즉 주체성 양식 — 개인의 정신적·심적 능력뿐만 아니라 감정적 능력의 특정한 조직을 의미하는 — 을 구성한다"(Weedon, 1992: 98).

내가 앞서 지적했듯이, 비판구조주의적 접근 방식은 음식과 먹기의 맥락에서 발생하는 권력관계를 이해하는 데 있어 다소 환원론적 접근 방식을 취하는 경향이 있다. 후기구조주의는 국가에 대한 '음모' 이론 — 국가를 엘리트의 특권적 지위를 유지하는 반면 주민의 거의 대부분을 억압하는 역할을 하는 제도로 보는 접근 방식 — 에 의지하지 않은 채 지식과 진리가 산출되는 과정과 그것들이 어떠한 목적에 기여하는지에 관심을 기울인다. 후기구조주의 이론가들은 먹을거리의 생산과 소비에 내재하는 권력관계를 의식하는 것이 중요하지만 권력은 반드시 하나의 '억압적인' 힘이 아니라 사회적 삶의 모든 차원에서 작동하고 침투하는 하나의 속성으로 고려되어야만 한다고 주장한다. 즉 "권력은 벌꿀처럼 그 정도가 다른 유동성과 끈적끈적한 응결력을 가지고 우리의 주변에서 우리를 통해 작동하는 것으로 간주될 수 있다"(Caine and Pringle, 1995: xi). 권력은 이미 항상 존재하며 그것이 세계에 대한 지식과 이해를 이끈다(Foucault, 1984). 권력관계가 단지 사람들을 속박하기만 하는 것은 아니다. 왜냐하면 그들의 자아의식과 육체화가 권력관계를 통해 구성되기 때문이다. 그러므로 권력은 주체성에 외재하지 않는다. 하지만 이러한 권력 개념이 몇몇 개인 또는 사회집단이 다른 사람 또는 다른 집단보다 더 성공적으로 자신들의 의지를 행사할 수 없다거나 사회경제적으로 더 특권을 가질 수 없다고 주장하는 것은 아니다. 그것은 단지 그러한 개인이나 집단을 다른 사람 또는 집단을 '억압한다'는 이유로 비난하고 그들의 '권력'을 다른 사람이나 집단에 이양할 것을 요구하는 것은 문제가 있다는 점을 지적할 뿐이다. 모든 사회적 관계에서의 권력의 불가피한 현존과 그것의 매우 상황적인 속성을 고려할 때, 권력은 어떤 개인이나 사회집단한테서 빼앗거나 다른 개인이나 집단에게 부여할 수 있는 하나의 실체가 아니다. 개인과 사회집단들은 전적으로 '무력'하지도 그리고 전적으로 '강력'하지도 않다. 그들과 권력의 관계는 그들이 주체로서 위치지어지는 역사적·사회문화적 맥락에 달려 있다(Henriques et al., 1984: 225).

그러므로 음식과 먹기의 사회문화적 차원을 논의할 때 권력관계에 대한 본질주의적 진술을 피하는 것이 중요하다. 후기구조주의적 관점에서 음식과 먹기의 의미를 이해하고자 하는 연구와 학문은 의미의 담론적 생산에 집중하고 경험으로부터 단일한 '진리'를 이끌어내고자 하기보다는 다양한 의미들을 부각시키는 경향이 있다. 구조주의의 본질주의는 개인들이 자주 모순되는 일련의 담론과 관행들을 때로는 좋아하고 채택하고 때로는 무시하고 회피하고 거부하거나 적극적으로 저항하는 역동적 과정을 놓치고 있다(또한 연구 및 분석 방법을 논의하고 있는 부록도 보라). 하지만 내가 이 책에서 계속해서 입증하듯이, 예를테면 음식 섭취를 제한하고자 하는 여성들이 반드시 가부장제적 사회에 의해 굶을 것을 강요받는 수동적 희생자로 이해될 필요는 없다. 그러한 여성들은 또한 주체성을 구성하고 자신들의 몸을 통제하는 하나의 수단으로 음식통제를 이용하는 것으로 볼 수도 있고, 그러한 관행 속에서 결핍과 불안뿐만 아니라 쾌락과 자기 과신을 발견할 수도 있다.

이 책은 음식과 먹기를 둘러싼 의미와 관행의 역사적 맥락 또한 강조한다. 왜냐하면 그것이 문화적 의미와 육체화된 경험의 끊임없는 변화를 부각시킬 수 있게 해주기 때문이다. 역사의식은 우리로 하여금 현재를 우리가 성장하면서 익숙해져서 대체로 당연한 것으로 간주되는 친밀한 영역이라기보다는 '낯선' 영역으로 볼 수 있게 해준다. 이를테면 민츠(Mintz, 1986: 6)가 설탕의 역사에 대한 자신의 연구에서 지적하듯이, 17세기에서 19세기로의 전환기 사이에 영국에서 설탕 소비가 매우 크게 증가했다. 현재는 설탕이 싼 일상적인 식재료이지만, 그것이 처음 영국에 들어왔을 때, 설탕은 부유하고 권력 있는 사람들의 전유물로 간주되는 진귀한 양념, 즉 귀하고 비싼 물질이었다. 설탕은 의약 물질을 제조하기 위해 으깬 진주나 순금과 혼합되고, 음식을 준비하는 과정에서 비싼 양념들과 혼합되었다. 16세기까지는 특권 있는 소수만이 "사회적 인정, 소속, 구별짓기를 수반하는 설탕에 접근함으로써(다양한 형태의 자당을 구매하고 과시하고 소비하고 낭비함으로써) 강렬한 쾌락을 맛볼 수 있었다"(Mintz, 1986: 154). 19세기경에 설탕은 영국의 일상적 식생활의 주요한 일부가 되었다. 그 이유는 단순하게 '인간은 단맛을 좋아한다'는 관념에서 찾아질 수 있는 것이 아니다. 왜냐하면 동일한 문화 내에서, 서로 다른 문화 집단들 사이에서, 그리고 서로 다른 역사적 상황 속에서 개인들이 먹는 단 음식의 양의 편차가 크다는 것은 분명하기 때문이다. 이러한 현상을 이해하기 위해서는 설탕과 같은 식품을 둘러싸고 사회문화적 의미가 계속해서 생산·재생산되는 방식을 그것이 소비되는 정치적·경제적·사회적·역사적 상황의 맥락에서 인식할 필요가 있다.

음식, 육체화 그리고 주체성

최근에 몸의 사회학이라는 영역이 아주 많은 주목을 받기 시작했다. 몸이라는 영역을 다루는 학문과 연구는 주체성이 육체화를 통해 구성되고 경험되는 정도 — 그리고 육체화가 주체성을 통해 이루어지는 정도 — 를 강조해왔다(이를테면 Turner, 1984, 1992; Shilling, 1993; Grosz, 1994를 보라). 인간의 몸을 하나의 프로젝트, 즉 "진행 과정 중에 있는 하나의 실체"로 보는 관념(Shilling, 1993: 5)은 음식과 먹기의 사회학의 관심에도 매우 적실하다. 왜냐하면 그것이 신체적 건강뿐만 아니라 가장 적절한 몸의 모습과 사이즈에 대한 가정에 기초하여, 음식에 관한 선택이 이루지는 방식을 부각시켜주기 때문이다. 몸은 정적이 아니라 동적인 것으로 이해된다. 몸은 의식적으로 만들어진다. 푸코(Foucault, 1988)는 자아 '관행' 또는 자아 '테크놀로지' — 또는 개인들이 행동, 감정, 사고의 양식과 규칙을 내면화하고 그것들을 일상생활에 적용하는 방식 — 에 대해 기술해왔다. 자아 관행은 담론과 물리적 현상들이 개인이 주체성을 구성하고 표현하는 프로젝트의 일부로 채택되는 현장을 상징한다. 그러므로 이 개념은 왜 개인들이 자발적으로 관행과 표상을 채택하고 왜 그들이 담론 속의 지위를 차지하는 데 감정적으로 헌신하게 되는지를 설명하는 데 일정한 도움을 준다. 자아 관행은 개인들이 자기 규제 및 처신과 관련한 외적 정명에 반응하는 방식, 즉 개인들이 그러한 정명을 중요하거나 필요한 것으로 인지하고 그것을 일상생활에 통합하는 방식을 말한다. 그러한 관행이 몸에 '새겨지'거나 '써 넣어'져서 다른 사람들이 '읽거'나 해석하는 특정한 문화적 방식으로 몸을 특징짓고 틀 짓는다(Grosz, 1990: 65).

음식을 통해 몸에 자양분을 계속해서 공급하여 자신을 돌보는 자아에게 음식 습관과 음식 선호가 자아의 중심적 관행임은 분명하다. 음식은 문화적으로 쾌락의 한 원천을 구성하는 것이자, 상징적으로는 한 사람을 자신과 다른 사람들에게 제시하는 상품으로 작용한다. 현대 서구 사회에서 개인의 신체적 외양은 개인이 그 자신을 인식하고 다른 사람들이 그를 인식하는 방식에서 매우 중요하다. 불확실성과 강화된 자기성찰성의 시대에는 (Beck, 1992), 몸도 변화시킬 수 있는 여지가 많이 있는 것으로 간주된다. 몸을 통제하는 방식 중의 하나가 먹기 습관을 규율하는 것이다. 이것은 음식 섭취의 양을 줄이는 것만이 아니라 먹는 음식의 종류를 통제하는 것을 포함하기도 한다. 이를테면 적절한 건강 상태와 심혈관 건강을 명분으로 지방질 음식을 피하거나 건강상의 이유나 윤리적 이유로 채식주의자가 되기도 한다. 따라서 현재 자기 규율의 가치가 강조되고 있는 서구 사회의 상황에서, 몸은 그 '소유자'가 자기 통제력을 소유하고 있는 정도를 보여주는 유력한 신체적 상징이 된다. 엄격한 다이어트 식이요법은 그 사람이 먹는 것을 보는 다른 사람들에게 그가 높은 수준의 자기 통제력을 가지고 있다는 것을 증명하는 것만이 아니다. 그러한 식이요법을 하는 사람들은 그것이 또한 '건강한' 식생활이 더 날씬한 몸을 만들어줄 것이고, 그리하여 그와 접촉하는 모든 사람들에게 보다 영구한 자기 규율의 기호를 제공해줄 것이라고 기대한다. 지나치게 뚱뚱한 몸은 대식, 자기 규율의 결여, 쾌락주의, 방종을 증명하는 반면, 날씬한 몸은 높은 통제 수준, 즉 육체의 욕망을 초월하는 능력을 나타낸다. 몸무게와 음식 소비의 양과 질 간의 연계성은 과중한 몸무게에 대한 어떠한 설명도 좀처럼 지지받지 못할 정도로 하나의 기정사실로 널리 받아들여지고 있다.

그러므로 외모는 특히 일반적으로 받아들여지는 매력적임의 규범과 그것의 사회적 수용성에 견주어볼 때 커다란 자부심과 성취감의 한 원천일 수 있지만, 그것은 또한 불안과 수치심의 장이 될 수도 있다. 근대 사회에서 '몸으로의 퇴각', 그리고 몸이 자아를 구성하는 것으로 보는 관념이 지닌 난점은 누군가의 몸에 생긴 일을 주체성에 대한 매우 무서운 도전으로 본다는 것이다(Shilling, 1993: 183). 후기 근대성의 역설적 성격은 우리가 우리의 몸에 대해 점점 더 많은 것을 알지만 그것이 다시 새로운 정보에 비추어 몸을 더 불확실한 것이 되게 한다는 것이다. 통제와 합리적 지식에 대한 멈출 수 없는 욕구는 비합리적 불확실성의 상태를 낳았다. 질병과 죽음은 이제 자아의 실패, 즉 합리적 행동과 자기 통제력 결여의 표시로 간주된다.

가장 단순한 생물학적 수준에서 우리는 먹기 행위와 음식의 흡수를 통해 우리가 먹는 것이 된다. 우리는 음식을 몸으로 흡수함으로써 세계를 받아들인다(Bakhtin, 1984: 281). 그 결과 먹기 행위는 "진부한 것인 동시에 잠재적으로 되돌릴 수 없는 결과들로 가득 차 있다"(Fischler, 1988: 279). 왜냐하면 그것은 자아 개념과 긴밀하게 연결되어 있기 때문이다. 현대 그리스정교회 수녀원의 음식과 음료 관행에 대한 한 인류학적 연구는 음식을 둘러싼 의례들이 먹기를 몸의 경계를 가로지르는 위험한 행위로 제시한다는 것을 발견했다. 그러므로 수녀들은 먹는 동안에 몸의 '열림'과 '닫힘'과 연관된 위험으로부터 자신들을 지키기 위해 각각의 식사를 전후하여 관례에 따라 신의 축복을 빈다(Iossifides, 1992: 81). 이처럼 몸의 경계와 관련하여 음식과 먹기를 둘러싼 위험을 인식하는 것은 단지 종교적 의례의 일부일 뿐만 아니라 모든 먹기 행위에서 중심적이다. 음식은 하나의 경계 물질liminal substance이다. 그것은 자연과 문화, 인간적인 것과 자연적인 것, 외부와 내부

간을 이어주는 물질이다(Atkinson, 1983: 11). 그러므로 피슐러는 먹기 또는 소비에 대해서가 아니라 체내화incorporation — "달리 말하면 우리가 음식이 세계와 자신 간의, 즉 우리 몸의 '내부'와 '외부' 간의 경계를 가로지르게 하는 행위" — 에 대해 기술한다(Fischler, 1988: 279). 체내화 과정이 주체성과 뗄 수 없게 연결되어 있기 때문에, 그것은 커다란 불안과 위험의 원천이다. 어떤 음식이 몸에 체내화됨으로써, 그 음식은 자아가 된다. 그것은 임신한 여성의 몸의 태아의 국면처럼 경계 국면으로 들어간다. 이것이 시사하듯이, 주체성은 음식의 유기체적 요소들만이 아니라 또한 그것의 상징적 의미와도 연계되어 있다. "어떤 것이 음식으로 분류되는 것은 그것이 '우리가 누구인가'의 일부가 되는 어떤 것으로 인식된다는 것을 의미한다. 먹을 수 있는 것을 음식으로 분류하는 것은 우리가 그것이 신체적으로 우리가 될 것이고 또 그것이 배출될 것이라고 예견한다는 것을 의미한다"(Curtin, 1992a: 9).

피슐러는 '잡식동물의 역설'을 규명해왔다. 그는 이 역설을 변화, 다양성, 혁신에 대한 인간의 생물학적 욕구라는 한편과 알지 못하는 어떤 것은 잠재적으로 위험하기 때문에 신중을 기하라는 정명이라는 다른 한편 간의 계속되는 긴장으로 규정한다. 피슐러가 이 역설을 통해 설명하듯이, 잡식동물은 계속해서 풍부한 식생활을 유지하기 위해 새로운 형태의 음식을 찾아야만 하지만, 또한 미지의 것이 지닌 잠재적 위험 때문에 새로운 음식에 신중을 기해야만 한다(Fischler, 1980: 946). 피슐러는 이러한 '이중의 구속'이 인간이 음식과 맺는 관계에서 중독에 대한 공포뿐만 아니라 주체성을 둘러싼 존재론적 문제들과 관련하여 긴장과 불안을 낳는 것으로 파악한다. 그가 지적하듯이, 만약 누군가가 그가 먹고 있는 것이 무엇인지를 알지 못한다면 그 사람의 주체성은 의문시된다. 음식의 체내화에 의해 도전받는 것은 먹는 사람의 생명과 건강뿐만이 아니다. 개인이 문화에서 차지하는 위치 역시 도전받는다. 따라서 부적절한 유형의 물질을 체내화하는 것은 오염, 내부로부터의 변질, 자아의 추방을 낳을 수도 있다(Fischler, 1988: 281). 피슐러는 음식의 소비와 준비를 둘러싸고 구축된 사회적 관행이 부분적으로는 잡식동물의 역설을 해소하고자 하는 욕구에 의해 발생한 것으로 본다(Fischler, 1988: 278~279).

폴크(Falk, 1994: 24~25)는 개념적으로 '열린' 몸과 '닫힌' 몸을 구분한다. 그는 '열린' 몸은 '전근대' 사회 또는 '원시' 사회에서 일반적으로 나타난다고 주장한다. 그러한 사회에서는 먹기 의례 및 음식을 포함하는 여타 활동들이 전체 공동체의 통합 메커니즘으로 기능한다. 따라서 그는 다음과 같이 주장한다. "원시 사회는 어떤 근본적인 의미에서 '먹기 공동체'이다. …… 의례적 식사에서의 음식의 공유와 체내화는 참가자를 공동체에 편입시키는 것이자 그 공동체 내에서 그/그녀가 차지하는 위치를 규정한다"(Falk, 1994: 20). 개인은 먹기 행위를 통해 "누군가의 몸/자아 속으로 파고드는" 동시에 "공동체로 파고든다"(Falk, 1994: 20). 이러한 유형의 공동체에서 주체성은 집단 — 근대의 개인화·원자화된 자아 관념보다는 '집단-자아group-self'의 관념 — 과 밀접히 결합되어 있다(Falk, 1990: 20). 따라서 '내부/외부' 개념이 개인화된 경계보다는 집단 또는 집합체와 더 관련되어 있다(Falk, 1994: 21). 하지만 폴크에 따르면, 서구 사회를 특징짓는 이상화된 '근대적' 몸은 개인화된 몸과 외부 세계와의 경계 및 실체적 감정 표출에 대해 더 많은 통제력을 가지고 있다. 그에 따르면, 여전히 가족 및 친구들이 식사를 공유하고 그러한 음식 공유에 집합체 의식이 존재하기는 하지만, "집합적 공동체를 구성하는 의례로서의 식사의 역할은 주변화되어왔다"(Falk, 1994: 25). 무엇을 몸과 자아 속으로 흡수할 것인가를 결정하는 것은 개인의 몸이고, 그러한 '맛'의 평가가 자아 형성에 결정적이다. 도덕적 담론과 의학적 담론은 개인들에게 음식을 집합적 선collective good보다는 개인적 선individual good을 위해 이용하는 최고의 방식을 알려준다(Falk, 1994: 27).

음식의 체내화와 관련한 주체성의 구성에서 중심적인 것이 몸의 내부와 외부 간의 통로로서의 입이 지닌 상징적 중요성이다. 폴크는 입은 음식의 섭취와 말의 내뱉기 모두와 관련되어 있는, 가장 많은 통제가 이루어지는 몸의 감각 구멍이라고 지적한다(Falk, 1994: 14). 즉 입은 하나의 경계 지대, 즉 "내부와 외부를 잇는 진기한 매개자"이다. 그는 입을 '현관', 즉 그가 자신을 외부로부터 보호하는 것으로 규명한 세 가지 문을 중재하는 출입구로 개념화한다. 첫 번째 문은 입으로 들어오는 것을 규제하며, 이 문은 문화적인 음식물 규칙에 의해 통제된다. 두 번째 문은 "그 어떤 것을 자신의 몸과 자아에 비가역적으로 흡수하기로 결정하는" 것을 포함한다. 그리하여 그 어떤 것은 '나'의 일부가 된다. 반면 세 번째 문은 후각과 연계하여 입이라는 장소에서 맛을 평가한다. 그리고 그러한 평가는 문화적 표상에 의지하여 이루어진다(Falk, 1994: 14~15).

그러므로 감각/자연(혀와 미뢰)과 합리성/문화(언어기관)를 한 장소에 결합하는 입은 소비와 그것의 통제 모두의 유력한 상징이다. 비아신(Biasin, 1993: 3)이 논평한 바 있듯이, "인간의 입은 두 가지 뜻으로 해석되는 구강의 성격이 자리하는 장소이다. 하나가 목소리를 낸다는 것, 즉 말을 한다는 것이라면, 다른 하나는 욕구 — 무엇보다도 생존을 위한, 그렇지만 또한 영양가와 나란히 자리하고 있는 즐거움을 위한 음식 섭취의 욕구 — 를 충족시킨다는 것이다." 실제로 말하기와 먹기 간에는 강력한 연계 관계가 존재한다. "혀가 말하고 혀가 맛을 본다. 단어들도 음식처럼 입을 채우고, 그것들은 그것들 나름의 맛과 질감을 가진다. 단어들도 얼얼하고 맵고 달콤하고 거칠고 부드럽고 달고 시큼할 수 있다. 단어에 똑같이 적용되지 않는 음식에 관한 형용사가 있는가?"(Halligan, 1990: 124~125). 입과 혀는 또한 유아가 그것들을 통해 처음으로 가슴과 접촉하고 즐거움을 느낀다는 점에서 에로틱한 기능도 가지고 있다. 프로이트에게서 유아가 처음으로 가슴과 감각적으로 만나고 음식을 체내화하는 구강기는 섹슈얼리티의 발전에서 원초적인 경험이다. "음식의 섭취를 통해 처음으로 자극받은 입은 그 자체로 에로틱한 쾌락의 한 원천이 된다"(Coward, 1984: 118). 나중의 성적 활동에서 입은 키스하기, 핥기, 빨기 행위에서 느끼는 에로틱한 쾌락의 필수적 구성요소이다. 따라서 입속에서 음식의 감각은 에로틱한 욕망 — 즉 일본 영화 〈담뽀뽀Tampopo〉에서 날달걀을 입에서 입으로 주고받는, 에로틱한 열정에 몸부림치는 한 커플을 보여주는 장면에서 드러나는 현상 — 과 긴밀하게 연결되어 있다.

음식과 '문명화된' 몸

서구 사회에서 몸은 통상적으로 '문명화된civilized' 몸과 '그로테스크한grotesque' 몸으로 구분된다. '문명화된' 몸은 자기 억제적이고 고도로 사회적으로 관리되고 행동과 외모에 대한 지배적 규범에 순응하는 것으로 묘사된다. 이에 반해 '그로테스크한' 몸은 억제되지 않고 제멋대로이고 예절이나 좋은 매너의 관념에 의해 그리 통제되지 않으며, 그리하여 '동물적인' 것으로 간주된다(Bakhtin, 1984를 보라). 이처럼 '문명화된' 몸과 '그로테스크한' 몸의 구분은 외적으로 표현된 육체화에 주목하게 한다. 오늘날 자기 인식과 자기 통제를 강조하는 것은 근대 시대에 들어와 사회적 영역에서 사람들이 매너와 행동 방식에 매우 민감해진 결과이다. 사회학적 역사가들은 16세기에 '근대적' 자아 관념에 부응하여 주체성에서 일어난 변화에 주목해왔다. 테일러(Taylor, 1989: 159)는 16세기 후반에서 17세기 초에 출현한, 자신이 '신금욕주의적neo-Stoic'이라고 칭한 사유 방식을 규명한다. 이 사유 방식은 점점 더 극기克己 모델을 강조했다. 그것은 정치적·군사적 조직에서 사회집단을 규율하고 규제하고자 하는 광범한 운동과 밀접한 관계가 있었다. 덕성은 공적 생활에서는 더 이상 발견되지 않았지만, 일상적 생활에서 그것은 "이성에 의해" 규제된다. "보다 고귀한 삶은 이성 — 순수성, 질서, 한계, 불변성 — 이 욕망 — 그것의 과도함, 만족할 수 없음, 변덕스러움, 갈등 등의 성향과 함께 — 을 지배하는 삶이다"(Taylor, 1989: 159). 근대의 이상은 "주변 세계뿐만 아니라 자기 자신의 감정과 성향, 공포와 충동을 객관화할 수 있는, 그리하여 일종의 거리감과 침착성을 확보하여 '합리적으로' 행위할 수 있는 자유로운 자아disengaged self"는 근대에 들어 형성된 이상이다(Taylor, 1989: 21).

합리성과 자기 통제를 향한 이러한 움직임에서 본질적인 부분은 물론 그것이 자신의 감정 표현을 관리하는 능력에 대해 높은 가치를 부여한다는 것이다. 독일 사회학자 노르베르트 엘리아스는 서구 사회에서 감정이 구성되고 규제되어온 과정을 추적해온 탁월한 사회학자이다. 엘리아스는 '문명화 과정'을 기술하는 그의 저작들에서 16세기 이래로 유럽인들이 고상함과 감정 상태의 표현에 매우 민감하게 의식하는 자아의식을 발전시킨 방식을 고찰했다. 그는 개인들이 자신들의 충동과 감정을 어떻게 억누르는지, 자의식과 수치심 및 당혹감이 어떻게 자동적으로 작동하는지 — "일정한 한계 내에서 어떤 사람이 혼자 있을 때에도 작동하는 습관"(Elias, 1978: 137) — 를 기술한다. 엘리아스는 일상생활이 훨씬 더 위험하고 불안전했던 중세 시대에 사람들은 감정적으로 훨씬 더 불안정했다고, 즉 극도의 화, 폭력성, 공격성, 슬픔, 기쁨을 더 잘 드러냈다고 주장한다. 당시에 절제는 하나의 덕성으로 고려되지 않았다. 사람들은 가능한 한 많이 탐닉에 빠져 순간적 쾌락을 즐기거나 극단적인 금욕생활을 했다. 엘리아스는 그 시기 이후에 발생해온 감정 '순화'의 특히 생생한 하나의 사례로, 16세기 동안에 파리에서 개최되던 한여름의 인기 있던 의례, 즉 고양이가 고통스러워하는 것을 보는 즐거움을 위해 고양이를 불태우던 것에 대해 기술한다. 엘리아스가 지적하듯이, 만약 이 의례가 후기 근대 사회에서 행해졌더라면 그것은 대다수의 사람들에게 극도의 혐오감을 불러일으켰을 것이다. 그러한 광경에서 쾌락을 얻는 사람은 그 누구라도 오늘날에는 정신병리학적 경향을 숨기고 있는 '비정상적인' 사람으로 간주될 것이다(Elias, 1978: 204).

엘리아스는 르네상스 시대 이래로 삶이 보다 예측 가능해졌을 때 물리적 폭력과 갑작스러운 죽음이 흔하지 않게 되었다고 주장한다. 봉건 질서가 쇠퇴하고 새로운 사회 계급이 형성된 16세기에 공적 영역에서 명예, 경건함, 예절, 사회질서가 점점 더 강조되었다. 엘리아스는 매너에 대한 논문들에서 16세기에 분명하게 나타나기 시작한 것, 즉 신체 기능과 관련하여 발생하는 수치심과 당혹감에 대해 논의한다. 궁정 사회의 발전은 몸의 관리와 관련하여 발생하는 사회적 분화를 점점 더 자각시키는 것과 함께 사회 전반에서 점차 감정을 억제하고자 하는 움직임이 일어나는 데 영향을 미쳤다. 어떤 사람의 공적 행동은 그 또는 그녀의 사회적 지위를 알려주는 것, 즉 자신을 드러내고 타자를 평가하는 수단이 되었다. 따라서 매너와 겉으로 드러나는 자아의 통제가 극히 중요했다. 감정 관리는 매너와 공적 행실 속에서 일어난 이러한 변화에서 중심을 차지하고 있었다(Sennett, 1976; Elias, 1978; Mennell, 1985). 개인들은 자신의 충동뿐만 아니라 동료들의 충동에 대해서도 신중하게 반응하고 다른 사람들에게 충격을 주거나 그들을 기분 상하지 않게 하기 위해 조심할 것이 기대되었다(Elias, 1978: 80). 엘리아스에 따르면, 충동과 감정의 엄격한 통제는 처음에는 궁정 내에서 높은 사회적 신분에 있는 사람들에 의해 아랫사람들에게 강요되었지만, 나중에 가정으로까지 확장되었다. 개인들은 어린 시절부터 규제받았고, (다른 사람에 대한 신체적 위협보다도 다른 사람들의 불쾌감과 더 관련하여) '올바르게' 행동하지 못하는 것에 대한 두려움을 의식적·무의식적으로 발전시켰다. 갑작스러운 충동과 감정을 주체하지 못하는 것은 사회적 지위를 위험에 처하게 하는 것이 되었다. 그러므로 신중함과 자기 규제가 사회적·경제적 성공에 (특히 부르주아들 사이에서) 중요했다. 감정의 외부 표현에 대한 외적 제약이 무의식적이고 반사적인 자제력으로 내면화되었다. 이전에는 자주 남을 신경 쓰지 않고 수행되었던 배뇨, 배변, 침 뱉기, 구토와 같은 신체 기능이 다른 사람 앞에서 이루어질 경우 수치심이나 혐오감과 연계되어졌다.

스티븐 메넬Stephen Mennell은 자신의 저작 『음식의 모든 매너All Manners of Food』(1985)에서 엘리아스의 분석을 확대하여, 예절과 좋은 취향의 관념이 유럽 사회의 '문명화'의 일부로서 음식 관행과 테이블 매너를 둘러싸고 발전해온 방식을 상세하게 설명한다. 좋은 테이블 매너는 몸을 통제하고 다른 사람들을 위해 육욕을 자제하는 것과 관련되어 있었다(Jeanneret, 1991: 40~43). 메넬은 유럽 궁정 사회에서 테이블 매너의 점차적 세련화가 음식을 손으로 만지고 손으로 먹고 반쯤 먹은 음식을 다시 공용 접시에 놓는 것에 대한 혐오감과 연관되어 있었다는 점을 발견했다. 에라스무스Erasmus의 매너 책 『어린이 예의범절De Civilitate Morum Puerilium』(초판은 1530년에 출간되었다)은 18세기까지 유럽 전역의 학교에서 예절에 관한 전문 저작으로 널리 이용되었다. 에라스무스는 음식 의례를 이용하여 사회를 보다 규율 있게 만드는 일에 열중하고 있었다. 그는 좋은 매너는 귀족의 영역만이 아닌, 학교에 다닌 모든 사람들이 받아들여야만 하는 것이라고 주장했다. 그 후에 테이블에서의 예의 바른 행동에 대한 인식에서 일어난 변화는 에라스무스가 어린 학생들에게 한 다음과 같은 조언에서 분명하게 드러난다. "씹은 음식을 뱉어서 자신의 접시 위에 놓는 것이 역겨운 것처럼, …… 어떤 사람에게 당신이 반을 먹은 것을 제공하는 것은 무례한 짓이다"(Kasson, 1987: 117에서 인용함). 오늘날 이러한 충고는 에티켓 책에서 발견되지 않는다. 왜냐하면 그것은 매우 어린 시절부터 부모가 모든 아이들에게 가르치는 것으로, '문명화된' 성인 행동에서는 하나의 무언의 규칙으로 당연하게 받아들여져 있기 때문이다.

중세 시대와 르네상스 시기에 폭식과 절식 사이를 왔다 갔다 한 것은 건강상의 이유로 식단의 구성을 규제할 명분이 거의 없었다는 것을 의미했다. 오늘날 개발도상국가들에서 여전히 사실인 것처럼, 유럽에서 대부분의 사람들은 주기적인 영양부족에 시달렸다(Appleby, 1979; Mennell, 1991). 개인들은 그들이 흥청망청 놀 것으로 기대되는, 드물게 열리는 축제 때에 많이 먹었고, 기아에 시달리는 시기에는 어떤 종류의 음식이든 손에 넣는 것이 대단히 중요했다. 하지만 또 다른 외부의 식사 금지의 원인들이 있었는데, 그것들은 성인의 날과 사순절의 금식과 같은 종교 의식과 관련되어 있었다. 그리고 중세 후반기부터 과도하게 화려한 연회를 억제하기 위해 사치금지법이 도입되었다(Mennell, 1991: 135~138). 식량 공급의 안정성이 증대하면서 출현한 식욕의 점차적인 '문명화'는 요리법의 혁신을 낳았고, 그것은 자신들을 하층계급과 구분하고자 하는 궁정 사회의 성원들을 압박했다. 중세 시대에는 과도한 폭식이 부와 귀족의 표시였지만, 18세기경에 귀족과 상층계급들 사이에서 식욕을 더욱 통제하고자 했음을 보여주는 증거들이 나타나기 시작했다. 먹은 음식의 맛과 식욕의 절제가 우아함과 세련됨, 즉 하층계급과의 거리를 나타내는 것이 되었다. 그러므로 극단적인 대식은 귀족과 상층계급의 성원들 사이에서 예외적인 것이 되었고, 준비에 더 고도의 기술이 요구되는, 양이 적은 값비싼 요리가 유행하게 되었다. 17세기와 18세기에 프랑스에서 발달한 고급 요리가 세련된 요리의 특징으로 자리잡았고, 복잡한 맛의 위계에서 '훌륭한 맛'의 정점에 위치했다. 먹기의 억제가 서서히 자기 통제와 절제의 관행으로 내면화되었지만, 그것은 신체 사이즈나 신체적 건강에 대한 관심보다는 맛있는 음식의 모습과 상스러움의 회피에 대한 관심에 기초해 있었다. 자제는 사회적 예의범절을 준수하며 식품과 요리를 선택하고 식별하는 능력이라고 표현되었다(Mennell, 1991: 144). 그 결과 "에티켓 전문가와 진짜 미식가만이 항상 좋은 것과 나쁜 것, 가치 있는 것과 가치 없는 것을 아주 확실하게 결정할 수 있었다(Gronow, 1993: 280).

먹기와 테이블 매너를 축으로 하여 '문명화된' 행동의 기준이 발전해온 데에는 인간의 동물적 본성을 피하고 자연에 대한 문화의 중요성을 강조하고 역설하고자 하는 욕망이 담겨 있다. 먹기를 축으로 한 예법은 경제적 경쟁이 격심했던 시기인 빅토리아 시대에 특히 두드러졌다. 세련된 식사 매너가 사적 영역에서 경쟁의 표출을 삼가게 하고, 사회적 구별과 예절의 규칙을 부각시키고 강화하는 데 기여했다(Kasson, 1987: 139). 빅토리아 시대에 부르주아 매너의 규칙은 사람들 앞에서 드러내놓고 먹는 것을 부정적으로 평가했다. 왜냐하면 "마구잡이로 또는 천박하게 먹는 것 또는 다른 사람이 그렇게 먹는 것을 볼 수밖에 없는 것은 일종의 사회적 역겨움을 유발하기" 때문이었다(Kasson, 1987: 130). 1853년에 출간된 한 에티켓 매뉴얼에서 주장되었듯이, "먹기는 거의 전적으로 감각적인 동물적 욕구 충족이기 때문에, 아주 우아하게 처신하지 않는 한, 그것은 남에게 불쾌감을 주게 된다"(Kasson, 1987: 125~126에서 인용함). 따라서 빅토리아시대에는 디너파티에서 누가 먹고 있는 음식에 대해 이러니저러니 하거나 심지어는 그것을 칭찬하는 것도 매우 부적절한 것으로 간주되었다. 탐욕을 드러내는 것 또는 심지어는 왕성한 식욕과 음식에 대한 좋아함을 드러내는 것은 식사 시중을 드는 하인이 음식에 손을 대거나 먹거나 마시면서 어떤 시끄러운 소리를 내는 것처럼 눈살을 찌푸리게 하는 것이었다(Kasson, 1987: 134~136). 카슨은 이렇게 지적한다. "에티켓 문헌들 속에는 빵이나 과일 또는 옥수수자루를 일부만 먹고 그것의 남은 부분에 이빨 자국을 남기는 것에 대한 유별난 혐오로 가득 차 있다. 그러한 신체 과정이 남긴 명백한 자국은 그러한 과정과 일정한 거리를 유지하기 위해 면밀하게 기획된 모든 의례의 효력을 떨어뜨린다"(Kasson, 1987: 136).

이렇듯 서구 사회에서는 중세 시대에서부터 현재에 이르기까지 자아의 통제 및 관리와 관련한 문화적 기대에서 주요한 변화가 발생해왔다. 감정과 몸의 관리는 근대 '문명화된' 몸의 관념에서 중심적 위치를 차지하고 있다. 현 시대에는 '문명화된' 몸 — 즉 엄격하게 억제되고 의식적으로 관리되고 남뿐만 아니라 자신에 의해 계속해서 감시되는 몸 — 이 갖는 중요성과 관련한 많은 (분명한 그리고 불분명한) 규제들이 존재한다. 음식과 먹기 관행을 둘러싼 오늘날의 문화적 의미와 기대는 '문명화된' 몸을 둘러싼 이러한 인식들을 통해 틀 지어지고 재생산되어왔다.

상품으로서의 음식

음식도 궁극적으로는 '소비되는' 하나의 상품이라고 주장되기도 한다. 식품의 체내화 행위는 소비 선택을 몸 — 좀 더 구체적으로 표현하면 내적으로나 외적으로 가장 영구한 것 중의 하나 — 에 각인시키는 것의 극치로 간주될 수도 있다. 즉 피부색, 체중, 뼈의 강도, 머리카락과 손톱, 발톱의 상태, 소화작용 모두가 일반적으로 식생활에 직접 영향을 받는다고 말해진다. 아이러니하게도 사회학과 문화연구에서 일반적으로 사용하는 '소비'라는 용어는 그 용어에 대한 당연시되는 독해가 그러하듯이, 단지 먹기와 마시기만을 함의하지 않는다. 그것보다는 소비는 사람들이 음식만이 아니라 먹을 수 없는 것까지를 포함하여 상품 또는 재화를 이용하는 관행을 지칭한다. 따라서 개인이 텔레비전이나 라디오, 옷이나 음악과 같은 소비재 또는 상품을 '소비'하는 것은 자신의 주체성을 구성하고 자신과 남을 구분하고 사회적 하위집단sub-group의 성원권을 표시하기 위한 노력이라고 말해질 수도 있다. 소비재와 상품의 이러한 용도는 조직화된 종교, 고급문화, 계급의식, 정치적 소속과 같은 자기 정의와 구별짓기의 전통적 원천들이 (특히 젊은 사람들에게) 그 잠재력과 의미를 상실해온 서구 사회에서 훨씬 더 중요해졌다(Laermans, 1993: 155).

폴크는 개별화가 증대하고 다른 사람들과 분리되어 있다는 의식이 증가한 결과 근대 사회가 '구순기의 성격oral character'을 지니는 것으로 파악한다. 그는 근대 자아가 스스로 내적으로 지각한 빈 공간을 채우기 위해 음식 욕구를 자극한다고 주장한다. "근대의 개인적 자아의 '구순기적 충동oral urge'은 구순기의 '안전'의 표현이 아니라 그와 반대로 안전의 부재의 징후이다"(Falk, 1994: 28). 그러므로 폴크는 "근대 자아의 섭취 갈망introjective hunger은 생물학적 의미에서의 배고픔hunger과 아무런 관련이 없다"고 주장한다. 왜냐하면 식욕은 생리학적 욕구와 관련되는 바로 그만큼이나 감각적 자극과도 관계되어 있기 때문이다(Falk, 1994: 31). 그는 하나의 의례적 활동으로서의 식사의 쇠퇴와 함께 '비非의례적' 먹기(이를테면 간식), 그리고 담배, 사탕, 술, 청량음료, 껌과 같은 음식으로 간주되는 않는 물질과 관련된 여타 구순기적 섭취 활동 양식이 등장해왔다고 주장한다. 폴크는 그러한 활동을 영양 공급이나 배고픔이라는 고통의 완화보다는 구순기적 자극을 지향하는 ('식사'와 대비되는 것으로서의) '구순기 성향의 몰입oral side-involvements'이라고 불렀다(Falk, 1994: 29). 나는 그러한 활동을 '비의례적'이라고 정의한 폴크에 의문을 제기할 것이다. 왜냐하면 서구 사회와 비서구 사회 모두에 그러한 물질을 이용하는 의례들이 분명히 존재하기 때문이다(Lupton, 1995: 149~155를 보라). 하지만 폴크는 그러한 물질의 상징적 기능과 관련하여 흥미로운 지적을 하고 있으며, 이는 서구 사회에서 개인들과 그들이 섭취한 모든 물질의 관계로까지 확장할 수 있다.

폴크가 제시하듯이, 하나의 상품으로서의 음식은 단지 그것의 영양이나 에너지를 공급하기 위해 또는 배고픔의 고통을 완화하기 위해서만이 아니라 그것을 둘러싼 문화적 가치 때문에 소비된다. 그러한 가치들은 상품으로서의 음식을 구매하고 소비하는 행위를 통해 자아로 전이된다. 음식은 개인들이 자신을 어떻게 인식하는지 또는 자신이 어떻게 인식되기를 바라는지를 스스로와 타인들에게 투영하기 위해 선택된다. 이를테면 빅맥을 사서 먹는 행위는 값비싼 레스토랑에서 식사하기를 좋아하는 문화 집단의 성원과는 다른 어떤 문화 집단의 성원임을 증명한다. 이것은 동일한 개인이 두 가지 먹기 활동 중 하나만 한다고 말하는 것이 아니라 단지 각각의 경우에 제시되는 페르소나persona가 다르다는 것만을 지적할 뿐이다. 그와 같은 상품의 사용이 주체성의 발전과 표현에서 중심적 위치를 차지한다. 음식이 상징적으로 소비될 때, 그것의 맛은 자주 상대적으로 중요하지 않다. 가장 중요한 것은 그 음식물을 둘러싼 이미지이다. 페더스톤(Featherstone, 1990: 8)이 지적하듯이, 고급 포도주 병은 결코 (마신다는 의미에서) 소비될 수 없지만, 그것은 그 소유자에게 커다란 만족을 가져다주는 그 포도주의 명성을 과시하고 그것에 대해 이야기하고 논의함으로써 상징적으로 소비된다. 이러한 사용 가치에 대한 교환 가치의 지배는 미국 '생수' 시장에서, 보다 구체적으로 도나 카란Donna Karan과 같은 하이패션 부티크의 상표를 달고 팔리는 생수에서 그 정점에 달했다. 유사하게 수년간 페리에Perrier나 에비앙Evian이라는 이름이 물을 마시는 행위에 독특한 의미를 부여해왔다.

음식을 상품으로 이론화하는 것에서 빠뜨릴 수 없는 것이 바로 음식을 둘러싼 이미지를 창출하는 데서 상업광고가 수행하는 역할과 효과이다. 상품으로서의 음식물은 판매되기 위해 그것과 그것의 경쟁자들을 차별화한다. 광고와 포장은 소비자와 부합할 수 있는 식품 관련 이미지 – 그러나 반드시 그것의 영양학적 속성, 맛 또는 형태와는 관련되지 않는 – 를 창출하고자 한다. 이것은 청량음료, 과자류, 병에 든 소스, 냉동식품과 통조림 식품과 같은 고도 가공식품에서 가장 분명하게 드러난다. 이들 식품은 그것들에 의미를 부여하는 확고하고 식별 가능하고 '천연적인' 속성을 거의 가지고 있지 않다. 이러한 '탈물질화된dematerialized' 음식은 그것의 식별을 겉모양과 상징적 가치에 의존한다(Fischler, 1988: 289). 이러한 간극은 마케팅을 통해 제품과 무관한 이미지를 창출함으로써 메워져야만 했다. 따라서 짭짤한 스낵류와 청량음료와 같은 제품들은 흔히 그러한 '의미 없는' 제품과 음식 또는 음료의 맛 자체보다는 젊음, 활력, 성적 매력, 즐거운 시간과 같은 기성의 가치들과 연계시키는 방식으로 마케팅된다.

음식의 겉모양과 표상은 그것을 먹는 즐거움palatability과 관련한 관념들과 아주 밀접하게 연관되어 있다. 요리책과 잡지의 음식 사진사들이 매혹적일 정도로 완벽하게 음식 이미지를 표현하기 위해 극도의 주의를 기울이는 것도 이것 때문이다. 이것이 바로 코워드(Coward, 1984: 101)가 '음식 포르노그라피food pornography' 또는 음식 시뮬라크룸a simulacrum of food이라고 칭한 것으로, 먹는 즐거움은 음식의 맛 또는 질감보다는 음식의 심미적 형태와 그것이 불러내는 감정 상태에서 파생한다. 한 음식 사진사가 논평한 바 있듯이, "음식 사진은 사람과 음식의 관계와 관련되어 있다. 즉 음식 사진은 사람들로 하여금 그 음식을 먹고 싶어 하게 만든다"(Ripe, 1993: 152). 이를테면 의외의 색깔로 인해 "별로인 것처럼 보이는" 음식은 먹기에 적절하지 않은 것으로 인식되는 반면, 우리가 기대하는 색을 띠는 음식은 보다 맛있는 음식으로 인식된다. 한 연구자는 실험을 통해 색깔이 음식의 달콤함을 인식하는 데에 영향을 미친다는 것을 발견했다. 응답자들은 붉은 색깔의 체리 맛 용액과 오렌지 색깔의 살구 맛 용액을 무색의 유사한 맛을 내는 샘플보다 더 달고 더 맛이 있다고 말했다(Pangborn, 1987: 56). 이것이 바로 음식 생산자들이 음식에 유혹적인 '적절한' 색깔을 내도록 하는 신중한 조치를 취하는 이유이다. 흰색, 녹색, 노란색이 음식에 가치를 부여한다. 흰색은 순수성, 청정, 세련됨을 나타내고, 녹색은 신성함, 자연, 농촌 공간을 상징한다면, 노란색은 햇볕, 야외, 문화적으로 가치 있는 금을 생각나게 한다. 수세기 동안 버터는 매력적인 '금의 우수한 성질'을 가지는 것처럼 보이도록 하기 위해 금잔화, 당근 즙, 샤프란 및 여타 다른 색소들을 포함하는 물질들로 채색되어왔다(Visser, 1986: 89).

음식과 구별짓기

음식에 대한 많은 믿음은 세대에서 세대를 거치며 문화적으로 재생산된다. 음식에 대한 믿음과 행동은 어린 시절부터 내면화되고, 가족 단위 및 하위문화와 밀접히 연관되어 있다. 다시 말해 어린 시절과 성인 시기 모두에서 음식은 친족뿐만 아니라 집단의 성원 의식과 뗄 수 없게 연결되어 있다. 음식의 체내화는 개인이 그 음식의 속성을 섭취하는 것을 통해 개인의 주체성 관념을 구성할 뿐만 아니라 그 개인을 요리 체계 속으로, 그럼으로써 한 사회집단 속으로 끌어들인다(Fischler, 1988: 280~281). 어떤 물질을 먹을 수 있는 것으로 범주화하는 것은 그것이 그 공동체 속으로 그리고 그리하여 개인의 몸속으로 받아들여진다는 것을 함의한다. 음식을 준비하는 행위는 개인을 어떤 문화에 편입시키는 것의 일부이며, 이는 먹기 행위 속에서 그 정점에 이른다(Falk, 1991: 760). 먹기 행위의 공유는 사람들을 하나의 공동체로 만들어낸다. 즉 그들은 동일한 음식 문화의 성원들이다. 이것이 암시하듯이, 음식은 문화들 간의 차이를 특징짓고 집단 정체성을 강화하는 수단이다.

역사적으로 음식 관행은 사회 계급, 도시와 시골, 국가와 지역 간을 구분지어왔다. 근대 서구 사회의 식품 생산, 저장 기술, 세계 식품 시장에서 일어난 발전은 그러한 구별짓기의 일부 중요성을 약화시키는 결과를 초래해왔다. 이러한 사회변동에도 불구하고, 음식은 여전히 그것의 가격, 희소성 그리고 무엇보다도 그것의 문화적 의미와 같은 요소 때문에 여전히 하나의 경계 표시자로서 중요하다. 서구 문화 및 여타 문화들에서 음식은 전통적으로 통과 의례(결혼 케이크), 계절의 변화(할로윈 호박), 그리고 축제일(크리스마스 푸딩)과 일상의 날 간의 구분을 특징지어왔다. 메넬(Mennell, 1985: 327)은 고급 요리의 진부한 표현이 된 캐비아, 바다가재, 샴페인, 송로버섯을 그 예로 들고 있다. 하지만 그는 시간에 따라 변화하는 음식 유행이 때때로 그러한 전통적 범주를 무너뜨린다고 지적한다. 이를테면 농민들의 전통적인 음식인 내장 요리와 블랙푸딩은 그것들의 부정적인 사회적 함의를 벗어버리고 고급 레스토랑에서 제공되는 인기 있는 음식이 되었다.

각국은 그 나라의 요리 또는 식재료를 가지고 있으며, 많은 나라에서 각 지역은 그 지역의 특별한 요리를 가지고 있다. 그리고 각국과 각 지역은 그러한 음식을 가지고 자신을 확인하고 다른 나라 및 지역과 자신을 구분한다. 이를테면 기호학자 롤랑 바르트Roland Barthes는 프랑스의 대중문화를 분석한 에세이 모음집 『신화Mythologies』에서 특정 음식의 국민주의적 속성에 주목하여 스테이크의 공통적인 파트너인 감자튀김을 "프랑스임의 음식 기호alimentary sign"라고 지적한다(Barthes, 1989: 71). 와인 역시 프랑스인들에 의해 프랑스임의 "토템 술totem drink", 즉 "360종의 치즈와 그 문화처럼 자신들만의 소유물"로 간주된다(Barthes, 1989: 65). 영국 저술가 길버트 아데어Gilbert Adair가 바르트의 에세이 스타일을 따라 쓴 책 『신화와 기억Myths and Memories』(1986)에는 피시앤칩스에 대해 유사하게 서술한 부분이 있다. 아데어는 피시앤칩스 먹기가 영국인들로 하여금 그들의 국민 정체성을 상징적으로 주장할 수 있게 해준다고 주장한다. 왜냐하면 음식이 '**바로** 영국임의 요리 기호'이기 때문이다(Adair, 1986: 49, 강조는 원저자). 아데어는 피시앤칩스 식사는 또한 (미식가용 음식보다는) 대중적인 음식, 평범하고 일상적인 것, 어린 시절, 그리고 자신의 '뿌리'를 상징하며, 계급 경계를 흐리게 한다고 주장한다(Adair, 1986: 50). 호주에서 베지마이트Vegemite — 짜고 검고 걸쭉한 이스트 추출물 — 의 병은 호주 국적의 하나의 상징이 되었다. 회자되는 이야기에 따르면, 해외로 이주한 호주 사람들은 '식품 꾸러미'가 정기적으로 자신들에게 발송되기 때문에 자기들은 그들이 좋아하는 스프레드를 잃지 않는다고 주장한다. 그리고 그 물질에 대한 외국인들의 혐오에 대한 이야기들은 진정한 호주 사람이라면 베지마이트가 주는 미묘한 기쁨을 음미할 줄 알아야 한다는 주장으로 재진술된다. 북아메리카 사람들에게 추수감사절 정찬은 가족, 이웃, 역사를 찬양하는 하나의 의례이다. 다양한 인종적 배경을 가진 사람들은 17세기 '건국자들', 필그림들Pilgrims, 그리고 그들의 첫 수확을 찬양하는 데서 파생한 크랜베리 소스·달콤한 감자·호박파이를 곁들인 전통적인 칠면조 정찬에 참여함으로써, 자신들이 환영받고 동화되어 성공을 거둔 이주민들의 나라에서 미국인으로서의 자신들의 정체성을 재확인한다(Siskind, 1992).

따라서 음식과 요리 관행은 '우리'와 '그들' 간의 경계를 규정하는 데서 특별한 힘을 지닌다. 영국의 유럽공동체(그 당시에는 유럽경제공동체) 가입을 둘러싼 논쟁에 대한 영국의 신문 보도에 관한 한 연구는 기사들이 자주 음식 습관의 스테레오타입을 다른 유럽 국가들의 국민 정체성과 대비시켜 영국의 국민 정체성을 규정하는 하나의 방식으로 사용했다는 점을 발견했다. 특히나 신랄하게 반反프랑스적이었던 1990년 ≪선Sun≫의 기사는 프랑스인들이 "위험한 음식을 가지고 우리나라로 몰려들어 와서", "영국의 살아 있는 어린 양을 불태우고", 마늘 냄새를 풍기며 영국 소가 광우병에 걸렸다고 거짓 주장을 하고 있으며, 소문에 의하면 "리스테리아 균 투성이인" "악취 나는 연질 치즈"를 영국으로 들여오고 있다고 언급했다(Hardt-Mautner, 1995: 188). 뉴스 보도에서는 빈번히 유럽공동체에 참여하는 것은 유럽의 음식 입법을 따라야 하기 때문에 전통적인 영국 소시지의 종말을 낳을 것이라고 주장되었다. ≪데일리 텔레그라프Daily Telegraph≫는 농무부 장관이 "나는 영국 소시지를 좋아하고, 만약 내가 어떤 다른 사람의 소시지를 먹는다면 저주받을 것"이라고 선언했다고 인용했다(Hardt-Mautner, 1995: 180~181). 이처럼 국민 정체성과 요리 습관이 여전히 결합되고 있음에도 불구하고, 지난 몇 십 년 동안 서로 다른 문화의 요리법과 음식 선호 간의 구분은 점점 더 모호해졌다. 이를테면 중국, 말레이시아, 싱가포르와 같은 나라들에서 서구 음식은 보다 '근대적인' 것으로 간주되고, 하나의 지위를 나타내는 상징이며, 또한 전통적인 아시아 음식보다 더 건강에 좋은 것으로 크게 광고된다. 그 결과 붉은 고기, 밀을 재료로 한 제품을 포함한 음식(이를테면 빵과 비스킷), 그리고 유제품 음식이 이들 나라에서 더 많은 양이 소비되고 있다(Ripe, 1993: 37). 코카콜라와 맥도날드 같은 미국 회사들이 세계 이곳저곳에서 큰 성공을 거두어왔다. 이제 관광객이 시드니, 런던, 방콕, 본, 모스크바, 도쿄, 베이징에서 동일하게 표준화된 맥도날드 밀을 먹을 수 있다. 이렇듯 여타 대중적 포럼들(가장 두드러지게는 텔레비전과 영화)을 통해 인식된 미국 문화의 매력이 산출한 음식 선호가 미국의 문화제국주의를 실현하고 있다. 미국 음식을 먹는 것은 자신이 욕망하던 미국 문화의 속성의 일부를 체내화하는 것이며, 동시에 그 자신의 문화적 음식 관행을 거부하는 것이다. 그러한 음식의 영양학적 가치는 그것을 소비하고자 하는 욕망과 거의 관계가 없다. 즉 그러한 음식은 미국의 성공을 상징하고, 그렇기 때문에 탐나는 것으로 간주된다.

'좋은' 음식과 '나쁜' 음식

음식과 관련한 대중적·의료적 담론에서 자주 불러내어지는 하나의 강력한 이원 대립이 '좋은' 음식과 '나쁜' 음식의 이원 대립이다. 그 용어들이 함의하듯이, 이 이원 대립은 단지 음식을 개념적으로 범주화하는 것만이 아니라 음식에 도덕적 의미를 할당한다. '좋은' 음식은 자주 영양분을 공급하고 '몸에 좋은 것'으로 묘사되지만, 그것은 또한 건강에 대한 자기 통제와 관심을 보여주는 것이기도 하다. 반면 '나쁜' 음식은 건강에 나쁜 것이고, 보다 심층적인 의미의 수준에서 도덕적 나약함의 표시이기도 하다. 그러한 구분은 집단 성원들의 기대와 문화적 가치에 크게 영향받는다. 음식과 여타 속성의 상징적 결합은 '좋은' 음식과 '나쁜' 음식의 규정에 필수적인 요소이다. 이를테면 우유는 영양식, 순수성의 상징, 어린아이의 순진무구함, 자연적 자양분, 조용한 힘 그리고 실물 그대로인 것으로 제시된다(Atkinson,

1983; Fischler, 1986; Barthes, 1989). 음식을 '좋은' 음식이나 '나쁜' 음식으로 구분 짓는 일은 사회 계급의 성원 의식, 종교 집단 또는 젠더와 관련되어 있을 뿐만 아니라 그것의 희소성, 인지된 '자연성'의 정도, 그리고 '적절한 식사' 모델과의 적합성과도 연계되어 있을 수 있다.

몇몇 문화들, 특히 아시아와 남아메리카에서는 '뜨거운' 음식과 '차가운' 음식의 체계가 '좋은' 음식과 '나쁜' 음식을 이해하는 수단을 제공한다. 질병에 관한 4요소 체액 이론(이에 대해서는 제3장에서 기술한다)과 중국의 5요소 체계에 기초한 이 음식 체계는 여전히 많은 나라들, 특히 중국, 남아시아와 동남아시아, 라틴아메리카에서 지배적인 지위를 차지하고 있으며, 인도, 일본, 중국과 같은 나라들에서는 의학 커리큘럼의 일부를 이루고 있다. '뜨거운' 음식과 '차가운' 음식의 체계에 따르면, 특정한 몸 상태는 몸의 영적인 요소들의 불균형에 의해 생겨난다. 몇몇 상태들은 '차가운' 것을 나타내는 반면, 다른 것들은 '뜨거운' 것을 나타낸다(이를테면 중국인들은 일반적으로 빈혈과 영양부족을 차가운 질병으로 진단하고, 괴혈병을 뜨거운 질병의 증상으로 진단한다). 이러한 불균형을 해결하는 방법으로, 과도하게 차가운 몸을 적절한 상태로 회복하기 위해서는 '뜨거운' 것으로 간주되는 음식을 먹고 '차가운' 음식을 피하며, 그 반대의 경우에도 마찬가지의 방식을 취한다(Wheeler and Tan, 1983; Homans, 1983; Anderson, 1984). 앵글로-셀틱 문화도 유사하게 서로 다른 유형의 음식들을 특정 시기에 먹으면 좋은 것으로 범주화한다. 앵글로-셀틱 문화는 임신 중에 여성들은 자신의 건강을 유지하고 출산을 준비하고 크고 있는 태아에게 영양을 공급하기 위해 신경 써서 많은 우유와 유제품 음식, 고기, 야채와 과일을 먹어야만 한다고 믿는다(Mcintyre, 1983; Homans, 1983). 북아메리카의 농촌 지역에 사는 백인과 아프리카계 미국인들은 공히 고혈압이 부분적으로는 너무나도 많은 돼지고기, 기름진 고기나 붉은 고기, 살찌는 음식, 소금의 섭취로 인한 피의 '농밀화'에서 기인하며 그러한 음식을 피함으로써 그것을 완화할 수 있고, 또 흔히 '당' 또는 '단 피sweetblood'로 일컬어지는 당뇨병이 살아오는 동안에 너무나도 많은 당분을 먹었기 때문에 생긴다고 믿는다(Blumhagen, 1980; Nations et al., 1985). "감기에는 잘 먹고 열병에는 굶어야 한다"는 것은 영국에서 여전히 흔히 발견되는 믿음이다(Helman, 1978).

식품은 '좋음'과 '나쁨'의 측면 모두를 포함하고 있기도 하다. 고기는 서구 사회에서 '좋음'과 '나쁨'이라는 상충하는 의미를 동시에 가지고 있는 식품의 아주 적절한 사례이다. 서구 문화에서 붉은 고기는 모든 음식 중 최고의 지위를 가지고 있다. 고기는 하루의 주된 식사의 주요한 구성 요소이다. 식사에서 다른 음식들은 고기를 축으로 하여 배열된다. 따라서 고기는 음식이라는 관념 그 자체의 환유어이다. '고기'라는 기호는 권력, 정력, 공격성, 열정, 힘, 남성성이라는 의미들을 포괄한다. 피투성이의 고기는 삶, 폭력 행위, 부조화, 가족 유대, 열정, 신성한 힘을 상징하지만, 또한 '자아'를 의미하기도 한다(Twigg, 1983; Barthes, 1989). 동물의 일부로서의 고기는 자연 세계에 대한 인간의 통제를 상징한다. "고도로 진화한 다른 동물의 근육 살을 먹는 것은 우리가 지닌 최고의 권력을 표현하는 강력한 진술이다" (Fiddes, 1991: 2). 고기는 자주 '좋은 고형 음식물'의 동의어로 언급된다(Blaxter and Paterson, 1983: 97). 역사적으로 고기는 사회 계급의 기표 역할을 해왔다. 고기를 더 많이 먹을 수 있는 여유가 있을수록 더 부유한 사람이었다. 이를테면 19세기 후반 영국의 소년원과 감옥에서 제공하던 묽은 죽이나 상한 빵과는 전혀 다른 식단인, 테이블 위에 놓인 고기는 재정적·사회적 독립을 의미했다(Ross, 1993: 32). 고기는 그것의 높은 지위에도 불구하고, 또한 동물 및 피와 갖는 연계성 때문에 양가감정의 근원이기도 하다. 즉 그것은 구역질과 혐오감을 유발하고 금기를 만들어낼 수 있다. 고기의 영양학적 가치와 관련해서는 현재 격심하게 대립하는 두 가지 견해가 존재한다. 하나가 고기는 혈색이 좋은 양호한 건강에 필수적이고 단백질과 철분의 공급원이라는 견해이며, 다른 하나는 고기는 유해하며 음식 중독과 여타 박테리아 감염을 일으키고, 기생충, DDT와 같은 환경 오염 물질을 담고 있고 또 폭력을 유발하고 소화를 어렵게 하고 비만, 암, 고혈압 및 여타 질병의 원인이 된다는 견해이다(Fiddes, 1991: ch.12). 고기는 육욕, 동물적·남성적 열정, 힘, 원기를 함의하지만, 또한 오염, 부패, 화, 폭력, 공격성을 함축하기도 한다. 이와 대조적으로 야채는 순수성, 수동성, 청결, 여성성, 약함, 이상주의의 의미를 가지고 있다(고기가 불러일으키는 양가감정에 대한 보다 상세한 논의로는 제4장을 보라).

먹을 수 있는 것과 먹을 수 없는 것

하나의 문화 내에는 생애 주기 단계, 장소, 젠더, 사회 계급과 관련하여 금지된 식품과 허용된 식품의 경계를 규정하는 수많은 일단의 규칙들이 존재한다(Falk, 1991: 774). 음식이라는 용어 자체는 인간의 소비에 허용되는 유기물과 그렇지 않은 유기물 간을 문화적으로 구분하는 말이며, 따라서 서로 다른 문화에서 서로 다른 물질을 표시하기 위해 사용된다. 폴크(Falk, 1991: 758~759)는 '먹을 수 있는 것'과 '먹을 수 없는 것' 간의 차이 — 즉 자신/

남, 내부/외부, 좋은 것/나쁜 것, 문화/자연과 같은 다른 흔한 이원 대립과 밀접하게 연관되어 있는 구분 — 에 대해 논의한다. 거기에는 결코 먹을 수 없는 또는 몸에 결코 영양분을 제공하지 않는 특정한 유기물질과 인간에게 매우 유독한 여타 유기물질(이를테면 특정 종류의 버섯)이 존재하는가 하면, 문화적인 인식과 규범에 따라 먹을 수 있는 것 또는 먹을 수 없는 것으로 엄격하게 구분되는, 잠재적으로 여전히 먹을 수 있는 음식들도 존재한다. 이러한 것들이 음식을 준비하고 먹는 시간, 생애 주기의 서로 다른 단계에서 먹는 음식의 유형, 식재료의 배열과 조합에 영향을 미친다. 이러한 구분은 시간, 장소, 연령, 종교적 신념, 사회적 지위와 관련하여 역사적으로 다르고 매우 맥락적이다. 이를테면 유아가 어머니의 젖을 먹는 것은 아주 적절한 것으로 간주되지만(그리고 실제로 의학 권위자들에 의해 적극적으로 장려되지만), 유아가 다른 여성의 젖을 먹는 것 또는 나이 든 아이가 가슴을 빠는 것을 허용하는 것은 서구 사회에서 많은 사람에 의해 혐오스러운 것으로 간주된다.

당연시되는 이러한 규범들은 그렇게 엄격하지는 않아서 때때로 위반되기도 하지만, 일반적으로는 대부분의 시기에 대부분의 사람들은 그것을 충실하게 따른다. 이들 규범이 위반될 때, 사람들은 분명하게 드러나지 않는 본능적인 수준에서 자주 감정적 몸짓으로, 특히 혐오감과 극도의 불쾌감과 같은 감정을 가지고 대응한다. 만약 어떤 사람이 계란과 베이컨을 휘저어 섞어 부친 요리 접시가 놓인 아침식사 테이블에 앉아서 음식에 딸기잼을 발라 먹었다면, 그러한 위반을 지켜본 사람들은 아마도 혐오감을 드러낼 것이다. 만약 그 사람이 식사에 죽은 바퀴벌레 몇 마리를 넣는 것과 같은 훨씬 더 심한 짓을 한다면, 그것을 지켜본 사람들은 실제로 자신들의 혐오감이 메스꺼움으로 바뀌는 것을 발견할 것이다. 이 모든 물질들은 이론적으로는 먹을 수 있다. 하지만 물질들의 이상한 조합 또는 일반적으로 '음식'으로 간주되지 않는 어떤 물질의 선택은 몸을 통해 경험되는 감정적 반응을 불러일으킨다(제4장을 보라).

이것이 암시하듯이, '자양물nutrition'의 문화적 범주는 '식사용 음식물diet'의 그것보다는 넓고 '음식food'보다는 좁다. 모든 음식이 '영양분을 가지고 있는' 것은 아니지만, 음식은 자주 인간의 몸이 흡수할 수 있는 물질들로 규정되고, 그중 일부(이를테면 알코올, 설탕, 정크푸드)는 통상적으로 영양분이 있는 물질로 규정되지 않는다. 음식, 의약품, 약재의 문화적 정의는 서로 중첩된다. 음식은 때때로 약품으로 취급된다. 그리고 의약품 또는 약재가 평상의 식사용 음식물의 일부가 되기도 한다(Khare, 1980: 531). 근대 초기 유럽에서는 주술적 의례 활동에서 빵을 먹는 사람들에게 의도적으로 환각, 마취, '이성의 상실'을 유발하기 위해 흔히 양귀비의 씨와 삼씨가루를 포함하여 온갖 종류의 씨앗과 풀잎을 넣어서 빵을 구웠다. 따라서 빵은 '영양 기능'과 치료요법적인 것을 결합하고 있었다(Camporesi, 1989: 17~18). 또 다른 예로서 설탕은 19세기에 목쉰 것, 가슴 통증, 위장 장애를 가라앉히는 속성을 지닌 진정 물질로 간주되었다. 그것은 흑사병의 처방에 공통적으로 들어가는 성분이었고, 16세기 후반의 영국 의학 교과서에서는 마른기침, 후두염, 호흡곤란, 눈병을 치료하는 하나의 성분으로 자주 등장했다(Mintz, 1986: 100~105). 19세기 초반부터 미국 요리책들은 몸의 청결과 품행에 관한 규정을 소개하는 데뿐만 아니라 위장병 치료용 빵인 '디스펩시어 브레드Dyspepsia Bread'와 귀앓이에 효능 있는 양고기 '즙'과 같은 약용 음식과 음료의 레시피를 제공하는 데에 책의 한결 같은 분량을 할애했다

(Fordyce, 1987: 99~101). 오늘날 비타민제는 의약품과 음식 간의 경계상에 위치하는 것으로 간주될 수 있다. 비타민제는 그것이 필수적인 물질을 공급한다는 점에서 '영양분이 있는' 것일 수 있지만, 약품으로 생산되어 판매되고, 식사의 보조물로 취급되지 통상적으로 '음식'으로 기술되지 않는다.

음식과 감정

라우라 에스키벨Laura Esquivel의 주술적인 사실주의적 베스트셀러 소설이자 대중영화로도 만들어진 〈달콤 쌉싸름한 초콜릿Like Water for Chocolate〉(1993)은 음식 준비와 먹기의 상호작용과 그에 따른 주인공들의 감정 상태를 중심으로 이야기가 전개된다. 그 소설에서 음식과 감정 간에는 공생 관계가 존재한다. 음식은 멕시코 인 여주인공 티타Tita가 그녀의 가족 성원들과 감정을 소통하는 한 형태가 된다. 티타가 만드는 이국적인 요리들은 그녀가 음식을 준비할 때의 그녀의 감정 상태를 흡수하고, 그 요리를 먹는 사람들에게서 유사한 감정 상태를 유발한다. 이를테면 티타가 그녀의 언니와 페드로Pedro — 티타가 진정으로 사랑하는 사람 — 의 결혼식을 위해 크게 슬퍼하며 준비한 웨딩 케이크는, 하객들이 케이크를 처음 한 입 베어 물었을 때 엄청난 갈망에 휩싸여 눈물을 흘리고 심한 고통과 좌절감을 느껴 메스꺼워하고 구토하게 한다. 페드로에 대한 티타의 열정이 처음으로 불타오른 때에 그녀가 만든 장미꽃 잎 소스를 친 메추라기는 그녀의 다른 자매들에게서 강력한 욕정을 불러일으키고, 티타와 페드로가 식사할 때 둘 사이에 열정의 감정을 전달하게 한다. 심지어 이 소설의 영역판 제목 『초콜릿을 만들기 위한 물처럼』은 그 책에 묘사되어 있는 열정을 핫초콜릿을 만들기 위해 끓고 있는 물이라는 은유를 통해 표현하고 있다.

〈달콤 쌉싸름한 초콜릿〉에서 벌어지는 사건들이 매우 생생하게 증명하듯이, 음식, 감정, 주체성 간에는 강력한 관계가 존재한다. 이러한 연계 관계는 엘리트 문화와 대중문화에서 자주 만들어져왔지만, 음식의 감정적 차원은 사회학적 저술에서는 좀처럼 논의되지 않아왔다. 하지만 감정의 사회문화적 차원과 음식과 먹기의 사회문화적 차원 간에는 분명한 연관성이 존재한다. 내가 앞서 이 장에서 지적했듯이, 서구 사회에서 감정 관리 및 음식 관행 규제의 역사와 테이블 매너의 발전은 '문명화된' 몸에 대한 인식과 병행하여 발전했다. 감정 상태와 음식·먹기 관행 모두는 개인들에게 육체화를 강력하게 상기시킴으로써 정신의 초월성과 자기 억제를 위협한다. 음식과 먹기처럼 감정은 흔히 탈육체화되고 철학화된 정신보다는 육체화된 자아의 영역으로 간주된다. 음식 관행과 먹기 관행과 마찬가지로 감정은 전통적으로 여성적인 것, 즉 권력을 박탈당하고 주변화된 것과 관련지어진다. '감정'이라는 용어는 무질서, 즉 비체계적인 것과 연관지어진다. '감정적인' 상태는 자주 '합리적인' 상태와 대비된다. 감정 또는 폭식에의 '굴복', 즉 '통제력 상실'이라는 개념은 도덕주의의 냄새를 풍긴다. 그러한 통제력의 상실은 '미개한' 것으로 상정된다. 왜냐하면 그것은 '충동' 또는 '본능' — 전적으로 타고난 것으로 간주되는 — 이라는 원초적 동물성을 드러내는 것이기 때문이다.

음식은 그것의 감각적 속성과 사회적 의미 모두에 의해 감정을 불러일으킨다. 많은 사람에게서 음식에서 얻는 즐거움은 일상적인 감각적 경험에서 최고의 지점을 차지한다. 미각 및 후각과 인간 경험의 감정적 차원

간에는 특히 강력한 연관성이 존재한다. 분명 음식의 물리적 속성은 그것이 불러일으키는 감정적 반응에서 하나의 필수적인 요소이다. 음식을 만지고 냄새 맡고 준비하고 입으로 가져가서 씹고 삼키는 행위 모두는 의식적 수준과 무의식적 수준 모두에서 특정한 감정을 불러일으킬 수 있는 감각적 경험들이다. 음식이 '입에 닿는 느낌'은 식품 제조업자들에게서 식품의 실제 맛과는 완전히 별개인, 그 식품의 인기에 필수적인 요소로 간주된다. 설탕 대체물로 단맛을 낸 청량음료에 점성 물질을 첨가하여 마치 그것이 설탕으로 맛을 낸 것처럼 입에서 액체가 진하게 느껴지게 만드는 것도 바로 여기에서 연유한다(Mintz, 1986: 209). 초콜릿이 하나의 음식물로서 인기 있는 이유들 중 중요한 부분이 그것의 촉감이 유발하는 즐거움이라고 주장되어왔다. 대부분의 다른 음식과는 달리 초콜릿은 글자 그대로 입에서 녹는다(Hamilton, 1992: 26). 칠리는 감각을 자극한다. 그것은 자를 때 손을 따갑게 하고 입을 얼얼하게 한다. 신선하게 구운 빵의 향기는 배고픔과 안전감 모두를 느끼게 한다. 어떤 음식이 너무 무르거나 미끈거리거나 잘 씹히지 않거나 모래 씹는 맛일 경우 그 음식을 먹는 것은 극도의 불쾌감을 초래하는 반면, 속이 과도하게 가득 차거나 비었다는 느낌은 불편함과 고통을 유발하기도 한다.

하지만 알코올 — '음식'의 경계 범주에 위치하는 — 처럼 음식 소비가 불러일으키는, 그리고 그것과 연관된 감정은 그것의 상징적 성격과 쉽게 분리될 수 없다. 알코올은 상당한 양을 섭취할 경우 몸에 직접적으로 생리학적 영향을 미쳐 들뜬 기분, 긴장 풀림, 둔한 감각을 느끼게 할 것으로 가정된다. 하지만 이러한 효과는 알코올 소비를 둘러싼 문화적 기대와 뗄 수 없게 연결되어 있다. 일상적인 일의 세계와 즐김과 흥겨움의 시간을 분할하는 물질로서의 알코올은 분위기 설정과 밀접히 연관되어 있다(Gusfield, 1987: 79). 알코올 소비는 '문명화된' 몸에서 자기 탐닉과 신체적·감정적 해방으로의 탈출을 의미한다. 우리는 알코올이 우리의 기분을 끌어올릴 것으로 기대하고, 그것은 자주 그렇게 한다. 이완과 흥겨움을 나타내는 표시로서의 알코올은 심지어는 술을 마시기도 전에 몸에 해방을 준비한다. 음식을 둘러싼 상징적 의미들 역시 몸에 쾌감 또는 불쾌감을 준비하는 데 기여한다. 그러한 의미들은 어떤 종류의 음식이 즐거움을 주는 것으로 간주되고 또 불쾌감을 불러일으키는지를 둘러싼 규칙을 학습하는 사회화를 통해, 그리고 무의식적 경험을 포함한 개인적 경험을 통해 하나의 문화로 구축된다.

기억과 음식의 감정적 차원 간에는 강력한 관계가 존재한다. 음식이 우리와 과거의 관계를 사회적으로 유의미하게 육체화하고 조직화하는 물질 세계의 요소라는 점을 감안할 때, 음식 선호와 기억의 관계는 공생 관계로 간주될 수도 있다. 기억은 미각과 후각을 통해 육체화되고 자주 불러내어진다. 기억의 결과는 상황, 걷는 스타일, 제스처, 특정 음식에 대한 욕구와 같은 요소들과 관련하여 몸에 각인된다. 그러므로 음식의 맛, 냄새, 질감이 이전의 음식 이벤트와 음식을 둘러싼 경험에 대한 기억을 촉발시키는 데 기여할 수 있다면, 기억은 경험에 기초한 음식 선호와 음식 선택의 범위를 정하는 데 기여할 수 있다. 식사 준비는 과거에 그 식사를 준비하여 먹었던 이벤트에 대한 기억을 환기시켜 그때 느꼈던 감정을 불러낼 수도 있으며, 또는 그 경험이 다른 사람과 함께 식사하고 싶어 하게 하고 또 그것이 낳을 감정적 결과를 예상해보게 할 수도 있다.

마르셀 프루스트Marcel Proust의 작품 『잃어버린 시간을 찾아서Remembrance

of Things Past』에는 잘 알려진, 그리고 자주 인용되는 장면이 있다. 거기서 주인공은 마들렌 비스킷 한 조각의 맛을 보고 그 맛과 냄새를 통해 그의 어린 시절의 세계로 되돌아간 자신을 발견한다. 보다 최근에 미식가 음식 잡지에 실린, 수프의 장점에 관한 찬가는 어떤 한 끼 음식물들보다도 수프가 소속감, 웰빙, 위안, 안도감, 따뜻함을 느끼게 하는 것, 즉 자기 강화와 자기 회복의 수단이라고 주장했다. 그 저술가는 다음과 같이 주장한다.

> 나의 머리에서 쉽게 떠나지 않는 음식 기억은 수프 그릇에서 몽글몽글 피어오르는 김과 관련되어 있다. …… 내가 가장 생생하게 기억하는 수프는 계란으로 만든 국수와 닭 내장이 얹혀 있는 단순한 묽은 닭고기 수프이다. 그것은 사랑의 맛을 내고 우정의 냄새를 풍기고 나의 내부의 깊은 곳 어딘가에 있는, 에는 듯한 불편하고 불안한 느낌을 진정시켜준다(Durack, 1994: 13).

일부 사람들에게 삶은 양배추 냄새는 그들을 학창 시절로 되돌아가게 하여, 당시에 그들이 받아 먹었던 급식뿐만 아니라 학교생활 경험 전체와 관련된 관계 및 감정에 대한 기억을 불러내기에 충분하다. 그러한 관계는 두 가지 방식으로 작동한다. 즉 어떤 기억은 다시 그 기억의 감정을 되새기기 위해 특정 음식에 대한 욕망을 산출할 수도 있다(또는 실제로 만약 먹기 경험이 부정적이었다면, 특정 음식을 피하고자 하는 욕망을 산출할 수도 있다). 따라서 옛날 학교 친구와의 우연한 마주침은 학교에서 먹었던 음식물에 대한 향수적 기억을 불러내고, 어린 시절의 감정을 환기시키는 음식에 대한 갈망을 낳을 수도 있다(어쩌면 이것이 최근에 값비싼 고급 레스토랑에서 시골 파이와 찐 푸딩과 같은 '유아원' 음식이 인기를 끄는 현상을 설명해줄지도 모른다!).

음식/기억/감정의 연계는 너무나도 강력해서, 음식의 맛과 냄새에 대한 감정적 반응을 불러내는 향기가 특별하게 만들어져왔을 정도이다. 바닐라는 최근에 향료로 인기를 끌고 있다. 왜냐하면 바닐라 향이 마음을 진정시키고, 위안이 되고, 어린 시절의 기억과 집에서 만든 케이크 같은 단순한 즐거움을 불러일으키고, 안심감, 친밀함, 안전함의 감정을 유발하기 때문이다. 또 다른 향료들은 동일한 효과를 거두기 위해 솜사탕 냄새와 초콜릿을 혼합한다. 반대로 사람들은 박하에는 힘이 나게 하고 기분을 좋게 해주는 효능이 있다고 믿는다. 또한 연구자들은 초콜릿 칩이 공격성을 줄여준다고 주장해왔다. 실제로 한 향기 전문가는 크게 히트 친 향료들의 '맛의 특징'은 그것들이 "휴일과 어린 시절을 아주 잘 환기시킨다"는 것이라고 주장해왔다. 그는 요리 문화와 향료 간의 밀접한 연관성에 주목하여, 알데히드 요소를 지닌 향료들이 아시아에서 특히 크게 인기를 얻은 까닭은 아시아 요리의 핵심 성분들 — 고수, 감귤의 향미료, 코코넛, 생강 — 이 알데히드 속에 풍부하기 때문이라고 지적한다(Goldstest, 1994). 이와 유사한 이유에서 쇼핑몰에서는 통상적으로 쇼핑객들이 음식을 구입하도록 유혹하기 위해 빵과 비스킷 굽는 냄새를 몰에 퍼뜨린다. 그리고 자신의 집을 팔고자 하는 사람들은 긍정적 감정을 유발하기 위해 잠재적 구매자가 도착하기 전에 신선한 커피를 끓이거나 약간의 비스킷을 오븐에서 구우라는 조언을 받는다. 잠재의식적 또는 무의식적 수준에서 그러한 연계가 이루어지기도 한다. 즉 그러한 관계가 의식적으로 인식되지 않더라도 특정한 음식의 맛과 냄새가 이전의 경험으로부터 파생한 감정적 반응을 불러일으키기도 한다.

배고픔은 자주 하나의 감정으로 간주되지 않는다. 배고픔은 감정보다는 사회적 상태에 의해 매개되지 않는 하나의 충동 또는 본능으로 간주되기 때문이다. 하지만 우리가 먹는 방식과 양과 시간을 지배하는 문화적 의미망을 감안할 때, 배고픔을 순수한 생물학적 현상이라고 주장하기는 어려울 것이다. 음식의 필요성에 대한 몸의 인식과 감정 상태 간의 생리학적 관계는 분명 복잡하다. 식욕 개념과 관련된 서로 다른 종류의 배고픔들이 있다. 어떤 식욕은 감정이 깃든 배고픔이다. 즉 좋아하는 음식이 요리되고 있거나 거의 차려질 준비가 되어 있을 때 경험하는 식욕은 위가 비어서 음식을 요구할 때 느끼는 단순한 배고픔에서 느끼는 식욕과 다르다. 식욕 없음 또한 자주 감정적 반응이다. 즉 그것은 배고픔과 불안감, 초조, 슬픔 또는 기쁨이나 의기양양함의 상호작용이다('사랑에 빠져' 있는 감정은 자주 식욕의 상실과 연계지어진다). 식욕의 상실을 수반하는 그러한 감정 상태에서 배고픔은 여전히 허기진 느낌, 즉 공복 의식으로 경험될 수도 있지만, 먹고자 하는 욕망은 억압당한다. 심지어 음식이 욕지기나게 하기도 한다. 다른 한편 아주 강력하지만 충족되지 않은 배고픔의 경험은 불안, 초조 또는 화의 감정을 유발하기도 한다. 어떤 음식에 대한 식욕 또는 욕망은 배고픔의 감정과 무관하게 존재할 수도 있고, 배고픔은 식욕 없이도 존재할 수 있다.

인간과 음식 및 먹기의 관계는 특정 상황에서 경험한 매우 강력한 감정에 종속된다. 할리건Halligan은 요리에서 사용하는 용어들이 격하고 잔인하고 분노와 연관되어 있다고 지적한다.

> 음식 준비와 연관되어 있는 이 동사 목록을 보라. 찧다, 두들기다, 까다, 치다, 휘젓다, 끓이다, 그을리다, 갈다, 찢다, 부수다, 저미다, 짓이기다, 뭉개다, 채워 넣다, 자르다. 고문의 이미지가 떠오른다. 튀기는 것은 열을 가하는 동

> 안에 팬에 집어 넣은 것이다. 그렇게 하기 위해 쇠꼬챙이와 막대기에 끼우고 머리와 꼬리를 자르는 것은 말할 것도 없고 가죽과 껍질을 벗기고 피를 빼고 매달고 묶는다. 중세 요리책은 "그것을 죽여서 조각내라", "그것을 토막 내어 덩어리로 만들어라"라고 말한다. 원재료를 먹기에 적합한 식재료로 만드는 과정은 일련의 살벌한 전쟁이고 비열한 트릭이다(Halligan, 1990: 118~119).

음식/비음식이라는 강력한 대비는 복수, 화, 증오의 감정에 기여하도록 조작되기도 한다. 어떤 사람이 적에게 가할 수 있는 최악의 보복(거의 죽게 하거나 신체적으로 그 사람을 공격하는 것) 중의 하나가 그들의 음식을 오염시키는 것, 그리고 유해하거나 역겹거나 오염된 물질을 먹도록 그들을 속이거나 강요하는 것이다. 「앙갚음 요리: 당신이 증오하는 사람을 위한 음식」이라는 제목을 달고 있는 호주 잡지의 한 기사는 이 점을 설명하면서 "음식과 복수가 처음부터 와인과 치즈처럼 자연스럽게 함께 해온" 방식을 논의했다(Littlewood, 1994: 113). 그 필자는 계속해서 "우리가 진저리를 내거나 보복할 필요가 있는" 손님을 위한 '완벽한' 식사에 대해 유머러스하게 기술한다. 그러한 식사 중 하나가 일요일 점심에 손님에게 역겨움을 자아내게 만든 바비큐를 제공하는 것이다. 그 필자에 따르면, 손님에게서 메스꺼움을 유발하기 위해 스테이크에는 "지방이 풍부한 껍데기"가 포함되어 있어야 한다. "말고기에 대한 사람들의 기억을 환기시키기 위해 그것을 내놓기 전에 그것에 사프란을 칠하라. 그리고 이상한 질감에 대해 이야기하라. 만약 당신이 그것을 그릴 위에서 구울 때 그들이 당신의 일거일동을 주시한다면, 당신은 성공했음을 알게 될 것이다"(Littlewood, 1994: 115). 닭고기는 붉은 음식 착색제를 이용한 양념에 재워두어야 한다. 그래야 그것이 잘 요리되었을 때조차 날 것으로 보인다. 케밥은 내장으로 하고, 모든 고기는 "가죽처럼 질겨질" 때까지 요리해야 한다. 그 필자는 화려하게 꾸미고 싶다면, "노란 오징어 한 마리 또는 애처로운 다리를 가진 작은 메추라기 구이로 훌륭한 식사를 만들라"고 권한다(Littlewood, 1994: 117).

결혼 생활의 극단적 파국을 다룬 미국 영화 〈장미의 전쟁The War of the Roses〉도 유사하게 음식이 포함된 장면을 이용하여 두 주인공, 즉 바바라와 올리버 간에 존재하는 증오와 복수의 욕구를 입증한다. 올리버는 바바라가 손님들에게 제공하기 위해 미리 준비한 요리에 소변을 봄으로써 바바라가 그녀의 사업동료들을 위해 개최한 만찬을 고의적으로 방해한다. 바바라가 그 일에 보복하기 위해 한 것들 중의 하나가 올리버에게 파테를 내놓은 다음에 그 파테가 올리버가 키우던 애완견의 살로 만들어졌음을 암시하는 것이다(McEntee, 1994: 44). 피터 그리너웨이Peter Greenaway의 영화 〈요리사, 도둑, 그의 아내, 그리고 그녀의 애인The Cook, the Thief, His Wife and Her Lover〉은 음식, 폭력, 화와 관련된 생생한 이미지들로 가득 차 있다. 도둑은 한 남자에게 배설물을 먹게 하고, 아내의 애인은 그의 책의 책장冊張들로 목이 막혀 죽임을 당한다. 아내는 애인의 시체로 요리를 만들어 남편에게 내놓는다. 그리고 남편은 그 구운 살코기를 먹음으로써 스스로 굴종하고 오염될 것을 강요받는다.

'적절한' 음식과 여타 음식에 대한 개인들의 인식 간의 괴리는 극도의 불쾌감, 혐오, 화, 증오와 같은 부정적 감정의 원천 중의 하나이다. 다른 사람들이 먹는 음식에 대한 극도의 불쾌감은 흔히 차별과 외국인 혐오 — 사회집단들 간을 구분하는 하나의 수단 — 로 표현된다. "오래전에 몽테뉴Montaigne가 지적했듯이, 모든 사람은 그의[원문 그대로] 어린 시절의 음식 습관에 애착을 가지며 외국 음식과 그것을 준비하는 방식을 터무니없고 심지어는 혐오스러운 것으로 간주하는 자신을 발견한다"(Revel, 1992: 244). 피에르 부르디외는 다른 집단의 음식에 대한 혐오가 구별짓기의 하나의 수단이 되어 그 집단과 거리를 두게 만드는 방식에 대해 논평해왔다. "취향은 어쩌면 무엇보다도 싫어함, 즉 다른 사람들의 취향에 대한 강한 반감 또는 본능적 불관용('구역질')이 불러일으킨 혐오일지도 모른다. …… 심미적 불관용은 대단히 폭력적일 수 있다. 다른 라이프스타일에 대한 혐오는 아마도 계급 간의 가장 강력한 장벽의 하나일 것이다. 계급 내혼은 이것을 보여주는 증거이다"(Bourdieu, 1984: 56). 부르디외가 여기서 언급하고 있는 것은 사회 계급 간의 차이지만, 아마도 훨씬 더 강력한 혐오의 원천은 다른 민족 또는 인종의 사람들이 준비하여 먹는 음식에 대해 느끼는 감정일 것이다. 전혀 다른 음식을 먹거나 유사한 음식을 다른 방식으로 먹는 사람들은 때때로 심지어 인간이 아니라고 생각되기도 한다. 서방 국가 출신 사람들은 통상적으로 중국과 같은 나라에서 먹는 요리를 아래의 호주 잡지에서 뽑은 발췌문처럼 혐오스러운 것으로 묘사한다.

> 중국인은 음식에 대해 실용주의적으로 접근하는 것으로 잘 알려져 있다. 독이 있는 것이 아니면 먹는다는 것이 기본 교의인 것으로 보인다. 당신이 있는 지역에 따라서는 딱딱한 쌀 위에 놓여 있는 집기 힘든 맛난 음식이 생선의 입이나 눈알일 수도 있고, 고기가 고양이나 저민 올빼미 고기일 수도 있는 반면, 아기의 손처럼 보이는 뼈뿐인 작은 것은 닭이나 오리의 발일 가능성이 크다. …… 홍콩에는 뱀 요리 집이 많이 있는 반면, 가로변의 노점에는 쌀을 먹는 작은 참새가 꼬챙이에 꿰어져 통째로 (정말로 부리, 놀란 눈 등 전부 다름)

> 구워져 있다. 막대기 중간에 꿰어져 있는 달콤하고 시큼한 뱀 또는 참새는 대체 누구의 생각일까? 이 발상은 참으로 엉뚱하고 기이하다(Kurosawa, 1994: 8).

마찬가지로 아시아 사람들은 서구인들이 먹는 일부 음식에 질겁해왔다. 드라이버(Driver, 1983: 73)는 중국인들이 향이 강한 치즈를 "동물 내장의 점막 분비물의 부패물"로 묘사한 것을 인용한다.

물론 음식이 부정적 감정과만 연관지어지는 것은 아니다. 음식은 어떤 현상으로부터 경험할 수 있는 가장 강력한 즐거움으로도 에워싸여 있다. 민츠는 설탕의 역사에 대한 연구에서 "설탕은 권력 — 멋진 삶, 부유한 삶, 완전한 삶 — 을 상징한다"고 논평한다(Mintz, 1986: 8). 고대 영국, 고전 그리스, 그리고 라틴 문학에서 꿀과 설탕과 같은 단 물질은 행복과 웰빙, 분위기의 고양, 그리고 에로틱한 감정과 연관지어졌다(Mintz, 1986: 154~155). 초콜릿이 낭만의 기호이자 사치, 퇴폐, 탐닉, 보상, 감각적임, 여성성을 상징한다는 것은 하나의 고정관념이 되었다(Barthel, 1989). 초콜릿이 유럽에 처음 들어왔을 때 그것은 사치품이었고, 17세기에는 프랑스 귀족 사회의 음료로서 하나의 지위 상징이었다(Schivelbusch, 1993: 91). 그 당시에 커피는 사람들에게 하루를 미리 준비하게 하는 하나의 각성제로 제시된 반면, 초콜릿은 게으름, 여가, 에로틱한 나른함이라는 의미를 함의했다. 19세기까지 줄곧 유럽인들은 초콜릿을 하나의 최음제라고 생각했다(Schivelbusch, 1993: 91~92). 이러한 의미는 오늘날에도 여전히 아주 분명하게 드러난다. "한 번의 키스로 사랑에 빠질 것이다"라는 선전 문구를 이용하는 바치(Baci: 이탈리아어로 키스) 초콜릿 광고에서처럼, 초콜릿 광고는 통상적으로 그것을 젊은이들의 이성애적 사랑의 일부로 묘사한다. 유사하게 초콜릿 상자 그 자체에는 장미, 새틴 또는 샴페인과 같이 낭만적인 것으로 부호화된 다른 상품들이 그려져 있다. 초콜릿 상자는 "유혹의 한 필수 단계"에서 여성에게 주기 위해 남성에게 판매된다. "…… 초콜릿은 성적 저항이 곧 무력화되는 것을 상징하기 때문에 여성이 단것에 넘어갈 때 여성은 남성에게 넘어간 것으로 여겨진다"(Barthel, 1989: 433). 그러한 표상들 속에서 '사랑에 빠져' 있음에 대한 감정적 경험과 초콜릿을 먹는 것에 대한 감정적 경험이 하나로 융합된다. 낭만적 사랑이 "제정신이 아니게 만든다"고, 즉 개인을 고양된 감정과 행복감의 강렬한 경험에 빠지게 한다고 믿듯이(Jackson, 1993), 초콜릿은 자기 탐닉과 쾌락주의적 무아경을 불러일으키는, 고도로 감정적으로 부호화된 음식으로 문화적으로 이해된다. 두 경험은 모두 일시적이고 상대적으로 순간적이지만, 그것들의 감정성은 강렬하다. 두 경험은 매우 감각적이고 육체화된다. 두 경험은 그 사람을 일상의 세속적 세계에서 벗어나게 해준다.

이처럼 음식과 먹기는 육체화된 감각과 강렬한 감정들 — 혐오, 증오, 공포, 화에서부터 즐거움, 만족, 욕망에까지 전 범위에 이르는 — 과 뒤얽혀 있는 강렬한 감정적 경험이다. 음식과 먹기는 개인들의 주체성과 타인과의 구별 의식에서 중심적인 자리를 차지하고 있다. 이러한 의미와 감정들이 어떻게 만들어지고 재생산되는가? 그것들은 얼마나 고정되어 있고 어느 정도 변화하는가? 특정 음식의 좋아함과 싫어함과 관련된 의미와 감정의 구성에서 어린 시절, 가족 성원과의 관계, 젠더화된 지위 간에는 어떤 관계가 있는가? 도덕적 의미들은 음식 관행과 음식 선호, 건강·자연·'문명화된' 몸의 관념, 그리고 여성적·남성적 육체화의 이상과 어떻게 연관되어 있는가? 음식, 육체화, 자아의 이러한 차원들이 아래의 장들에서 상세하게 탐구된다.

2

음식, 가족, 어린 시절

모든 사회에서 음식의 공유는 친족 관계와 친구 관계에서 지극히 중요한 부분이다. 어떤 사람이 다른 개인과 음식을 함께하기 위해 다른 사람을 초대하는 범위는 그 사람이 얼마나 가까운 친척 또는 친구로 간주되는지를 보여주는 표시이다. 살린스Sahlins는 다음과 같이 논평한다. "음식 교제는 하나의 민감한 바로미터, 말하자면 사회적 관계의 의례적 진술이며, 따라서 사교적 행사의 시작·유지·끝내기의 메커니즘으로 도구적으로 이용된다"(Sahlins, 1972: 215). 그저 안면이 있는 사람들이 따뜻한 음료나 알코올 음료를, 어쩌면 비스킷이나 오르되브르와 같은 간식용 음식을 함께하기 위해 초대될 수도 있지만, 더 가까운 친구나 친척은 최고 수준의 친밀함의 표현인 정찬을 함께하면서 전체 식사를 공유한다. 따라서 공유되는 음식 또는 식사의 유형과 그것의 빈도는 정서적 유대의 강력한 구성요소이며, 그러므로 감정적 관계의 구축 및 재생산과 직접적으로 연관되어 있다.

이 장에서 나는 유년기에서부터 시작되는 음식과 먹기를 둘러싼 의미의 발전 과정을 먹기 선호와 먹기 관행 및 신체적 품행과 관련한 규범과 기대의 사회화 장소로서의 가족에 초점을 맞추어 논의한다. 그렇게 하면서, 이 장은 모성과 어머니-자식 관계, 선물로서의 음식, 어린 시절의 음식 기억 속에 담겨 있는 향수와 안락함의 감정, 어린 아이들의 먹기에 대한 부모의 규율이 야기한 부정적 감정, 음식을 둘러싼 언쟁, 가족을 위한 음식물 준비의 어려움, 그리고 특별한 행사에서 음식이 수행하는 역할을 고찰한다.

음식, 감정 그리고 가족

먹기의 사회적 차원과 감정의 사회적 차원들이 특히 하나로 묶이는 곳이 바로 가족이라는 맥락이다. 음식에 대한 믿음과 행동은 아주 어린 시절부터 발전되고 가족 단위와 긴밀하게 결합되어 있다. 그것들은 유아가 자신을 돌보는 사람과 맺는 첫 번째 관계 및 어린 아이들의 성인 사회로의 사회화에서 필수적인 차원이다. 가족은 또한 감정적 몰입의 주요한 장소가 되어왔다. 가족 관계는 감정적 지원을 지속적으로 계속해서 제공할 것으로 기대된다. 음식과 항상 연계되어 있는 주요한 감정 중의 하나가 사랑의 감정, 특히 어머니의 사랑, 낭만적 사랑, 그리고 남편의 웰빙에 대한 아내의 우려이다. 식품의 마케팅과 음식에 대한 대중적 설명은 빈번히 그러한 감정들에 의지한다. 몇 십 년 동안 여성 잡지와 상업광고들은 통상적으로 어머니라는 인물을 그녀가 집에서 남편과 아이들에게 음식을 차려주는 것을 통해 그들에 대한 그녀의 애정과 돌봄을 입증하는 것으로 구성해왔다. 그 하나의 실례가 1928년에 나온 미국의 말린 자두 광고이다. 그 광고는 집을 떠나면서 문간에서 밝게 미소 짓고 서 있는 아내에게 손을 흔들고 있는 한 남자의 모습을 묘사하고 있다. 그리고 그 광고는 "그의 건강은 당신에게 무엇을 의미하죠?"라고 묻는다. "그것은 당신에게 모든 것입니다. 그것이 바로 당신의 집, 당신의 행복, 당신의 안전의 토대입니다"(Whorton, 1989: 111에서 재인용함).

부부 관계와 가족 관계의 토대로서의 사랑에 특권을 부여하는 이러한 담론은 비교적 근대 시기에 들어와 발전한 것이다. 산업화 이전의 가족 관계는 대체로 경제적 상호 의존에 기초해 있었다. 낭만적 사랑은 18세기 후반에 장기적인 이성애적 관계의 토대로서 출현하기 시작했다. 그 시기쯤에 가족 관계가 감정적 따뜻함을 중심으로 하여 이루어지게 되었고, 가족의 감정적 중심으로서의 어머니가 하나의 이상형으로 구성되었다. 19세기 초반경에 가족 내의 정서적 관계에 높은 가치가 부여되기 시작했다. 20세기 후반에 사랑과 가족 관계는 인간이 성취해야 하는 중요한 것이 되었고, 감정의 표현은 정서적 유대를 유지하는 것의 일환으로 그 가치를 부여받았다(Taylor, 1989: 293). 19세기에 사적 영역과 공적 영역이 분리되면서, 여성의 활동은 가정으로 한정되었고, 여성들이 영향을 미치는 영역은 정서적 유대를 유지하는 것을 축으로 하여 구축되었다(Giddens, 1992: 38~43). 남성들은 성공하기 위해 계산과 무감정을 요구하는 산업과 상업의 세계로 나갈 것이 기대된 반면, '집의 천사'로 지칭된 여성들은 가정이 공적 영역의 압박으로부터의 '안전한 피난처'가 되도록 하기 위해 신체적 돌봄과 위안과 감정적 지원을 제공할 것이 기대되었다(Leonard and Speakman, 1986: 10).

가족 식사는 서구 사회에서 현대 '가족'의 구축과 재생산 그리고 가족 내의 감정적 관계와 권력관계가 이루어지는 중요한 자리이다. 식사 시간 또한 아이들이 '문명화된' 행동의 규칙과 규범을 사회화하는 데 필수적인 행사이다. 공적 포럼과 사적 포럼 모두에서 포장 음식이 만연하는 것, 그리고 가족 성원들이 서로 다른 시간에 식사를 하거나 텔레비전 앞에서 저녁식사를 하는 경향에 대해 자주 우려를 표명하는 것도 바로 이러한 이유 때문이다. 그러한 관행들을 아이들에게 허용한다면 '문명화된' 먹기 행동에 적절한 사회적 스킬과 테이블 매너를 발전시키지 못할 것이며 또한 가족의 유대를 손상시킬 것이라고 주장된다. 이를테면 ≪시드니 모닝 헤럴드Sydney Morning Herald≫에 게재된 한 특집 기사는 식사 시간이 가족생활이 발전하고 그것을 뒷받침하는 데서 갖는 중요성을 논의하는 데 많은 지면을 할애했다. 그 기사의 필자 모래그 프레이저Morag Fraser에 따르면, 음식의 공유는 "가족으로 하여금 시험적 행동을 하는 것을 지지하게 만들 정도로 강력한 친밀성과 포용력을 만들어내던" '고대 뱃사람들'의 의식의 하나이다(Fraser, 1994: 15). 프레이저는 계속해서 "식탁은 가족, 공동체, 문명의 훈련장"이라고 주장한다. 프레이저는 그녀 자신의 가족과 관련하여 다음과 같이 지적했다. "식탁은 고백, 웃음, 대실패의 폭로를 위한 장소, 통과의례와 입문 의례의 장소였다. …… 내친 김에 하는 말이 아니라, 실제로 가족 스킬과 가족 경험은 식탁 주변에서 획득된다"(Fraser, 1994: 15). 이 기사가 암시하듯이, 중요한 것으로 고려되는 것은 필시 가족 식사에 차려지는 음식이 아니라 함께 자리에 앉아서 식사를 하는 의례이다. '가족 식사'와 '식탁'은 가족 그 자체의 강력한 상징, 심지어는 환유어이다.

음식과 모성

가족의 맥락에서 음식과 먹기가 수행하는 역할에 대한 어떠한 논의도 모성과 여성성을 둘러싼 의미와 규범에 대한 분석을 포함하지 않을 수 없다. 왜냐하면 서구 사회의 대부분의 가정에서 가족을 위한 음식의 구매와 준비는 여성의 주요한 책임이기 때문이다. 남편/아버지가 "집으로 베이컨을 가져오거"나 부양가족의 "입에 빵을 넣어줄" 수는 있지만, 그는 일반적으로 음식을 준비하지는 않는다. 찰스Charles와 커Kerr는 자신들이 1980년대에 연구한 영국 가정에서 대부분의 남성들이 요리사나 쇼핑자가 되고 싶어 하지 않으며 아내를 돕기보다는 요리를 하고자 함으로써 주방에서 더 많은 문제를 일으킨다는 것을 발견했다. 대부분의 여성들은 남편이 음식 준비를 거의 돕지 않는다는 것을 인정했다(Charles and Kerr, 1988: ch.3). 머콧(Murcott, 1983: 78)은 사우스웨일즈에 거주하는, 가정이 있는 젊은 여성들에 관한 연구에서 모든 응답자가 요리는 '여성의 일'이라고 생각하고 그것을 당연시한다는 것을 발견했다. 그렇다고 이것이 여성들이 필시 그 일을 즐긴다고 말하는 것이 아니다. 여성들은 단순히 아내와 어머니로서 매일 그 일을 수행하는 것이 그들의 일이라는 관습을 인정하는 것뿐이었다. 그러한 연구들이 발표된 이래로 거의 아무런 변화도 없었다. 요리는 여전히 압도적으로 남성보다는 여성의 책임으로 간주되고 있다. 워드와 헤더링턴(Warde and Hetherington, 1994)은 영국 그레이터맨체스터 지역에 거주하는, 주로 중간계급에 속하는 가정에서 음식을 축으로 한 가사 임무 수행에 관한 조사를 실시했다. 그들은 음식을 준비하는 임무는 여전히 주로 여성이 맡고 있다는 점을 발견했다. "여성이 지난 번 메인 식사를 요리한 비율은 7배 더 많았고, 케이크를 구운 비율은 10배 더 많았다"(Warde and Hetherington, 1994: 764). 그 조사는 남성과 여성이 꽤 빈번히 공유하는 유일한 가사 임무가 주요 음식의 쇼핑이었지만 그것도 여전히 보다 자주 여성이 혼자 수행한다는 것을 발견했다(Warde and Hetherington, 1994: 764). 여성이 풀타임 노동을 하는 가정에서 남성들이 혼자 식사를 요리할 가능성이 더 컸다(Warde and Hetherington, 1994: 765). 미국 가정에서의 음식 준비와 제공에 관한 드볼트(DeVault, 1991)의 연구도 유사한 결론에 도달했다.

아내와 어머니로서의 여성의 역할은 가정을 화목하게 유지하고 가족에게 감정적 안정성을 제공하고 아이들에게 (감정 관리와 먹기 습관을 포함하여) 적절한 행동 규범을 사회화하는 것이다. 어머니들은 가정에서 아이들을 유년기의 순전한 본능과 통제할 수 없는 무모성을 지닌 피조물에서 성인기의 예의범절과 자기 규제력을 지닌 피조물로 길들인다. 어머니들은 또한 아이들에게 음식과 영양분을 공급하는 주요한 책임을 맡아, 아이들에게 영양가 있는 식사를 매일 마련해주어 건강하고 훌륭하게 성장하도록 한다. 아이는 몸의 구멍을 통제하고 '문명화된' 행동을 할 수 있을 때까지 완전한 인간이 되지 못한다. 그때까지 그들의 어머니, 그리고 그 정도는 덜하지만 아버지 또는 다른 돌보미들이 아기의 주변에 방역선을 설정하고 항상 불침번을 서며, 유아의 본질적 순수성과 순진무구함을 (아이의 건강을 위협하는) 불결함과 오염물질들로부터 보호하고 또한 아이의 통제되지 않는 몸이 방출하는 오염물질(이를테면 구토물, 소변, 대변)을 처리하는 데 주의를 기울여야만 한다(Murcott, 1993a).

음식 습관과 관행에 관한 몇몇 경험적 연구에서 나타나는 지배적 관계들 중의 하나가 친밀한 가족이라는 관념과 '적절한 식사'라는 관념의 상호

연관 관계이다. 19세기 후반 런던에서 노동계급 주부가 일요일에 직접 요리한 전통적인 저녁식사를 제공하는 것은, 비록 그렇게 하는 것이 주말의 음식에 너무 많은 돈을 지출하는 것을 의미한다고 하더라도, 하나의 체면 문제였다(Ross, 1993: 37). 스코틀랜드 노동계급 어머니에 대한 현대의 한 연구는 그들이 아버지가 공급하고 "어머니가 애정을 기울여 준비하여 하나의 테이블에 모두 둘러 앉아 있는 가족에게 차려낸" 음식을 '좋은 음식'이라고 기술하는 경향이 있다는 것을 발견했다(Blaxter and Paterson, 1983: 102). 이러한 견해는 가난, 죽음, 이혼에 의해 가족이 실제로 깨진 경우에도 (또는 그것 때문에) 여전히 강하게 남아 있었다. 마찬가지로 사우스웨일즈에 살고 있는 여성들에 대한 연구도 그들이 고기, 감자, 고기 국물과 하나 이상의 야채를 곁들인 '요리한 저녁식사'를 "전형적인 '적절한 식사'"로 간주한다는 것을 발견했다(Murcott, 1982: 677). 요리한 저녁식사는 통상적으로 친구들과는 좀처럼 함께 먹지 않는, 그리고 노동계급에게는 이방인과는 절대로 함께 먹지 않는 가족 식사이다. 요리한 저녁식사는 가정 내에서 여성의 역할을 규정하는 데 기여한다. 그녀가 집 밖에서 풀타임 일자리를 가지고 있다고 하더라도, 그녀는 남편과 가족을 위해 식사를 요리한다. 이것은 주부로서의 그녀의 역할과 가장으로서의 그녀의 남편의 역할을 상징한다. 머콧은 요리한 저녁식사의 영양학적 가치와는 무관하게 그러한 식사는 그것의 상징적 가치 때문에 가족에게 제공하는 가장 적절한 것으로 간주된다. 요리한 저녁식사는 "집 자체, 집과 남성의 관계, 그리고 집에서의 여성의 위치"를 상징한다(Murcott, 1982: 693; 또한 Blaxter and Paterson, 1983; Pill, 1983; Charles and Kerr, 1988도 보라). 이러한 표현 속에서 아버지는 가족의 '부양자'로, 그리고 어머니는 '양육자'로 묘사된다(Blaxter and Paterson, 1983: 102).

가족의 맥락에서 수행되는 '노동'은 보수를 지급받는다는 측면에서의 '실제적' 노동으로 좀처럼 인식되지 않고, 그것을 수행받는 사람들에 의해 당연시되는 경향이 있는 사랑의 노동으로 간주된다. 여성성은 자기 자신을 거의 생각하지 않고 타자들을 돌보고 그들을 위해 일하는 것으로 이상화된다. 따라서 여성에게 요리는 타자들을 위해 수행하는 열정적인 사회적 일이다. 사우스웨일즈에서 머콧이 실시한 조사의 응답자들은 자신들이 만약 혼자 있다면 스스로를 위해서 일부러 요리를 하지 않을 것이라고, 즉 '적절한' 식사를 준비하여 먹기보다는 "간단한 식사를 할" 것이라고 말하는 경향이 있었다. 따라서 가족의 맥락에서 요리는 특별한 고객 — 여성과 직접적으로 관련된 개인들 — 을 위해 수행하는 '서비스 노동'으로 간주될 수도 있다(Murcott, 1983: 84~85). 그러므로 가족은 많은 여성에게 양가감정의 대상이 되는 장소이다. 왜냐하면 가족은 감정적 만족의 원천이지만, 또한 그녀들의 삶을 제약하고 한계 짓기 때문이다. 이상화된 가족 이미지는 가족 성원들의 감정적 유대와 공유된 이해관계를 강조하지만, 가족생활의 살아 있는 경험들은 상충하는 욕구와 욕망 그리고 권력 투쟁에 의해 특징지어진다(Gamarnikow and Purvis, 1983: 4; Beechey, 1985; Leonard and Speakman, 1986: 8; DeVault, 1991). 실제로 많은 페미니스트는 가족을 여성 억압의 중심적 장소로 간주한다. 그들은 남성이 지불 노동이라는 공적 영역에 참여하는 것은 여성의 서비스에 의해 제공되고 여성에 의해 하나의 권리로 구축된 것이며, 실제로 여성의 서비스를 통해 남성이 획득한 이익을 통해서 가능해진 것이라고 지적한다.

모성이 사적 영역으로 격하되기는 해도, 양육을 정의하고 규제하고자 하는 공공 기관들은 다양한 방식으로 그것에 개입하고 있다. 국가와 여타 사회제도들은 부모가 지배적인 사회적 관습에 준하여 적절한 것으로 판단되는 방식으로 아이들을 부양하고 키우게끔 하는 위치에 있다. 만약 부모가 그러한 기대를 충족시키지 못할 경우, 도덕적 분노를 사게 되고 벌금을 부과받거나 심지어는 투옥될 수도 있다(Phoenix and Woollett, 1991: 16; 또한 Donzelot, 1979도 보라). 아이들에게 음식을 제공하는 책임은 가족을 둘러싼 이러한 규제와 정상화의 망의 일부이다. 의료·공중 보건·영양 단체, 아동복지 기관, 공식 교육 제도, 그리고 영양에 관한 책, 신문과 잡지, 라디오와 텔레비전 프로그램과 같은 대중문화 산물을 포함한 다양한 관련 당국들이 아이들에게 제공되는 가장 좋은 종류의 음식 및 적절한 양에 관한 지식들을 유포한다. 여성들이 아이들에게 영양을 공급하는 책임은 임신에서부터 시작된다. 그때부터 여성들은 자신의 몸속에 있는 태아의 건강과 정상적 발달을 극대화하기 위해 자신들의 식생활에 특별한 주의를 기울일 것을 기대받는다. 의학 문헌에서 임신한 여성은 "영양학적으로 취약한" 집단의 하나에 속하는 것으로 구성된다(Murcott, 1988: 738). 일부 사람들은 심지어 어떤 여성이 임신 중에 먹는 음식이 유아에게 가시적 결과를 낳을 수도 있다고 믿는다. 이를테면 민간에서는 여성이 임신 중에 딸기를 먹으면 불그스레한 모반母斑을 가진 아이가 태어날 것이라고 믿는다(Homans, 1983: 73; Murcott, 1988: 743).

임신한 여성들에게 아기의 건강을 극대화할 수 있는 조치를 취할 책임을 지우는 일은 오늘날에도 의학 문헌과 대중문화에서 매우 강조되고 있다. 그리하여 어떤 임신한 여성이 술을 마시거나 식생활을 제대로 하지 않는 것과 같은 행동을 하는 것은 그녀의 몸속에 있는 태아의 건강을 무모하게 위험에 빠지게 하거나 소홀히 하는 것으로 인식되기까지 한다(Lupton,

1995: 91~92). 임신한 여성의 음식 선택에 대한 이러한 책임과 그것에 함축된 도덕의 중요성은 『임신 중에 먹는 것What to Eat When You're Expecting』(Eisenberg et al., 1990)이라는 제목을 달고 있는 미국에서 인기를 끌고 있는 책에서 분명하게 나타난다. 그 책은 임산부를 기계 은유를 채택하여 음식을 통해 태아를 생산하는 하나의 '공장'으로 묘사한다. "당신의 자궁 속의 아기 공장의 매니저로서 당신은 생명의 유지에 필요한 모든 원료가 그곳에 매일 공급되는지를 지켜볼 책임이 있는 유일한 사람이다"(Eisenberg et al., 1990: 6). 임신 중인 엄마들은 그들의 습관적인 음식물 섭취를 그 책이 설정한 이상적인 식생활과 비교할 수 있도록 하기 위해 자신들이 3일 동안에 먹고 마시는 아주 작은 음식과 음료에도 주의를 기울일 것을 권고받는다. 그것은 그들이 저자들이 정한 적절한 영양물을 섭취하고 있는지를 알 수 있게 해준다. 그 저자들은 여성들에게 모든 먹기 행위를 임신에 비추어 자기 감시하고 감독할 것을 권한다. "한 조각의 음식을 당신의 입으로 가져가기 전에, 그것이 내가 나의 아이에게 줄 수 있는 최선의 먹을거리인지를 스스로에게 물어라. 만약 그렇지 않다면 더 나은 것을 찾아라"(Eisenberg et al., 1990: 22).

일단 아이가 태어나고 나면, 어머니는 아이에게 음식을 먹이는 일에 전력을 다할 것이 기대된다. 임신 동안의 먹기가 고도로 의료화되었던 것과 마찬가지로 유아와 어린 아이에게 음식을 먹이는 일 역시 일반적으로 영양, 건강한 성장, 질병에 대한 면역의 문제로 고려된다(Fischler, 1986: 946~948). 유아의 몸은 유아를 잘 먹이고 돌보는 어머니의 능력을 보여주는 상징이 된다. 오클리(Oakley, 1979: 165)가 지적했듯이, "'잘' 먹고 '잘' 성장한 아기는 어머니의 노력에 대한 상償, 즉 그녀의 사랑과 노동의 명백한 증표이다. 역으로 '표준'보다 더 서서히 몸무게가 늘고 어쩌면 자주 울고 불만족해 보이는 아기는 어머니의 걱정거리, 즉 모성 결핍의 표시이다." 모유 수유는 현재 일반적으로 받아들여지는 유아 양육 방식으로, '자연적'이자 '건강한' 대안으로 제시된다(Oakley, 1979: 166; Shuttleworth, 1993). 모유수유에 대한 이러한 강조는 유아의 배고픔을 만족시키는 임무는 어머니가 그녀의 젖을 짜두지 않는 한 어머니만이 수행할 수 있는 임무라는 것을 의미한다. 그리고 그것은 그 자체로 시간을 소비하는 임무이다. 여성은 젖을 먹이기만 하는 것이 아니라 적절한 감정 상태에서 그렇게 해야만 한다. 어머니 매뉴얼은 여성이 젖을 먹일 때 평온함, 편안함, 행복을 느껴야만 한다고 훈계한다. 그렇지 않으면 젖이 만들어지는 데 나쁜 영향을 미치고 아이가 욕구 불만이 될 수도 있기 때문이다(Shuttleworth, 1993: 38).

젖을 먹일 때의 유아-어머니 관계는 문화적 구성을 통해 신비하게 결합된다. 그 속에서 영양물과 애정 어린 사랑의 느낌 모두가 어머니로부터 아이에게로 이전된다. 많은 여성은 그러한 신체적·감정적 친밀함의 감정을 느끼고, 자신의 몸으로 아기에게 영양을 공급하는 데서 자부심을 가진다(Oakley, 1979: 178). 하지만 다른 여성들에게 모성의 경험은 모순적이며, 사랑과 화, 성취와 좌절이라는 상충하는 감정들로 가득 차 있다. 모성의 경험을 둘러싸고 상당한 분노, 우울, 실망, 죄의식, 불만이 있을 수도 있지만, 여성들은 '좋은' 어머니라는 지배적인 신화 때문에 그러한 것들을 표현하거나 심지어는 인정하기조차 어렵다(Richardson, 1993: 3~4). 모유 수유를 거부하거나 실제로 모유 수유를 할 수 없는 여성들은 아기에게 진심으로 최대한의 관심을 기울이지 않는 '나쁜' 이기적인 엄마 또는 심지어 여성적이지 않은 엄마로 간주된다. 이것은 많은 죄책감, 걱정, 불안, 그리고 부적절한 낙제 여성이라는 느낌을 유발할 수 있다. 오클리가 수행한 초보 엄마들에 관한 연구(Oakley, 1979)에서 몇몇 응답자들은 자신이 아이에게 충분한 젖을 생산하지 못한다는 사실이나 그들이 젖꼭지가 헐고 가슴을 빨릴 때 겪는 고통에 대처하기가 얼마나 어려운지를 설명했다. 그들은 또한 과도한 피로, 기능 장애의 위험, 그리고 유아가 섭취하는 젖의 양을 결정하는 데서의 어려움과 같은 문제들을 공통적으로 경험하고 있었다(Murcott, 1993a: 124). 일부 여성들은 모유 수유의 관념이 유발하는 동물적 연상으로 인해 모유 수유가 혐오받고 있다는 것을 발견한다. 오클리의 연구에서 한 여성은 다음과 같이 말했다. "나는 모유 수유를 결코 하고 싶어 하지 않아요. 내 말이 아주 어리석게 들리겠지만, 모유 수유는 실제로 나를 몹시 역겹게 해요. …… 나는 그것이 아기에게 더 좋다는 것 등등을 **알고** 있어요. 그것은 극복하기 매우 어려운 감정이에요. 사람들은 일말의 죄책감을 느끼죠. 왜냐하면 그것이 아기에게 더 좋기 때문**이**에요"(Oakley, 1979: 167~168, 강조는 원저자).

아이들이 성장하면서, 그들의 음식 섭취는 좋은 건강을 보장하고 신체적 발육과 성장을 위한 좋은 기회를 제공하기 위해 그들의 어머니에 의해 면밀하게 감시된다. 유아가 젖을 떼었을 때, 아기가 매일 요구되는 적절한 영양분을 섭취하고 몸무게를 충분히 늘리고 욕구를 충족시킬 수 있도록 하기 위해 특별한 주의를 기울일 것이 기대된다. 유아에게 제공되는 음식은 잘 짓이겨지고 부드러워야 하고 끓인 물로 준비되어야 하는 등 유아의 '민감한' 몸을 '오염 물질'로부터 보호하기 위한 위생 기준을 지켜서 만들어져야 한다. 동시에 어머니는 유아가 과체중이 되지 않게 하고 먹기의 사회적 요구 사항들을 지키도록 학습시켜야 한다(Murcott, 1993a: 124~125). 이전에 어린 아이들에게 음식을 공급하는 것과 관련하여 어머니에게 제시되던 조언은 어린 아이들이 그들에게 제공된 모든 것을 먹도록 학습하는 것이 중요하다는 점을 분명히 하고 있었다. 하지만 현대의 부모용 핸드북은 보다 복잡한 조언을 하고 있다. 그것은 부모들이 아이들에게 영양가 있는 음식을 먹고 비만을 피하는 방법을 가르쳐야만 하지만, 드러내놓고 훈육하지 않는 방식으로 그렇게 해야 한다고 주장한다. 영국에서 출판된 그러한 책 중의 하나인 『그것 다 먹어!: 먹기 문제에 대한 부모용 안내서Eat It Up! A Parent's Guide to Eating Problems』(Haslam, 1987)는 부모들에게 자신의 아이가 식성이 까다롭거나 먹는 것에 유별나다고 하더라도 걱정하지 말라고 조언한다. 부모들은 아이에게 잔소리하거나 몰아대지 말고, 아이가 어떤 식으로든 음식을 먹게 그냥 놔두고, 아이가 좋아하지 않는 음식을 아이에게 주지 말라는 말을 듣는다. "무엇보다도 먼저 …… 식사 시간을 즐겁게 만들어라. 여러분이 서로 다투고 소리치지 않을수록 서로 다투고 소리치는 일이 없을 것이다"(Haslam, 1987: 82). 하지만 또한 부모들은 아이들에게 보상으로 스낵이나 사탕을 주지 말라고 조언받는다. "많은 어른이 특정 형태의 설탕 중독을 가지고 있어 매일 일정량의 사탕이나 초콜릿을 필요로 하는 것으로 보인다. 그러한 단것 좋아하기는 항상 어린 시절의 습관에서 기인한다"(Haslam, 1987: 86). 부모들은 아이들의 요구에 굴복하지 않기 위해, 건강상의 이유에서 자신들의 아이들이 먹기 않기를 바라는 음식을 구매하는 것을 피하기 위해, 아이들이 집의 특정한 공간에서만 먹도록 하기 위해, 그리고 동시에 매일 아이들에게 특별한 것을 주는 것을 피하기 위해 "슈퍼마켓에서 모질어져라"고 조언받는다. 이러한 대중 서적들이 암시하듯이 어린이들에게 음식과 관련한 것을 가르치는 정명들 — 아이들에게 그들이 싫어하는 음식을 먹도록 강요하는 것을 포함하여 — 은, 비록 부모가 신중하고 세심하게 통제하는 방식 속에서이기는 하지만, 아이가 자신의 음식 선호를 드러낼 수 있는 길을 열어주어 왔다.

권력, 경계성 그리고 어머니-아이 관계

정신분석학적 접근 방식은 어머니-아이 관계의 맥락에서 음식의 감정적 차원에 대한 더욱 진전된 통찰력을 제시한다. 정신분석학적 관점에서 볼 때, 음식과 결부된 감정과 욕망들은 개인과 그의 부모(또는 다른 1차적 돌보미)의 관계와 뗄 수 없게 뒤얽혀 있다. 유년기에 아이는 자신의 돌보미와 함께 세계를 이해하면서 의미와 주체성을 만들어가는 상호 간의 적극적 과정에 참여한다(Mahoney and Yngvesson, 1992: 52). 그러한 관계에서 권력을 둘러싼 투쟁은 필수적이다. 왜냐하면 유아는 신체적·감정적 지원 모두를 제공하는 타자들에게 의존해야만 하는 상황 속에서 태어나기 때문이다(Mahoney and Yngvesson, 1992: 52). 정신분석학은 이러한 어릴 적의 무력한 지위가 유아와 타자의 관계에서 의존 의식과 무기력감을 만들어낸다고 이론화한다. 하지만 그러한 관계 내에서 일어나는 의미의 협상 과정이 순응뿐만 아니라 창조성과 저항의 여지를 만들어낸다(Mahoney and Yngvesson, 1992: 49).

다른 문화적 상징들처럼 음식도 유년기에서부터 시작되는 개인의 발달 경험을 통해 다양한 의식 수준으로 육체화된다. 음식과 관련하여 무의식 상태(아주 초기의 유아기)에서 발생한 의미들은 잠재의식 속에 감정적 반응의 직관적 토대로 작동한다(Mahoney and Yngvesson, 1992: 52~53). 유아와 어머니의 몸 — 특히 편안함과 음식의 한 원천으로서의 — 의 관계는 주체성의 발달에서 중요하다. 올리버(Oliver, 1992: 68)는 "우리 대부분이 처음으로 먹는 음식은 어머니의 몸으로부터 나오며, …… 우리가 다른 사람과 맺는 최초의 관계는 하나의 몸이 다른 몸을 기르는 육체적 관계에 토대하고 있다"고 지적한다. 유아는 영양분을 공급받고 배고픔을 달래는 데서뿐만 아니라 어머니의 몸에 신체적으로 접촉하는 것과 어머니의 사랑을 받는 것 속에서 즐거움을 경험한다. 그러한 경험은 매우 감각적으로 이루어진다. 피부를 맞대는 접촉, 어머니의 몸의 냄새와 따뜻함, 그리고 젖의 맛 모두는 유아를 편안하게 만들고 즐거움을 가져다준다. 하지만 이러한 관계는 또한 양가감정과 불안으로 특징지어진다. 어머니의 몸은 안전의 원천이자 부정과 좌절의 원천이기도 하다. 왜냐하면 어머니의 몸은 가슴을 제공할 뿐만 아니라 거두어가기도 하기 때문이다(Flax, 1993: 148). 어머니는 몸과 몸이 아닌 것not-body 간의 경계를 통제하여 유아의 몸을 규제한다. 이것은 유아가 자신의 몸에 대한 자율성을 가지지 못한 개인이라는 것을 의미한다(Oliver, 1992: 72).

여성의 몸은 특히 잠재적으로 오염될 수 있는 액체를 배출하는 경향 때문에 불안에 빠진다. 어머니의 젖과 모체 혈액은 동물성, 즉 자연의 상징이다(Oliver, 1992: 74). 여성의 섹슈얼리티와 모성은 생식기, 자궁과 유방, 그리고 유동적이고 신비한 것으로 개념화되는 신체 부분들에 초점이 맞추어져 있다. 출산, 생리, 여성의 성적 흥분은 (젖의 분비처럼) 분비액의 분출, 솟구침, 침윤을 동반한다. 그리고 이 모든 것은 여성이 전혀 통제할 수 없는 것으로 생각된다. 여성의 몸은 이렇듯 자기 고결성을 위협한다. 그리고 여성의 몸은 그것과 접촉하는 다른 몸의 고결성도 또한 위협한다. 자율성과 자기 통제가 주체성을 구성하고 유지하는 방식으로 높이 평가되는 서구 사회의 맥락에서 여성의 몸의 유동성과 그로부터 그 결과로 발생하는 경계성은 격심한 양가감정을 만들어낸다. 성적 대상과 모성의 대상으로서의 여성의 몸, 즉 강렬한 욕망의 대상이자 즐거움의 원천은 또한 사악하고 위험한 것으로, 즉 전염, 오염, 빠져들음의 한 원천으로 이해된다.

> 여성의 몸은 결여 또는 부재로뿐만 아니라 보다 복잡한 것으로, 새어 나오고 통제할 수 없고 누출되는 액체로, 무정형의 흐름으로, 분비물을 분비하여 덫에 빠지게 하는 점성 물질로, 그리고 단지 남근만이 아니라 자기 봉쇄력을 결여하고 있는 존재로, (물이 새고 있는 배처럼 금이 가거나 구멍이 난 용기가 아니라) 모든 형태를 삼키는 무정형성으로, 즉 모든 질서를 위협하는 무질서로 구성되어왔다(Grosz, 1994: 203).

태아/어머니 관계가 주체성의 매우 모호한 범주이듯이, 어머니의 몸과 유아의 몸 사이에는 하나의 경계 단계가 존재한다. 그 속에서 젖은 접속의 역할을 한다. 즉 젖은 어머니에 의해 생성되어 가슴에 밀착된 유아에 의해 흡수되어 유아의 몸의 일부가 된다. 이러한 경계성이 자신/타자, 그리고 자연/문화 간의 경계를 정의하는 것과 관련하여 불안을 유발한다.

> 수유하는 엄마는 음식(생명 활동)이자 돌봄(양육)이다. 그녀의 물질은 내부의 것이자 외부의 것이다. "나는 젖 속에 있고 젖은 내 안에 있다." 내가 나의 아들에게 읽어주는 이야기들 중의 하나에서 한 아이가 이렇게 노래한다. 수유하는 엄마의 가슴은 또한 섹슈얼리티와 모성 간의 경계, 즉 (남성의) 욕망

의 대상으로서의 여성과 (그의) 아이들의 엄마로서의 여성 간의 경계를 넘어 선다(Flax, 1993: 148).

젖을 먹이면서 발생하는, 어머니의 몸과 유아 간의 경계의 모호화는 아브젝시옹abjection[불결하고 더러운 것을 밖으로 밀어내려는 심리적 현상 - 옮긴이]을 떠올리게 한다. 줄리아 크리스테바Julia Kristeva는 아브젝시옹을 "엄청난 것의 내부 또는 외부로부터 유출된 것으로 보이는 위협에 반발하여 그것을 가능한 것, 견딜 수 있는 것, 생각할 수 있는 것의 밖으로 추방하는, 존재의 폭력적인 은밀한 반란"으로 정의한다(Kristeva, 1982: 1). 아브젝트abject[아브젝시옹의 대상 - 옮긴이]는 질서와 정체성을 혼란시킨다. 그것은 모호해서 경계 규칙을 관찰할 수 없다. 그것은 "사이에 끼어 있는in-between" 것으로, 모순으로 가득 차 있다. 그것은 인간과 동물을 구분하는 취약한 경계 위에 있다(Kristeva, 1982: 12). 아브젝시옹은 매혹적이다. 즉 그것은 욕망을 자아내면서도 동시에 격퇴한다. 그것의 모호성은 정체성을 위협한다. 그러나 그것은 자아가 아닌 것not-self이다. 그것은 이름이 없고, 거의 생각할 수 없고, 무의식의 수준에서 경험되고, 지적으로 처리되고 말로 표현되기보다는 감각을 통해 느끼는 것이다. 따라서 아브젝시옹은 감정과 신체적 감각 — 강한 반감, 구역질, 혐오, 수치심, 울음, 땀 흘림 — 을 통해 존재한다. 크리스테바에게서 아브젝시옹은 "영양분을 공급하면서도 잔인한" 어머니의 몸을 거부하는 것과 연관되어 있다(Kristeva, 1982: 54). 분리는 어머니의 몸 — 유아의 몸의 경계들을 가로지를 뿐만 아니라 유지하는 일을 세심하게 하는, 그리고 실제로 그 자체로 '적절한' 경계가 없는 몸인 — 을 아브젝시옹함으로써만 이루어질 수 있다. 성인기에 이러한 경계들은 경계 물질들(그리하여 잠재적으로 무질서한 물질들)을 분명하게 하기 위해 '깨끗한/순결한'과 '더러운/오염되어 있는'과 같은 범주들을 이용하여 모호한 경계를 단속하고자 하는 문화적 의례들을 통해 유지된다. 따라서 처음에 어머니의 몸과의 관계에서 기원하는 아브젝트는 금지를 통해 처리된다. "그러한 금지들이 우리를 우리의 첫 번째 음식으로부터, 즉 영양분을 공급하는 어머니의 몸 — 경계 없는 몸, 결정할 수 없는 아브젝트로서의 몸 — 으로부터 보호한다. 그러한 식생활의 금지가 우리를 우리가 어머니의 젖 — 아이도 어머니도 아니지만 어쨌든 둘 모두인 — 에 빠지는 것으로부터 보호한다"(Oliver, 1992: 73).

유아기의 단계에서 생성된 음식을 둘러싼 의미들은 성인의 사랑과 성관계와 관련해서 다시 나타난다. 코워드(Coward, 1984)는 (남성이 자신의 연인에게 또는 여성이 자신의 어린 아이에게 말하는 방식을 특징짓는) '남성/모성' 담론에서 성적 친밀성을 나타내기 위해 사용되곤 하는 "유아기 음식을 이용한 애정 호칭"에 대해 논의한 바 있다. 'sweetheart', 'sweetie-pie', 'honey-bunch' 그리고 'sugar'와 같은 표현들이 그러한 맥락에서 사용된다. 코워드는 그러한 용법은 성인 남성과 여성, 그리고 여성과 그의 아이 간의 권력 차이를 나타낸다고 주장한다. 여성들이 남성들에게 그러한 용어를 사용할 때, 여성들은 어머니의 역할 — 영양물과 어머니와 아이 간의 감각적 만족을 얽어매고 있기 때문에 그 자체로 섹슈얼리티와 연관되어 있는 — 을 취하고 있다. 특히 남성들은 그러한 표현 속에서 음식과 성적 표현 — 이 둘은 성인으로서 자신들이 여성과 맺는 관계 속에 통합되어 있다 — 의 욕망을 느끼고, 자신들의 여성 파트너가 자신들에게 애정 관계의 일부로서 둘 다를 제공해 주기를 기대한다(Coward, 1984: 89). 그러므로 그러한 애정 호칭의 사용은 '근친상간적'이다. 왜냐하면 그러한 호칭들이 여성들이 자신의 아이들을 성적 만족의 대상으로 구성한다는 것뿐만 아니라 남성들이 자신들의 여성 파트너를 모든 영양물을 공급하고 양육하는 어머니로 구성한다는 것을 함의하기 때문이다. 하지만 코워드는 어머니-아이 유대의 양가감정, 즉 경계성의 문제와 자율성의 욕구 — 어머니-유아 관계와 이성애적인 성적 관계 모두에 항상 내재하는 — 는 남성들이 여성에 대해 사용하는 적대적인 음식 은유에서도 또한 나타난다고 주장한다. "그것의 표면 아래에는 일정 정도의 사디즘이 숨어 있다. 거기에는 여성을 게걸스럽게 먹는다, 잡아먹는다, 눈요기를 한다는 식으로 표현하는 말, 즉 사랑하는 대상을 단지 먹고자 하는 것만이 아니라 어쩌면 파괴하고자 하는 욕망을 암시하는 말이 있다(Coward, 1984: 89).

그러므로 정신분석학적 관점에서 볼 때, 유아에게 감각적 즐거움과 편안함의 최초이자 1차적 공급자로서뿐만 아니라 음식과 영양물의 최초의 원천으로서의 어머니의 몸은 계속해서 성인기의 음식과 먹기를 둘러싼 문화적 의미의 근저를 이루고 있다. 하지만 바로 이러한 역할은 그것이 강렬한 욕망과 그것의 경계성을 산출한다는 점에서, 그리고 자아와 타자, 내부와 외부의 경계를 흐리게 한다는 점에서 문제 있는 것이 된다. 우리의 몸과 우리의 자아가 다른 몸과 자아로부터 분리된 자족적인 것으로 이해되는 서구 사회에서, 수유 과정 속에서 맺는 어머니-유아 관계의 경계적 성격은 불안의 하나의 소재지이며, 이러한 불안이 음식에 대한 우리의 반응과 우리와 젠더화된 몸으로서의 타자의 관계에 대한 우리의 반응 모두에 나쁜 영향을 미친다.

선물로서의 음식

영국의 작가 사라 메이트랜드Sara Maitland는 「폭식Gluttony」이라는 제목이 붙은 짧은 글에서 한 어머니가 그녀의 아이들을 위해 요리한 음식에 대해 기술한다. 그 어머니의 어린 시절은 음식이 골고루 돌아갈 수 없을 만큼 가난했다. 그리하여 그녀는 자신의 아이들에게 영양분 있고 맛있는 음식을 제공할 수 있다는 것에서 큰 기쁨을 얻는다. 그 이야기에서 주인공은 자신의 어머니가 요리한 특별한 음식과 식사에 대한 기억을 아주 생생하게 기술한다.

> 그녀는 우리에게 음식을 먹이는 것을 좋아했다. 그녀는 우리에게 비스킷을 구워주곤 했다. 내가 학교에서 돌아오면, 비스킷의 따뜻하고 진한 향기가 난다. 바삭하게 구운 설탕이 위에 얹혀 있는 작고 둥근 갓 만든 비스킷들이 있다. 그리고 시나몬 토스트가 있다. 우리는 그것을 유아원 토스트라고 부르곤 했다. 지금까지도 따뜻한 계피와 버터는 나로 하여금 침을 흘리게 한다. 일요일 점심, 새끼 양 어깨살과 그레이비소스, 작고 바삭바삭한 구운 감자, 그리고 다음에 정향을 가미한 구운 사과, 그리고 커스터드 또는 애플크럼블. 이것들이 다 그런 것들이다(Maitland, 1988: 147).

사람들이 음식 이벤트와 관련하여 느낀 감정들을 회상한다는 사실은 그 감정의 중요성을 암시한다. 왜냐하면 "감정은 행위의 표지"이기 때문이다(Crawford et al., 1992: 126). 감정의 표현은 기억이나 자기 성찰에 필수적인 어떤 사회적 상황에 대한 반응의 증거이다. 음식이 가족의 맥락에서 갖는 중요성을 개념화하고 가정에서 음식과 관련하여 누적된 감정을 이해하는 방식들 중의 하나가 선물의 한 형태로서의 음식이라는 관념이다. 모스(Mauss, 1990)가 선물에 대한 논의에서 지적했듯이, 선물 관계는 가족 성원과 친구들 사이에서 사회적 관계를 창출하고 재생산하는 데서 중요하다. 실제로 가족은 선물 관계의 일차적 장소이다. 가족의 맥락에서 사람들이 서로를 위해 행하는 일은 금전적 또는 공리주의적 가격에 기초한 행위라기보다는 사랑과 의무의 행위로 간주된다(Carrier, 1990). 선물 주기는 우정, 사랑, 감사 같은 것과 동반하는 관습적인 감정에 의해 일어나는 것으로 이해된다(Cheal, 1988: 18).

음식, 특히 박스에 든 초콜릿 및 보존 처리된 과일과 같은 달콤한 음식은 자주 선물을 위한 상품으로 구매된다. 가족의 맥락에서 음식의 준비와 시중은 일반적으로 하나의 상품으로 개념화되지 않지만, 또한 보다 상징적으로는 사랑과 의무의 강력한 표시로 간주될 수도 있다. 폭스(Fox, 1993: 92)는 선물 관계는 호의, 신뢰, 믿음, 사랑, 자비, 서약, 몰입, 기쁨 주기, 충성, 존경, 합의, 칭찬, 진기한 것과 같은 단어들로 특징지어질 수 있다고 시사한다. 폭스는 선물 관계는 열려 있는 신뢰하는 **호의** 관계로, 그 속에서 어떤 사람은 다른 사람에게 그녀/그의 욕망이라는 선물을 준다고 주장한다(Fox, 1993, 강조는 원저자). 선물은 관심 있는 관계, 즉 사랑 또는 신뢰를 증명하는 방식의 일부이다. 그러한 선물은 주는 사람이 구매하고 포장하여 어떤 사람에게 주는 실제 상품이라기보다는 오히려 관심의 증거, 즉 애정의 증거와 더 관련되어 있다. 따라서 선물은 하나의 호의 또는 이타심의 행위, 즉 무욕의 표현일 수 있다. 집에서의 분업을 감안할 때, 하나의 선물로서의 음식은 아내와 어머니의 역할을 맡은 한 여성에 의해 가장 빈번히 준비된다. 음식은 상징적으로도 그리고 생리학적으로도 소비되기 때문에, 그것은 최고의 선물이다. 그것은 몸과 정신 모두에 영양분을 공급한다. 실제로 모유 수유 행위는 선물의 가장 순수한 형태이다. 왜냐하면 그것은 외부 세계의 어떠한 개입도 요구되지 않은, 단지 어머니의 몸에 의해 생산되어 유아의 몸에 제공되는 영양물의 교환일 뿐이기 때문이다. '어머니의 젖'은 순수성, 부절제한 근대 사회에 의해 오염되지 않은 자연, 무조건적인 사랑과 헌신, 모든 음식 중 가장 고귀한 음식을 상징한다. 상징적 선물은 여타 상품 선물들과는 달리 어떠한 호혜성 또는 심지어는 감사의 인사도 기대하지 않는다(Fox, 1993: 95). 그렇다고 내가 '순수한' 선물 같은 것이 있다고 말하는 것은 아니다. 비록 의식적으로 표현되지는 않지만, 사랑의 표시로서의 음식 제공은 애정 관계를 유지하는, 그리고 어떤 경우에는 사회적 관계를 조작하는 하나의 수단이다. (나는 이 점을 이 장에서 나중에 보다 상세하게 다룰 것이다).

비인격적인 상품과는 달리, 선물로서의 음식은 받을 사람들을 염두에 두고 준비된다. 즉 그들의 선호가 고려된다. 그렇게 하는 동안에 주는 사람과 받는 사람 모두의 정체성이 음식에 날인된다. 그러한 음식은 많은 재료들로 정기적으로 새롭게 준비되고, 따라서 반복되는 동안에 하나의 식사에서 그다음 식사로 결코 완전히 복제될 수 없는 하나의 창조물이다. 준비가 더 복잡할수록 선물로서의 음식의 상징적 가치는 더 커진다. 이를테면 어떤 사람의 생일에 포장된 재료로 간단하게 케이크를 만드는 것은 기본 재료들을 가지고 번거로운 작업을 거쳐 케이크를 준비하는 것만큼 근사한 선물이 되지 못한다. 집에서 준비한 음식이 원재료 — 그 자체로는 선물의 소재가 되지 않는 — 로 만든 것이고 일반적으로 상품으로 팔리지 않는다는 사실이 그러한 음식을 상품 선물과 구분지어 준다. 비서(Visser, 1986: 18)가 디너파티와 관련하여 지적하듯이, "중간계급 사회에서 요즈음 친구를 위해 시간을 내고 요리에 정성을 들이는 것만큼 호의 또는 경의를 표하는 선물은 거의 없다." 비록 음식의 재료가 (집에서 가꾼 과일로 잼을 만드는 것과 같은 것을 제외하고는) 일반적으로 상품으로 구매되지만, 그 재료들은 요리 과정에서 비상품 선물로 변형되고, 그리하여 소유물로 전유된다.

찰스와 커는 영국 가족에 관한 자신들의 연구에서 어머니들이 정성 들여 만든 케이크와 파티 음식들로 아이들의 생일을 축하하기 위해 특별한 노력을 기울인다는 것을 발견했다. "그러한 케이크를 만드는 데 상당한 애정 어린 정성과 주의가 기울여진다는 것은 분명했다. 그것은 생일을 특별한 날로 만들고 아이에 대한 어머니의 애정을 증명하는 것의 일부였다" (Charles and Kerr, 1988: 33). 그들이 인터뷰한 여성들에게서 음식의 준비와 제공은 또한 애정을 표현하고 남편을 만족시키기 위한 것으로 인식되었다. 그것은 규칙적인 일상적 식사를 제공하는 것뿐만 아니라 음식 선물과 특별한 식사의 준비를 포함하는 것이었다. "함께 하는 외식이나 아이들이 잠자리에 든 후 집에서 하는 특별한 식사는 초기의 애정 관계와 파트너들 간의 성적 매력을 유지하는 데서 중요한 자리를 차지했다"(Charles and Kerr, 1988: 65). 여성들은 특별한 요리나 식사를 남편을 대접하는 또는 말다툼 후에 남편과 화해하는 하나의 수단으로 간주했다. 그리고 그들은 남편이 즐기는 음식을 만드는 것을 좋아했다. 남성들이 그러한 이유에서 음식을 준비할 가능성은 훨씬 적다. 남자들은 초콜릿과 같은 식품을 사거나 아내를 데리고 나가 저녁식사를 하며 애정을 표현하는 경향이 있다(Charles and Kerr, 1988: chapter 4; DeVault, 1991: 234). 여성들에게 남편을 위해 음식을 준비하는 것은 특별한 즐거움이다. 왜냐하면 그들이 맡고 있는 일상적 책임이 바로 매일 다른 사람들을 위해 음식을 준비하는 것이기 때문이다. 한 여성은 이렇게 표현했다. "극진히 대접하는 것은 즐거운 일이에요"(Murcott, 1983: 85).

머콧(Murcott, 1983: 80~81)은 "진정하게 느껴지는 어떤 것"으로서의 요리한 저녁식사, 즉 가정 영역에서 공적 영역으로 힘차게 떠날 아이들에게 그리고 보다 중요하게는 남편에게 새로운 에너지와 감정적 지원을 제공하는 식사가 갖는 중요성에 대해 지적한다. 그녀는 자신의 연구에서 인터뷰한 사람들이 집에서 요리한 음식이 자신들이 먹어온 음식이고 자신들이 먹고 자란 것이기 때문에 대부분의 사람들이 그것을 선호한다고 가정하고 있었다고 지적한다. 한 여성은 이렇게 말했다. "나는 남편이 귀가할 때, …… 문 앞에서 맛있는 음식을 요리하고 있는 냄새를 맡는 것보다 그가 더 좋아할 것은 아무것도 없다고 생각해요"(Murcott, 1983: 81; 또한 DeVault, 1991: 41도 보라). 누군가가 문에 들어설 때 요리하고 있는 음식의 냄새는 감정적 돌봄을 생각나게 한다. 그러한 식사는 귀가의 순간, 즉 일상의 노동 세계의 긴장을 떨쳐버리고 자신의 개성을 표현할 수 있는, 그리고 공적 영역의 감정적 속박에서 해방되는 환경 속에서 편안함을 느끼는 순간을 상징한다. 내가 직접 수행한 연구에서 인터뷰 응답자들은 가족을 하나로 묶어주고 사랑을 표현하는 데서 음식이 갖는 중요성을 자신들이 잘 알고 있다는 점을 분명하게 드러냈다. 이를테면 패트리시아Patricia는 음식이 자신이 아이들(지금은 성장하여 집을 떠나 살고 있는)에게 자신의 애정을 보여주는 하나의 방식이었다고 말했다. 그녀는 아이들이 방문하러 올 때 처음에 떠오르는 생각이 "음, 어떤 음식을 만들까?"라는 것이라고 말했다. 다른 참여자들은 자신들의 어머니가 그들을 위해 좋아하는 음식 또는 식사를 준비하기 위해 특별한 노력을 기울였다는 기억을 떠올렸다. 카렌Karen은 그녀가 음식과 관련한 어린 시절의 가장 좋은 기억이 자신의 생일을 중심으로 하고 있다고 말했다. 그녀의 어머니는 그녀의 생일을 위해 엔젤 푸드 케이크angel's food cake를 만들었다. 그것은 만드는 데 하루 종일 걸리는 것이었고, 따라서 그것은 카렌이 감탄해마지 않는 맛일 뿐만 아니라 어머니의 시간과 노력이었다. 라지Raj 또한 아주 어린 시절에 어머니가 그의 생일파티를 위해 만들곤 했던 정성 가득한 케이크에 대한 기억을 가지고 있다.

향수, 위안 그리고 어린 시절의 음식 기억

타이완 영화 〈음식남녀Eat Drink Man Woman〉에서는 전문 셰프의 딸들 중 한 명이 그녀의 연인의 아파트에서 사랑하는 이를 위해 정성 들여 훌륭한 식사를 준비한다. 그가 먹을 때, 그녀는 아버지가 자신에게 주방에서 스킬을 가르쳐주었던 어린 시절의 행복했던 기억에 대해 이야기한다. 그녀는 자신의 어린 시절의 모든 기억이 음식에 관한 것이며, 그러므로 "나의 기억은 코 속에 있다"고 말한다. 이 말이 암시하듯이, 냄새와 맛 또는 심지어 어떤 음식에 대한 생각이 행복했던 또는 이상화된 어린 시절의 기억과 연결될 경우, 그것은 성인의 삶에서 음식 선호를 틀 지을 만큼 향수를 불러일으킬 수 있다. 음식이 이전의 긍정적 경험과 감정을 담아내는 수단으로, 즉 소비자로 하여금 그 제품을 먹을 때마다 그러한 긍정적 연상과 경험을 다시 되살리게 하는 수단으로 자주 광고되는 것도 바로 이러한 이유에서이다. 음식 같은 상품은 누군가의 개인적 과거의 이벤트들을 생각하게 하는 의미의 '창고' 역할을 한다. "개인적 향수는 그것의 소비가 좋은 시절을 생각나게 할 경우 평범한 음식도 신성시하게 한다"(Stern, 1992: 19). 개인적 향수는 일종의 향수병, 상실감, 따뜻하고 안전한 것으로서의 어린 시절의 장밋빛 기억으로 정의될 수도 있다. 그것은 "집에 대한 괴롭고도 즐거운 갈망, …… 이상화된 또는 정화된 형태의 옛 시절에 대한 개인적 그리움"을 포함한다(Stern, 1992: 11). 그러한 향수는 행복했던 어린 시절에 의지하는 것이 아니라 어린 시절에 대한 하나의 허구를 재창조한다. 향수는 하나의 조화로운 과거를 구성함으로써 차이, 역설, 갈등을 숨기는 데 기여한다(Rutherford, 1992: 126). 그러한 그리움은 개인들이 그러한 과거의 삶의 장밋빛 추억과 관련된 활동을 재생산함으로써 과거의 삶의 측면들을 재창조하도록 부추길 수 있다. 향수라는 감정은 '집에서 만든 어머니의 요리'와 '예스러운' 맛이 셀링 포인트로 빈번히 이용되는 음식 광고에서 중추를 이루고 있다. 사람들의 어린 시절의 집은 "따뜻함, 안전, 사랑의 원천으로" 재창조되어, 행복했던 어린 시절이라는 재구성된 허구에 대한 향수병을 일으키고 그 상품의 소비를 통해 그러한 상태를 되찾을 수 있다고 기대하게 한다(Stern, 1992: 16).

나의 인터뷰 연구에서 향수는 참여자들이 음식과 관련하여 쉽게 회상한 의미의 한 요소였다. 어떤 사람들은 우울함을 느끼거나 아플 때 그들이 초콜릿, 수프, 아이스크림, 프렌치토스트, 마카로니치즈 같은 어린 시절의 담백하고 부드러운, 그리고 가끔은 젖 같은 컴포트 푸드comfort food[어릴 적 먹은 어머니의 손맛이 담긴 마음을 달래주는 음식 - 옮긴이]를 먹고 싶은 강한 충동을 자주 경험한다고 말했다. 콘스탄스Constance는 어째서 그녀의 어머니가 '소박하지'만 뛰어난 요리사였는지를 자세하게 이야기했다. 그녀는 실제로 아이였을 때 엄마가 차려준 식사를 하던 것의 즐거움, 즉 지금도 위안과 안심이라는 연상된 감정 때문에 여전히 계속되는 기쁨을 기억하고 있다. "엄마의 요리는 우리 가족에게 최고의 것이었어요. 무슨 말인가 하면, 그것은 일종의 매우 위안이 되는 안전한 어떤 것이었어요. …… 나의 생활에서 내가 실제로 울적하다고 느꼈던 몇몇 시기에 내가 느꼈던 것 중의 하나는 먹고 싶다는 것이 아니라 엄마가 내게 음식을 해주었으면 좋겠다는 것이었어요." 폴Paul에게 아이스크림은 어린 시절의 금요일 오후를 생각나게 한다. 그녀의 어머니는 금요일이면 늘 음식 쇼핑을 했고 가족을 위해 아이스크림을 비롯한 특별한 것을 집으로 가져왔다. 그날이면 폴은 좋아하는 아이스크림을 먹는다는 기쁨과 연관된, 학교로부터의 행복한 해방감을 경험하고 주말을 즐길 기대에 부풀었다.

몇몇 사람들에게 어린 시절의 음식에 대한 행복한 기억은 자신들의 본국에 대한 향수를 불러일으켜, 자신들이 떠나온 고국에 대한 갈망감을 낳았다. 어린 시절의 음식에 대한 마리아Maria의 향수는 포르투갈 이민자로서의 자신의 경험과 연결되어 있다. 그녀는 소녀였을 때 자신의 출생지 포르투갈로부터 호주로 이주했다. 마리아는 어머니가 요리한 식사에 대해 애틋한 기억들을 가지고 있지만, 그녀가 특히 기억하는 것은 부모님과 여덟 자매 한 가족이 둘러앉아 식사하던 행복한 경험이다. "나는 때때로 그때를 그리워해요. 나는 우리 모두가 함께 식탁에 둘러앉아 있었고 엄마가 생선 수프를 만들곤 했던 것을 기억해요." 마리아는 아이였을 때 포르투갈에서 많은 과일 — 자두, 사과, 복숭아, 밤 — 을 먹었던 것을 회상했다. 그녀의 가족은 그들 자신의 농장에서 자랐다. 그녀는 겨울이면 가족이 함께 오후에 화기애애한 분위기 속에서 불에 밤을 구웠던 것을 기억했다. 패트리시아가 좋아하는 음식 중의 하나는 구운 새끼 양고기이다. 그녀는 그것이 자신에게 영국에서 (살던 어린 시절에) 일요일 아침에 교회에 갔다 와서 점심을 위해 양고기를 굽던 것을 생각나게 하기 때문이고, 그렇기에 그것은 멋진 종류의 집안일이라고 말했다. 그녀는 자신의 아이들을 위해 구운 새끼 양고기 요리를 한다. 그리고 그녀는 그 식사를 제공하는 것이 "즐겁고 기분이 좋으며, 안락함을 연상시킨다"고 말했다. 독일에서 태어나고 자란 유르겐Jurgen이 좋아하는 음식은 크림소스를 친 붉은 고기이다. 그는 그러한 요리가 어린 시절 어머니가 해준 요리에 대한 즐거운 기억을 불러낸다고 말했다. "나의 어머니는 구운 고기 요리를 하곤 했어요. 그리고 그녀는 항상 야채에 화이트소스를 뿌려줬어요. 그리고 화이트소스가 고기 국물과 육즙과 합쳐졌을 때, 그것은 정말 내 입에 딱 달라붙는 맛이었고, 따라서 나는 지금도 얼마간 그것을 좋아해요." 유르겐은 자신이 주방에서 편안함을 느끼는데, 그것은 자신이 어머니와 함께 주방을 들락거리며 어머니가 모양낸 비스킷을 만드는 것을 돕곤 했기 때문이라고 말했다. "주방은 따뜻했고, 엄마가 그곳에 있었고, 주방에 있을 때면 편안함을 느꼈어요." 하지만 최근에 유르겐이 가족을 만나기 위해 독일에 갔을 때, 그가 자신의 어머니가 준비한 음식을 싫어한다는 것에 놀랐다. "나는 더 이상 그 음식에 견딜 수가 없었어요. 왜냐하면 그것은 너무나도 조리되어 흐물흐물해졌고, 고기는 너무 메마르고 맵고 질겼기 때문이에요. 따라서 내게 이제 어머니의 음식은 끔찍해요."

나이 든 참가자들 중 몇몇에게 향수 어린 기억은 자주 풍부함, 많음, 꾸밈없음의 이미지를 불러냈고, 때로는 '시골의 생활 양식'과 관련되어 있었다. 대공황기에 호주에서 태어나서 유년기에 제2차 세계대전을 겪은 아서

Arthur는 가족들이 배부르게 먹었던 따뜻한 아침식사와 같은 어린 시절의 간단한 식사 – "매일 아침 아주 큰 사발에 담겨 나온 으깬 귀리, 다량의 토스트, 삶은 계란" – 에 대해 생생하게 기억한다. 그의 가족은 자신들만의 버터를 만들곤 했다. 그들은 젖소 한 마리를 가지고 있었기 때문이다. 그리고 그들은 다량의 고기와 집에서 재배한 야채, 그리고 집에서 만든 커스터드, 케이크, 스콘을 먹었다. 아서는 특히 그의 가족이 먹었던 음식이 풍부했던 것을 기억한다. "내가 기억하는 것은 대부분 우리가 항상 많이 먹었고, 좋은 재료가 많았다는 것이지요." 몇몇 다른 사람들과는 달리, 그는 어렸을 때 허기졌던 적이 전혀 없었다. 밥Bob은 아서처럼 시골에서 자랐고, 집에는 일곱 명의 아이들이 있었다. 그는 그의 가족이 아침식사용 베이컨과 계란과 같은 '기본' 음식, 집에서 가꾼 야채와 과일 그리고 그들이 키운 가축으로부터 얻은 다량의 고기를 큰 그릇에 담아 먹었던 것을 기억했다. 밥은 또한 어렸을 때 댐에서 가재 잡기 놀이를 하고 가재를 집에 가져와서 요리했던 것을 기억한다. 마이크Mike는 제2차 세계대전 종전 직후에 태어나서 맨체스터 잉글리시시티의 노동계급 가정에서 자랐다. 그가 가장 애틋하게 기억하는 것 중 하나가 그의 아내의 할머니가 요리해준 훌륭했던 로스트 디너roast dinner이다. 마이크에게 그날 저녁이 기억할 만한 것이었던 까닭은 순전히 고기의 양이 정말로 많았기 때문이었다. 골고루 나누어 먹을 만큼 고기가 충분했던 적이 없는 그의 가족의 저녁식사에 견줄 때, 그것은 결코 있을 수 없는 호사였다.

참여자들이 언급한 향수 어린 어린 시절의 추억은 자주 조부모나 가족의 나이 든 성원들과 함께 지냈던 일을 중심으로 하여 전개되었다. 샐리Sally는 자신이 스코틀랜드에서 어린 시절을 보내는 동안에 부활절 의례에서 경험한 음식의 용도와 관련한 기억을 다음과 같이 기술했다.

> 그녀는 할머니 곁에 서서 계란을 천으로 싸는 것을 지켜보고 있었다. 그녀의 할머니는 온갖 종류의 예쁜 꽃들, 주로 노란색 꽃과 자주색 꽃을 그것 바로 옆에 놓았다. 일단 계란을 삶아 식게 놔두었다. 그다음에 홍분을 자아낸 것은 천으로 쌌던 계란을 다시 풀 때였다. 작은 계란이 다른 것들보다 더 아름다웠다. 부활절 일요일이 왔고, 나무로 계란을 굴리는 풍습에 아주 큰 기대가 모아졌다. 하늘은 파랬고, 나무들은 산들바람 속에서 조용히 속삭였다. 계란은 더 맛있었고, 노른자위는 일 년 중 어느 때보다도 더 노랬다.

또 다른 여성 메리Mary는 시골에 살고 있는 이모가 만든 케이크를 기억했다.

> 앤Ann 이모는 항상 그 자신만의 요리를 했고, 많은 것에서, 특히 스펀지케이크와 파블로바 전문가였다. 농장에서 나온 신선한 계란과 크림을 사용하는 그녀의 스펀지케이크는 훌륭했다. 그녀의 스펀지케이크의 첫 맛은 입속으로 녹아들었다. 그것은 약간의 계란 향이 나고 말랑말랑하고 촉촉했다. 가운데 들어 있는 크림과 잼은 진하고 달콤했다. 지금까지도 앤 이모의 케이크를 따라오는 어떤 것을 발견하기란 쉽지 않다.

이러한 기억들은 감상적 스타일과 진부한 표현들을 이용하여 어린 시절의 행복을 상기한다. "하늘은 파랬고", "나무들은 산들바람 속에서 조용히 속삭였고", "그녀의 스펀지케이크의 첫 맛은 입속으로 녹아들었다". 그러한 기억들 속에서 하나의 완벽한 세계에 대한 향수가 분명하게 드러난다. "계란은 더 맛있었고, 노른자위는 일 년 중 어느 때보다도 더 노랬다." 그 기억들은 장밋빛이고, 세부적인 묘사로 가득 차 있다. 그리고 그것에 배어 있는 감정은 흥분, 안전, 기쁨, 사랑이다.

아이들의 먹기 훈육하기

이 장에서 앞서 지적했듯이, 부모(대부분은 흔히 어머니)의 지배력은 부분적으로는 아이의 먹기 습관과 관련하여 행사된다. 아이가 과자류와 같은 금지된 물질을 먹는 것은 부모의 권위에 대한 도전을 의미하는 반면, 그러한 규칙을 느슨하게 해주는 것은 특별한 이벤트(생일 또는 한턱 냄) 또는 조부모와 손자 간의 유대와 같은 상이한 가족 유대들을 특징짓는 데 기여한다는 점에서 중요하다. 가족의 맥락 내에서 음식과 관련한 규칙들은 받아들일 수 있는 행동과 그렇지 않은 행동 간의 경계를 설정한다. 테이블 매너를 포함하여 자식들의 음식 소비 습관을 틀 짓고자 하는 부모의 시도는 또한 어린 아이들의 성인세계로의 사회화라는 보다 광범한 맥락에서, 즉 '문명화된' 행동 규칙의 수립과 유지라는 맥락에서 고려될 수도 있다. 아이는 어떤 음식이 먹기에 적절하고 또 어떤 음식이 그렇지 않은지 그리고 그것을 어떻게 먹는지를 그 또는 그녀가 사회 세계에 진입하는 것의 일부로 학습한다. 피슐러(Fischler, 1986: 950)가 지적하듯이, "부모에게 아이의 식생활에 대한 통제는 극히 중요하다. 그것은 자식의 현재의 건강뿐만 아니라 그[원문 그대로]의 미래 전체, 즉 그의 전인격의 진화에서도 중요하다."

내가 이 장에서 앞서 지적했듯이, 아이들에게 적절한 먹기 습관을 길들이는 방식은 과거에는 그들에게 제공된 음식을 다 먹도록 훈육하는 것이었다. 즉 아이들은 "어떤 것도 남기지 말라"는 명령을 받았다. 메넬(Mennell, 1985: 295~296)은 '유아원 음식 증후군' ― 바꿔 말해 아이들에게 한결같이 자극적이지 않은 음식을 일상적으로 제공하는 것 ― 이 영국인들이 성인이 되어 익숙하지 않거나 자극적인 음식을 즐기지 못하고 음식의 즐김에 대해 죄책감을 가지게 되는 원인들 중의 하나라고 이론화해왔다. 그는 영국에서 후기 빅토리아 시대경에 아이들은 일반적으로 그들의 건강을 위해서만이 아니라 "아이들의 투정 부림을 고치는 데 필요한 것의 일부로서" 먹지 않는 음식을 먹도록 가르쳐졌다고 지적한다(Mennell, 1985: 296). 프랑스 어머니들과의 인터뷰를 포함하는 피슐러의 연구는 많은 여성에게서 식생활 통제가 아이의 통제와 등치되었고 또 어머니의 당연한 역할로 간주된다는 것을 발견했다. 이를테면 여성들은 아이들의 식생활에서 설탕이 제한되어야만 한다고 확신했다. 하지만 피슐러는 이러한 단 음식에 대한 금지는 그것이 건강에 좋지 않다고 간주되기 때문만이 아니라 아이들의 사탕 먹기가 어머니의 권위에 대한 위협을 의미하기 때문이라고 지적한다. 설탕은 하나의 파괴적인 요소, 불균형의 요소, 부모와 아이 간의 갈등의 전조로 인식된다. 사탕을 조금씩 빨아먹는 아이들의 성향은 아이들의 식생활에 '규칙성'을 만들어내고자 하는 부모의 권위를 뒤엎는 것으로 인식된다(Fischler, 1986: 953).

선물로서의 음식 개념 또한 부모-자식 관계의 맥락에서 음식이 부정적 감정을 만들어낼 수 있음을 시사한다. 가족 성원들 간의 관계와 같은 밀접한 관계에서 하나의 결합 요소로서 선물 주기가 갖는 중요성은 선물 주기에 대한 '교환 이론'이나 시장 모델에 반反하고, 이타심, 동정심, 호의 그리고 이기심의 부정에 기초한 접근 방식을 지지하는 것으로 보일 수도 있다(Cheal, 1988: 8). 하지만 선물 이데올로기에도 불구하고, 선물 주기가 항상 무조건적이고 또 받는 사람이 항상 그것에 대한 책무를 면제받는 것은 아니다. 살린스(Sahlins, 1972)와 모스(Mauss, 1990) 같은 인류학자들은 공짜 선물 같은 것은 결코 없다고 주장한다. 왜냐하면 선물 관계는 사회적 상보성相補性과 관련된 것이기 때문이다. 음식을 가족 성원과 친한 친구에게 준비하여 제공하는 데에도 상보성이라는 강력한 요인이 존재한다는 것은 분명하다. 이때 상보성은 다른 사람들이 말로 즐거움을 표현함으로써 그리고 제공된 요리를 실제로 배불리 먹음으로써 누군가가 음식 준비에 쏟은 노력에 감사를 표하는 것을 기대하는 형태를 취할 수도 있다. 또한 함께 식사하기 위해 초대받은 손님들이 그 주최자에게 유사한 수준의 식사를 준비하여 제공함으로써 보답할 것이 기대될 수도 있다. 후자의 기대는 친족 관계보다는 친구 관계에서 더 일반적이다. 친구가 준비한 저녁식사 초대를 받아들이고 호의에 보답하지 않는 것은 매우 부정적으로 고려될 수 있다. 그러한 고마움을 모르는 사람이 다시 식사를 같이하기 위해 초대받을 가능성은 거의 없다.

하지만 가족 성원, 특히 어머니들은 자주 그 식사에 대해 자식들이 보답할 것이라는 어떠한 기대도 없이 자식들에게, 심지어는 그들이 성인이 되었을 때조차 식사를 준비하는 것이 사실이다. 또한 아이가 일반적으로 어머니가 준비한 음식을 먹을 것으로 기대되는 이유는 반드시 그 음식이 하나의 선물로서 갖는 명백한 의미 때문이 아니라 그 음식에 포함되어 있는 영양분 때문이다. 그 음식이 "너에게 좋다"는 관념과 아이가 그것을 먹어야 한다는 관념은 부모가 그 식사의 준비와 먹기에 투여한 감정을 숨기는 하나의 공통된 전략이다. 부모는 아이들에게 그들이 음식을 먹어야만 하는 이유는 그 음식이 사랑의 선물이기 때문이라고는 좀처럼 말하지 않는다. 그러나 어머니가 아이의 음식 거부에 대해 표현하는 분노, 즉 그것이 갖는 자아의 거부라는 의미는 선물로서의 음식이 지니는 지위를 입증한다. 비록 의식적으로 표현되지는 않지만, 음식은 주는 사람의 애정과 정체성을 표현하고, 그것이 거부될 때, 주는 사람 역시 거부된다.

이와 같은 음식의 감정적 차원은 그간의 경험적 연구들에서도 드러났다. 이를테면 찰스와 커의 연구에서 여성들은 아이와 남편의 음식 거부는 상처를 주고 그것은 자주 화와 분노를 불러일으킨다고 말했다(Charles and Kerr, 1988: 92). 찰스와 커는 또한 여성들이 아이들의 먹기 습관을 바라보는 방식에서 드러나는 긴장에 대해서도 지적한다. 비록 아이들의 식생활이 하루 종일 스낵 소비를 통해 영양 기준을 맞추었을지라도, 아이가 하루의 주요 식사에서 '제대로' 먹지 않을 때, 그것은 갈등을 유발했다. "나머지 가족들과 함께 적절한 식사를 하는 형태의 사회적 먹기가 적절한 먹기로 고려되는 유일한 먹기 형태였던 까닭은 건강, 그리고 그러한 승인된 관행에 대한 사회적 동조와 지지 때문이었다"(Charles and Kerr, 1988: 94). 여성들은 아이들에게 사탕, 초코바, 비스킷과 같은 단 음식을 주는 것에 대해 양가감정을 드러냈다. 여성들은 아이들이 너무 힘들어할 때 아이들을 위로하고 달래고 그들을 즐겁게 하기 위해서는 물론 박탈의 위협과 보상의 약속을 통해 아이들의 행동을 규제할 때에도 사탕을 사용했다. 단 음식이 이러한 방식으로 이용될 수 있는 까닭은 그것이 아이의 건강에 필수적인 것으로 고려되지 않기 때문에, 그리하여 어머니들이 기분에 따라 그것을 줄 수도 또는 주지 않을 수도 있기 때문이다(Charles and Kerr, 1988: 100~103). 하지만 여성들이 단 음식을 아이들에게 필수적인 것은 아니지만 적절한 것으로 고려하고 또 그것을 가지고 아이들과 거래하기를 즐기면서도, 그들은 또한 적절한 영양을 보장하기 위해 자신들이 아이들의 그러한 음식의 소비를 통제해야만 한다고 느꼈다. 따라서 여성들은 아이들의 건강을 위해 아이들로부터 사탕을 빼앗을 때 죄책감을 느낀다고 말했다(Charles and Kerr, 1988: 95). 이와 같이 아이들에게 그러한 음식을 주는 것과 먹지 못하게 하는 것 모두에는 감정적 긴장이 존재했다.

조지 부시George Bush가 그의 대통령 임기 동안에 백악관 식사에서 브로콜리를 내놓게 하지 않을 것이라고 공개적으로 선언했을 때, 서구의 뉴스 매체는 그것을 대대적으로 보도했다. 부시는 자신이 항상 브로콜리를 몹시 싫어했으며, 대통령이 된 지금도 그것을 먹지 않는다고 주장했다. 그러면서 부시는 그가 어린 시절에 자신이 싫어하는 음식을 억지로 먹어야 했을 때 느껴야만 했던 좌절과 무력감을 표현했다(비록 사람들이 왜 그가 자신의 식단에서 야채를 추방하는 대통령이 되어야만 했는지에 대해 의구심을 가졌지만). "다 먹어라"라는 부모의 명령이 유발한 부정적 감정은 나의 연구의 인터뷰 응답자들 중 몇몇에 의해서도 생생하게 상기되었다. 시몬Simon은 어머니가 우유를 넣고 끓인 생선을 먹으라고 강요했던 안 좋은 기억을 가지고 있었다. "그리고 나는 그것을 몹시 싫어했어요. …… 그건 끔찍했어요. 그러나 나는 그것을 먹어야만 했어요." 그는 그의 부모가 그것을 다 먹도록 하기 위해 그에게서 죄의식을 유발하고자 했던 시도들을 상기한다.

> 너는 네 접시 위에 있는 것을 다 먹지 않지만, 인도에서는 8000명의 어린 아이들이 죽어가고 있단다. …… 그 논리는 이랬어요. 너는 매우 복받았고, 너

는 부유한 나라에서 살고 있단다. 가난한 나라에 살고 있는 사람들이 많이 있고, 거기서는 네 나이의 아이들이 굶어서 죽는단다. 만약 네가 이 음식을 다 먹지 않는다면, 그리고 만약 네가 이러한 부유함에서 속에 살고 있는 것이 행운이라는 것을 알지 못한다면, 너는 감사할 줄 모르는, 그리고 부끄러운 아이가 될 거야.

시몬은 그것이 그의 도덕의식에 각인된 결과 지금도 여전히 그가 배부를 때조차 접시 위의 음식을 남기기가 어렵다고 말한다.

마가렛Margaret이 가장 싫어하는 음식은 그녀가 어렸을 때 억지로 먹었던 대황 요리이다. "나의 어머니는 내가 어린 소녀였을 때 그것을 아주 크게 만들어주곤 했어요. 나는 그 끈적끈적하고 구역질 나는 붉은 재료를 끔찍하게도 **싫어**했어요." 어렸을 때 억지로 연어를 먹었던 유르겐은 이렇게 말한다. 만약 내가 그것과 다시 마주친다면, "그것은 내가 다시 아이가 되어 그것을 먹어야 하는 것처럼 느끼게 만들지도 몰라요. 그리고 나는 더 이상 그것을 먹지 않을 거예요. 왜냐하면 내가 그렇게 하기로 했기 때문이죠. 나는 이제 '아뇨, 나는 그것을 좋아하지 않아요'라고 말할 수 있으니까요. …… 그것은 아마 내가 반항심을 느끼게 할 겁니다." 패트릭Patrick은 글로 쓴 기억 속에서 그가 10살 난 아이였을 때 그가 몹시 싫어하는 야채인 완두콩을 억지로 먹었을 때 느꼈던 분노와 혐오감을 상기한다. 그는 각각의 완두콩을 "알약처럼" 물로 통째로 삼켜버리고 "똑같이 메스꺼워한다." 또 다른 글로 쓴 기억 속에서 제이닌Janine은 자신을 돌보던 베이비시터가 그녀가 몹시 싫어하던 음식인, 파르마치즈를 넣은 볼로네즈 스파게티를 먹으라고 강요했던 사건을 기억한다. "그것은 지독한 냄새가 났다. 그 불쾌한 맛이 나는 치즈를 쓰는 여성을 악의를 품고 노려보는데, 눈물이 떨어지기 시작했다. 그녀는 그 음식을 먹고 싶지 않았다."

이들 기억이 암시하듯이, 가족의 맥락에서 음식과 먹기는 단지 행복, 즐거움과 안전, 그리고 가족의 유대라는 긍정적 감정들과만 연관되어 있지 않다. 가정에서의 먹기 관행은 또한 권력 투쟁으로 특징지어지고, 그것은 부모와 자식 모두에게 좌절, 불행, 적대감을 수반한다. 연구 참여자들은 가족의 맥락에서 먹기 경험이 동반했던 반감, 화, 분노, 짜증의 감정을 생생하게 상기했다. 아이들은 자신이 싫어하는 음식을 먹도록 강요받는 상황에서 자주 무력감을 느낀다. 그리고 그러한 경험이 유발한 부정적 감정은 성인기로 이어지기도 한다.

반항

먹기의 맥락에서 자식과 부모 간에 존재하는 차별적 권력은 하나의 육체화된 방식으로 경험된다. 분노, 화, 좌절과 같은 감정들은 아이의 몸에서 그리고 그것을 통해 표현되기도 한다. 아이는 식탁을 떠나고 입을 삐쭉거리고 음식을 피하고, 뱉고, 던지고, 짓이기거나, 그게 아니면 손으로 음식을 마구 집어 먹거나 식사 도구를 망가뜨림으로써, 그리고 메스꺼움, 구역질, 구토와 같은 신체적 반응을 통해 자신의 감정을 표현하기도 한다. 이런 식으로 아이의 몸은 감정적 반응과 신체적 행위를 통해 저항한다. 아이는 글자 그대로 먹는 것을 거부함으로써 또는 반항심에서 '부적절한' 것을 먹는 식으로 자신의 무력감과 통제 불능에 대응할 수 있다. 이를테면 길버트Gilbert는 자신이 여섯 살인가 일곱 살 때부터 어머니의 음식을 거부했다고 말했다. 길버트의 부모는 체코 사람이며, 그의 어머니가 요리하는 식사에는 일반적으로 당시(1950년대와 1960년대 초반) 호주에서는 흔치 않았던 헝가리 굴라시가 포함되어 있었다. 길버트는 그러한 음식을 먹기보다는 다른 아이들이 먹는 앵글로-셀트식 음식에 적응하고 싶었다. 그러한 분노는 '외국' 음식 자체의 물리적 성질을 싫어하는 것으로 표현되었지만("알다시피 나는 굴라시 위에 떠다니는 그런 종류의 지방 덩어리를 좋아하지 않아요. 그것이 만들어낸 상태 말예요."), 보다 심층적인 수준에서는 어머니의 권위에 대한 분노를 표현하는 것이었다. 길버트는 그가 자신의 어머니의 요리를 거부하는 것은 하나의 권력 투쟁이었고, 그것은 그 후 성인기에 자신이 음식에 접근하는 데 영향을 미쳐왔다고 말했다.

가족 상황에서 발생하는 갈등은 음식 자체에 대한 말다툼 때문만이 아니라 음식을 둘러싼 아이들의 행동에 대응하는 과정에서 일어난 언쟁이나 화난 행동 때문에 기억될 수도 있다. 말다툼은 테이블 매너나 식사 중에 하지 말아야 할 말을 하는 것과 같은 문제들을 둘러싸고 빈번히 발생한다. 폴은 실제로 저녁을 먹다가 식탁에 구멍을 내서 어머니의 강제 조치로 인해 식사 중에는 텔레비전을 볼 수 없게 되었던 일을 기억한다. 그와 그의 형제들이 나이가 들었을 때, 그들은 그 규칙에 반항하기 시작했다. 폴은 그 문제를 놓고 가족이 상당한 말다툼을 벌였지만 자신들이 청소년기에 달해서야 마침내 승리했다고 기억한다. 한 기록된 기억에는 '올바른' 식탁 행동 규칙을 따르지 않아 벌로 음식을 박탈당했던 일이 들어 있다. 제인Jane은 여덟 살인가 아홉 살인가에 저녁식사 식탁에서 무례한 행동을 했고, 주방에서 혼자 먹으라는 명령을 받았다. 제인은 수치스러웠던 와중에도 그레이비소스 사발을 발견하고 손가락으로 그 소스를 찍어 계속해서 혀로 핥아 먹었다. 그녀의 아버지가 그녀를 발견했다.

> 제인의 아빠가 다가왔다. 아빠가 소리쳤다. "너는 네가 하고 있는 일에 대해 어떻게 생각하니?" "그건 상이 아니라 벌이야!" 제인은 반항적인 태도를 취하고 자신은 그런 건 신경 쓰지 않는다고 소리쳤다. 그녀는 아빠를 쳐다봤다. 아빠도 뒤돌아봤다. 눈도 제대로 맞추지 않고 그녀는 소스 냄비에 손가락을 넣은 채로 신경질적으로 그레이비소스를 꿀꺽 삼켰다. 그것은 여전히 맛이 매우 좋았다. 제인의 아빠는 위협했다. 제인은 그 행동을 반복했다. 그리고 이제 거의 다 먹었다고 생각했을 때, 그녀는 그녀의 손가락에 그레이비소스를 듬뿍 묻혔다. 그 소스의 일부가 손가락에서 흘러 마루로 떨어졌다. 제인은 나머지 오후 시간 동안 그녀의 침실에 갇혀 있었다.

이 기억에서 제인은 음식을 자신이 부모의 권위와 벌에 굴복하기를 거부한다는 것을 보여주는 도구로 이용한다. 그녀의 계속된 먹기는 반항 행위이다. 그것은 앞서의 기억에서 묘사된, 싫어하는 음식 먹기를 거부하는 것과 마찬가지로, 부모가 아이의 신체 활동 방식을 지시하고자 하는 것에 대항하는 수단의 하나이다.

동일한 이유에서 아이들에게 사탕과 같은 음식의 구매와 섭취가 즐거운 것은 그것의 맛 때문만이 아니라 어른들이 금지한 '쓰레기' 물질과 같은 식품이라는 그것의 속성 때문이다. "어른들의 명령은 어른들이 존중하는 것을 우스운 것으로 보이도록 만들기 위해 조작된다. 즉 어른들이 경멸하는 것이 특권을 부여받는다"(James, 1982: 305). 제임스는 아동 시장을 겨냥한 사탕의 유치한 이름(이를테면 코코넛 봉고스Coconut Bongos, 스푹스Spooks, 스마티스Smarties, 젤리 풋-베일러스Jelly Foot-bailers), 아주 강렬한 맛(탄산사탕, 샤베트사탕, 칠리사탕, 계피사탕처럼), 현란한 색깔은 성인기의 냉정한 세계에 대한 무질서하고 난장판적인 반발에 기여한다고 주장한다. 심지어 사탕을 먹는 방식 — 손가락으로 집고 과장되게 씹고 거품 이는 소리를 내고 입에서 음식을 빼내는 것을 자주 포함하는 — 은 아이들에게는 '문명화된' 먹기와 관련한 어른들의 예법에 대한 즐거운 반항의 하나이다.

나의 연구의 몇몇 참여자들은 자신들이 청소년일 때 자신들이 어린 아이였을 때와는 달리 자신들의 음식의 선택, 준비, 먹기와 관련한 자율성을 새로 발견하고는 즐거움을 느꼈다고 말했다. 마가렛은 자신이 아이였을 때 음식의 쇼핑과 준비는 아버지의 선호에 기초해 있었다고 기억한다. 즉 가족 내 아이들의 선호는 고려되지 않았다. 마가렛이 자신의 음식 선호를 충족시킬 수 있었던 것은 집을 떠나고 또 결혼을 하고 나서였다. 마가렛은 자신이 다량의 전지우유를 마시기를 좋아한다고 말했다. 그녀는 보통 하루에 적어도 우유 세 잔을 마신다. 그녀는 그러한 즐거움의 일부를 그녀가 어렸을 때 우유를 박탈당했다는 사실에서 찾았다. 그녀는 결혼을 하고 나서야 "내 맘껏 우유를 마셨다"고 말했다.

나의 어머니는 우유를 싫어해요. 그리고 어머니는 가공된 우유[분유]를 먹고, 나는 전지우유를 먹어요. 그런데 나는 엄마가 정말로 우유를 싫어하는지는 알지 못해요—이건 내가 엄마를 사랑한다고 말하는 거예요. 그러니까 오해하진 마세요[웃음] — 다만 분명한 것은 내가 아이였을 때, 나는 항상 우유를 원했고, 그렇지만 우리 집 냉장고에는 충분히 마실 만큼의 우유가 없었다는 거예요. 차나 어른들을 위한 마실 것은 충분했던 것 같아요. 그리고 우리를 위한 것도 조금 있었지만, 그건 충분히 마실 만큼은 아니었어요. 그래서 나는 내가 내 마음대로 밖에 나가서 내가 좋아하는 것을 살 수 있을 때가 되면 우유를 사고 또 사겠다고 생각했어요. 내가 우유를 좋아하니까.

몇몇 사람들에게 그들이 경험한 음식의 즐거움은 그들이 어렸을 때 먹었거나 누리지 못했던 음식과 대비되어 발생했다. 참여자들은 어렸을 때 항상 동일한 종류의 식사를 했던 지겨움과 관련한 불만이나 어머니의 서툰 요리 솜씨에 대한 실망을 표현했다. 몇몇 사람들에게는 그들이 청소년기에 여전히 부모와 함께 집에 살면서 집안에서 유일한 채식주의자가 되기로 결정하거나 부모가 제공하는 것과는 다른 식사를 준비하여 먹는 것들은 반항의 전략이었다. 브란넨과 그의 동료들(Brannen et al., 1994)이 지적하듯이, 이러한 저항 및 반항 수단은 젊은 남성보다는 젊은 여성들에 의해 표현되는 경향이 있으며, 적어도 그들이 수행한 연구에서는 하나의 중간계급 현상이었다. 젊은 여성들은 젊은 남성들에 비해 반항을 표현할 수단을 더 적게 가지고 있다. 여성들에게 음식은 그러한 반항을 하는 한 가지 수단이다. 현재 채식주의자인 슈Sue는 자신이 청소년기에 집을 떠날 때까지 실제로 음식을 즐겁게 먹은 경험이 없다고 말했다. 그녀의 어머니는 빠듯한 돈으로 요리를 했고, 따라서 그녀는 "매년 이전과 별 차이가 없는 것"을 요리했다. 슈는 어린 시절 이후로 자신의 식생활이 변화했다고 말했다. 왜냐하면 그녀가 어렸을 때 먹은 음식이 정말 덤덤하고 지겹고 그저그런 음식이었기 때문이었다.

> 나는 그것이 나에게 또는 나의 체형에 맞는다고 생각하지 않았어요. 그리고 나는 그런 종류의 음식에 극히 싫증이 나 있었어요. …… 우리는 실제로 일요일에는 구운 고기에 대해 그리고 주중에는 고기와 세 가지 야채에 대해 그리고 압력솥으로 찐 야채를 곁들인 두껍게 자른 고기—지겨운, 전적으로 정말 지겨운 음식—에 대해 얼마간 진지하게 이야기하곤 했어요.

청소년기 후반에 레스토랑과 친구의 집에서 다른 종류의 요리를 경험한 카렌은 자신을 위한 요리를 함으로써 "자신의 삶을 스스로 책임질" 수 있다는 것을 발견했다고 말했다. 그녀는 자신이 청소년기에 집에서 사는 동안 숨이 막힐 지경이었다고 말했다. 그리고 그녀의 반항을 표현하는 수단으로 발견한 것 중의 하나가 엄마에게 이렇게 말하는 것이었다. "오 아냐, 나를 위해 요리하지마. 내가 알아서 해먹을 거야." 그 결과

> 내가 기억하기에 통상적으로 하던 식사였던 스테이크와 으깬 감자와 완두콩을 먹는 대신에, 나는 상황을 바꾸기 시작했어요. …… 나는 나의 가족보다 더 보헤미안이 되기로 했어요. 왜냐하면 그들은 너무나도 표준적이고 중도적이었기 때문이죠. …… 그것의 커다란 매력은 나의 부모가 반대할 수도 있는 어떤 것을 한다는 것이었어요. 그것은 내가 주장할 수 있는 어떤 것이기도 했어요.

따라서 이러한 여성들에게 먹기 습관의 선택 능력은 성인기로의 이동, 그리고 부모의 권위와 영향력 벗어던지기를 상징했다. 바이넘(Bynum, 1987: 223)이 진술하듯이, 가족 개념은 함께 사는, 특히 함께 먹는 개인들을 포함

한다. 가족과 함께 먹기를 거부하는 것은 가족 유대로서의 먹기를 거부한다는 것이고 부모에 의한 부양을 거부하는 것이다. '정크푸드'의 구입과 소비도 유사한 기능을 할 수 있다. 채프먼과 맥클린(Chapman and Maclean, 1993)은 그들이 캐나다에서 청소년기 여성들과 한 인터뷰에서 정크푸드는 체중증가, 과식, 죄책감, 자기 혐오와 같은 부정적 연상뿐만 아니라 기쁨, 즐거움, 파티, 간식, 친구와 함께하기, 부모 또는 집으로부터 떠나기와 긍정적으로 결합되어 있음을 발견했다. 이와 대조적으로 '건강에 좋은' 음식은 체중 감소 또는 다이어트, 체중과 외모에 대한 관심, 식사, 부모와 함께하기, 집에 머물기, 자기 통제와 연관지어졌다. 그 소녀들에게서 정크푸드를 먹고 좋아하는 것은 '정상적'인 것으로 간주되었지만, 건강에 좋은 음식을 좋아하는 것은 기이한 것으로 인식되었다. 그 저자들은 소녀들의 정크푸드 소비가 몸무게에 대한 걱정으로 특징지어질 때조차도 정크푸드는 그들에게 가족을 떠나 자율성이 증대하는 것 그리고 '청소년'이라는 차별화 의식을 상징했다고 결론짓는다.

일부 학자들은 신경성 거식증이 집에서 준비한 음식을 거부함으로써 강력한 부모에 대해 반항하고 자율성을 행사하려는 (비록 더욱 극단적이기는 하지만) 유사한 시도를 상징한다고 주장해왔다. 한때 공손하고 고분고분했던 딸(또는 훨씬 덜 빈번하게 아들)은 음식을 거부함으로써 결연한 반항가가 된다. 그리고 그녀(또는 그)는 음식을 섭취하지 않음으로써 그리고 수척해진 몸으로 음식 거부를 육체적으로 표현함으로써 자율성을 증명한다. 부모들은 아이가 먹지 않는 방식을 택한 것에 대응하여 일반적으로 억지로 먹게 하고자 시도하지만, 이는 분비성 구토 반응을 일으킬 수도 있다. 우리는 이러한 음식 거부 이유를 중세 여성들의 단식에서도 찾아볼 수 있다.

그들은 자주 부유한 가족의 성공과 가치를 거부하기 위해 또는 강요된 결혼에 반항하기 위해 단식했고, 이는 그들의 부모 또는 남편에게 당혹감과 굴욕감을 유발했다(Bynum, 1987: 220~227). 빅토리아 시대에 음식 거부 또는 히스테리의 폭발은 특권 있는 청춘기 소녀가 소유욕이 강하고 과잉보호하는 부모들과 자신들의 질식할 것 같은 관계를 탈출하기 위해 채택하는 방법이었다(Brumberg, 1988: ch.5). 거식증의 실행은 또한 자율성과 완전성 모두를 추구하는 것, 즉 성인 여성의 몸이 된다는 것이 가져다주는 무력함과 오염 경험을 초월하고자 하는 것이었다(자아 테크놀로지로서의 단식에 대해서는 제5장에서 상세하게 논의한다).

가족을 위한 음식 장만

여성들이 가족의 맥락에서 주요한 음식 공급자이자 준비자라는 사실에도 불구하고, 그들이 요리할 음식을 선택할 때 그들은 반드시 자신들의 선호에 따라 음식을 선택하지 않는다. 여성들이 다른 사람들에 비해 자신의 선호를 따르지 못하는 것은 정서적 돌봄의 짐과 선물로서의 음식 이데올로기 때문만이 아니라 자신과 파트너 간의 권력관계 때문이기도 하다. 전통적으로 남성의 선호는 가족 내에서 다른 사람들의 선호보다 특권을 부여받아왔다. 19세기에 가족의 급식을 책임지고 있던 노동계급 여성과 가난한 여성들은 남편과 아이들에게 더 많은 음식을 제공하기 위해 자신들은 빈번히 굶었다(Ross, 1993: 54~55). 고기는 항상 남성들에게 먼저 돌아갔고, 여성과 아이들에게는 자주 돌아가지 않았다. 영국에서 1890년대 중반에 수행된 한 연구는 남성이 거의 두 배의 칼로리, 두 배 이상의 단백질, 거의 세 배의 지방질을 소비한다는 것을 발견했다. 그러한 결과의 대부분은 남성이 더 많은 고기를 소비하는 데서 기인하는 것이었다(Ross, 1993: 33).

찰스와 커는 자신들의 연구에서 남성이 여전히 자주 가족의 식생활에 대해 보수적 영향력을 행사한다는 점을 발견했다. 왜냐하면 가족의 식생활이 바로 남성들의 호오好惡에 맞추어지기 때문이다. "남성들이 비록 요리 냄비를 젓지는 않지만, 그것에 들어가는 것을 상당 정도 통제한다"(Charles and Kerr, 1986a: 64). 찰스와 커는 남성이 음식에 만족하지 못했을 때 심지어 아내에게 음식을 던진 몇몇 사례들을 상세하게 기술한다. 특히 유급 고용 상태에 있지 않은 여성들에게 자신들이 가족과 남편을 위한 요리의 일차적 책임을 지는 것은 자주 정의正義의 문제로 인식되었다. 여성은 "온종일 일한" 남편을 위해 식사를 준비하지 않을 경우 죄책감을 느낀다(Charles and Kerr, 1986a: 83; DeVault, 1991). 일부 여성들은 다른 가족 성원들보다 남편의 음식 취향에 우선권을 주는 것을 그에게 고기를 제공하는 것처럼 경제적으로 가족을 부양하기 위해 공적 영역에서 일하는 남편에게 주는 일종의 보상으로 간주했다. 로스(Ross, 1993: 34)는 19세기 후반에 런던의 한 노동계급 주부가 남편에게 고기를 차려주었을 때 "그녀는 한 노동자로서의 그의 가치, 가정에서의 남편의 특권, 그리고 남성들의 분리된 세계에서 그가 하나의 자리를 차지하는 데서 고기가 주는 힘을 동시에 인식하고 있었다"고 진술한다. 남편은 그러한 권리를 "가질 만한 가치를 지니는" 것으로 간주되는 반면, 아내를 포함하여 다른 가족 성원들은 그렇지 않은 것으로 간주된다(Charles and Kerr, 1986a: 87).

유사하게 맥키와 그의 동료들(McKie et al., 1993)도 자신들의 연구에서 그들이 인터뷰한 영국 여성들이 남편과 아이들을 자신들의 이상적인 식생활에 중요한 제약 요인들로 간주한다고 진술했다. 여성들은 가족 내에서 자신들이 개인적인 취향과 선호를 속이고 자주 자신들의 선호에 마지막 우선권을 주어야만 한다는 것을 알고 있었다. 임신한 여성에 대한 머콧(Murcott, 1988: 742)의 논의 역시 어떤 여성이 어떤 또는 모든 유형의 음식에 메스꺼움이나 불쾌감을 느낄 때조차 그녀는 여전히 그녀의 파트너와 다른 아이들을 위해 요리할 것을 기대받는다고 지적하면서, 같은 문제를 제기한다(또한 Mcintyre, 1983도 보라). 내가 이 장에서 앞서 지적했듯이, 아이들이 한때 그들이 좋아하든 싫어하든 간에 그들에게 제공된 모든 음식을 먹도록 훈육되었지만, 지난 20년 동안 그러한 양육 철학에 얼마간 변화가 있었던 것으로 보인다. 이제 아이들은 자신이 좋아하지 않는다면 특정 음식 또는 요리를 거부할 수 있게 되었다. 양육 철학에서 일어난 이러한 변화는 가족을 위한 요리를 책임지는 사람(거의 항상 한 명의 여성)의 부담이 증가된다는 것을 의미할 수 있다(DeVault, 1991; Brannen et al., 1994: 155~157).

이러한 부담 의식은 나의 인터뷰 연구에서 아이들을 위해 식사를 준비하는 몇몇 여성들의 응답에서 분명하게 나타났다. 로즈Rose는 자신이 식사를 위한 요리를 할 때 항상 남편과 아이들의 선호를 고려한다고 말했다. 그녀는 자신이 아이들을 위해 기꺼이 그렇게 하는 것은 자신이 어렸을 때 자신의 부모가 드러냈던 태도와 다르다는 견해를 피력했다. 그때 그녀는 접시 위의 모든 것을 먹으라고 강요받았고, 매 식사마다 동일한 세 가지 야채 — 감자, 완두콩, 당근 — 를 제공받았다. 하지만 로즈는 새로운 음식을 먹으려고 하지 않고 "매우 제한된 음식만을 먹는" 그녀의 10살 난 딸 — "그녀를 즐겁게 하기는 매우 힘들다" — 과 자주 말싸움한다. 로즈가 자신이 저녁식사를 위해 준비한 음식을 딸이 먹게끔 설득하고자 할 때, 그들은 대개 식사를 앞에 두고 다툴 것이다. 소니아Sonia는 영국에서 호주로 이주한 이후 자신이 보다 이국적인 음식을 요리하려고 노력해왔지만 그녀의 청소년기 아들들이 자주 다른 요리를 먹기를 거부한다고 말했다. 소니아는 요리와 쇼핑을 모두 한다. 그리고 그녀는 식단을 짜고 음식물을 구입하는 것이 그리고 음식을 준비하고 내놓을 때 가족 성원들의 서로 다른 호오를 기억하는 것이 고된 노동임을 발견한다. 마리아는 요리할 때마다 자신이 가족 성원별로 서로 다른 요리를 해야 한다고 말했다. 때로는 그녀가 하룻밤에 네 가지 서로 다른 식사를 준비해야 할 것이다. 그리고 그것은 그녀에게 너무나도 많은 노동이다. 그리하여 그녀는 자주 냉정을 잃고 화가 나서 가족에게 모두가 같은 종류의 식사를 하라고 말한다. "나는 지금껏 여기에 냄비 하나 놓고 저기에 냄비 하나 놓고 하나씩 요리했어. 이제 더 이상은 못 해!" 그녀의 20살 난 아들과 남편은 요리를 하려 하지 않는다. 마리아는 요리뿐만 아니라 모든 집안일과 쇼핑을 하고, 또한 집 밖에서 청소원 일까지 한다. 마리아는 보통 그녀의 남편과 아이들이 배고프다고 보채는, 스트레스가 많은 상태에서 저녁식사를 준비한다. "'나 배고파', '밥 멀었어?', '얼마나 걸려', '얼마나 남았어?'라고 소리치지 않는 한, 나는 천천히 요리를 하고 그것이 준비되면 그것을 식탁에 차리기를 좋아해요. 나는 이제 보채는 걸 견딜 수가 없어요. 그건 나를 신경질 나게 해요." 성인이 된 두 자녀의 어머니로서 마가렛은 그녀의 아들들 중 하나와 자주 음식에 대해 말다툼한다. 그의 아들은 채식주의자가 되었고, 그의 어머니를 그와 같은 방식으로 생각하도록 바꾸려고 노력한다. 그녀는 거부하지만, 그를 위해 채식주의 식사를 위한 요리를 하기 위해 특별한 노력을 한다.

지금은 혼자 살고 있는 패트리시아는 그녀 자신을 위한 요리 습관을 개발하는 데 한참이 걸렸다고 말했다. 왜냐하면 그녀는 이제 더 이상 아이들의 호오를 고려하지 않아도 되기 때문이다. "내가 하는 요리에는 너무나도 많은 제약이 있었어요. 나는 노동을 줄이기 위해 사람들이 먹는 것의 중간치 정도로 식사 요리를 하는 경향이 있었어요. 그것은 실제로 나의 취향에 기초한 것이 전혀 아니었어요." 이제 음식 준비는 훨씬 더 간단하다. 패트리시아는 그녀의 아이들이 집에 살았을 때에 비하면 지금은 좀처럼 케이크와 디저트를 만들지 않는다. 이제 일반적으로 저녁식사는 새끼 양 고기 한 점이나 닭고기 한 조각 그리고 혼합한 푸짐한 야채로 이루어지며, 후식으로 약간의 과일을 먹는다. 아이들이 집에 있을 때 패트리시아는 결코 그렇게 먹을 수가 없었다. 왜냐하면 아이들이 더 정교하고 더 다양한 식사를 요구했기 때문이었다. 그녀는 식단 짜기에 그렇게 많은 고민을 하지 않아도 되는 것이 좋지만, 자신은 항상 요리하기를 좋아했고, 며칠 동안 똑같은 요리를 혼자서 먹고 또 다 먹어치워야만 하는 것을 즐기지 않는다고 말했다.

그간 학자들은 가정불화에서 음식이 남편과 아내에게 어떤 역할을 하는지를 연구해왔다. 로스(Ross, 1993: 29)는 1870년대 초에 런던 중앙형사법원 Old Bailey court에서 소원해진 남편의 얼굴에 산을 뿌려서 재판을 받은 한 여성의 이야기를 전하고 있다. 그녀가 그러한 행동을 한 이유에는 남편의 가정폭력과 부정不貞뿐만 아니라 남편이 그녀 자신과 아이들에게 자주 음식에 손을 대지 못하게 했다는 사실이 포함되어 있었다. 영국의 이혼 커플과 재혼 커플에 대한 현대의 한 연구는 많은 연구 참여자가 첫 결혼에서 식사시간을 둘러싸고 벌어졌던 갈등과 문제들을 기술했다고 지적했다(Burgoyne and Clarke, 1983). 버고인과 클라크는 "식사 그 자체는 보다 뿌리 깊은 불만을 터뜨리게 하는 구실일 수도 있다"고 주장한다. 식사를 제때 준비하지 않은 일은 갈등을 유발했고, 때로는 폭력을 야기하기도 했다. 영국의 가정 폭력을 고찰한 또 다른 연구는 남성들의 폭력이 자주 아내가 식사 제공과 관련하여 자신의 기대에 부응하지 '못했다'는 평가로부터 직접 초래되었다고 지적했다(Ellis, 1983). 엘리스는 식사가 예상했던 시간에 준비되지 않았을 때 남편이 모든 음식을 자신들에게 던지거나 자신들을 공격했다는, 연구에 참여한 여성들이 제시한 설명들을 기술하고 있다. 어떤 남성들은 술을 마시고 밤늦게 귀가해서 아내가 잠자리에서 일어나 식사용 요리를 해줄 것을 기대할 때 폭력적이 되었다. 나의 연구에서 시몬은 자신들이 먹는 음식의 질과 다양성에 대해 아내와 말싸움했던 것을 상기했다. 그는 그의 어머니가 누구보다도 그의 아버지를 위해 요리한 음식을 먹고 자랐다. 그리고 그의 가족들은 '가장'이 집에 들어와서 식사를 할 때까지 기다릴 것이 기대되었다. 따라서 시몬은 그가 첫 결혼을 했을 때 그의 아내에게 식사 준비에 더 많은 정성과 관심을 기울이고 다른 사람보다 그가 좋아하는 음식을 장만해주기를 바랐다. 그의 아내는 그러한 철학에 동의하지 않았다. 따라서 그들은 말다툼을 벌였다. 시몬은 이제는 그때 자신이 했던 행동에 대해 부끄러워한다.

버고인과 클라크가 수행한 연구의 참여자들 또한 부부가 불화를 겪고 별거하는 동안에 자신들의 몸무게가 얼마만큼 줄었는지를 일반적인 신체 쇠약과 불행 의식이 자신들의 음식 욕구를 억압한 것과 관련하여 기술했다. 새로운 파트너를 만난 이후로 체중이 늘어난 몇몇 사람들은 그것을 더 큰 개인적 웰빙, 안전 그리고 행복 의식과 관련하여 설명했다. 부부의 별거와 이혼에 의해 야기된 전반적인 가족 해체 분위기 속에서 전통적인 로스트 디너와 같은 '적절한' 식사를 준비하는 것은 가족 재강화의 상징으로 인식되었다. "부부가 별거할 때에도 자신과 아이들이 한결같이 소통할 때 '정상적 생활'은 이전처럼 계속된다"(Burgoyne and Clarke, 1983: 158). 이것이 암시하듯이, 가족생활의 감정적 행로가 개인의 식욕과 먹기 습관에 강력한 영향을 미칠 수 있다. 슈는 부모가 갈라섰던 15살 때 자신이 거의 신경성 거식증이라고 할 수 있을 정도로 식욕과 먹기에 대한 관심을 잃었던 것을 포함하여 음식으로 인해 고생했다고 기술했다. 그녀는 자신의 전반적인 비통함과 불행 의식으로 인해 음식을 억지로라도 삼키기가 어려웠다. "먹는 것이 하기 싫은 일이라는 느낌이 들었어요. 내 말은 내가 이제 이전보다 먹기로부터 더 즐거움을 얻는다는 거예요. 나는 그렇게 생각하곤 했어요. 오 하느님, 당신도 알잖아요, 그게 얼마나 지겨운지 말예요. 당신도 알다시피, 설거지나 그런 일을 하는 것처럼 말예요." 슈는 그 당시 아침에 일어나서 학교에 가기 전에 가족 문제를 둘러싸고 느끼는 스트레스 때문에 메스꺼워 먹지를 못했던 것을 기억했다. 성인이 되어서도 그녀는 혼란스럽고 불안하다고 느낄 때 이따금 먹고 나서 곧 토하곤 했다.

마가렛은 어린 시절에 가족 모두가 저녁식사 식탁에 둘러앉았을 때 그녀의 어머니와 아버지가 심각한 언쟁을 벌인 것을 기억한다. 당시 대략 10살쯤이었던 마가렛은 아버지가 어머니에게 말하는 방식에 화가 났었다. 그녀는 무의식적으로 아버지에게 큰소리로 외쳤다. "엄마 좀 그냥 놔둬!" 그러자 그녀의 아버지는 의자를 집어 들어 마가렛의 머리 위로 올리고서는 그녀에게 말했다. "다시 입을 놀리면, 이것으로 너의 머리를 부숴버릴 거야." 그 당시 마가렛의 감정은 충격과 공포였다. 왜냐하면 그녀의 아버지가 이전에 그녀를 물리적으로 위협한 적이 결코 없었기 때문이었다. 그리고 아버지는 그녀 옆에 아주 가까이 서서 갑자기 야수처럼 노려보아 그녀가 겁에 질리게 했다. 어머니는 그녀에게 조용히 저녁식사를 하라고 말했다. 그녀는 속으로 다음과 같이 생각하며 자신의 접시 위의 음식 — 그것은 스테이크와 세 가지 야채였다 — 을 억지로 그녀의 목으로 넘겨서 깨끗하게 먹어치웠던 일을 기억한다. "하느님 제발 내가 이걸 삼킬 수 있게 해주세요." 이러한 경험들이 증명하듯이, 음식과 먹기 관행, 그리고 행사는 가족 성원들 사이에 긴장과 다툼 — 심지어 폭력이 발생하기도 하는 — 의 장소이다. 아내와 어머니로서의 여성은 자주 자신의 선호를 희생한 채 가정환경의 감정적 균형을 유지하기 위해 가족 성원(특히 남편)을 위한 음식물을 장만하는 일을 참고 견딘다.

특별한 행사

특별한 행사나 잔칫날 차려지는 음식은 보통 가족의 맥락 내에서 또는 보다 광범하게는 더 넓은 문화 속에서 고도로 의례화되어 있다. 서구 사회에서 부활절, 크리스마스, 유월절, 추수감사절, 결혼식, 생일과 같은 기념일과 그것에 동반하는 의례화된 음식들은 하나가 된 행복한 가족이라는 이상을 구성하고 재생산하는 데 기여한다. 이를테면 미국에서 매년 추수감사절 의례는 미국의 시민 의식을 재생산하고 강화하는 데 기여하고, 그와 동시에 가족 제도와 고향을 유지하고 기린다. 멀리 떨어져 있는 가족 성원은 추수감사절 동안에 그 의례를 거행하기 위해 고향으로 돌아올 것이 기대된다. 그리고 그날 모든 예의 바른 미국인들은 집안의 여성들이 정성껏 준비하고 남성 가장이 나누어주는 추수감사절 저녁식사를 위해 가족 성원들과 함께 둘러앉는다. "추수감사절은 귀향의 감정에 국민 의식을 강력하게 각인시킨다. 가족생활의 기쁨과 긴장, 즐거움과 고통이 잔치 준비와 공동 참여 속에서 활성화된다"(Siskind, 1992: 185).

많은 서구 국가에서 크리스마스 저녁식사는 연회와 축하의 분위기 속에서 일반적으로 가까운 가족 성원들과 함께하는 전형적인 '가족 식사'와 유사한 기능을 수행한다. 그러므로 크리스마스와 같은 축일에는 하나의 강력한 감정적 차원이 존재한다. 크리스마스에 "우리는 허식과 위선을 조롱할 수도 있지만, 우리는 이상화된 어린 시절의 순수성과 순진무구함을, 사랑하고 사랑받는 어떤 사람을, 그리고 선물 교환에 의해 특징지어지는 그러한 사랑을 갈망한다"(Clare, 1994: 12). 크리스마스는 본질적으로 가정의 의례이다. 근대 크리스마스의 핵심에는 보다 광범한 사회성의 한 표현 양식인 가족과 함께 부모-자식 관계가 자리하고 있다(Miller, 1993: 12). 실제로 크리스마스 날 각 가족이 둘러앉아 비슷한 시간에 비슷한 식사를 하는 것이 크리스마스의 구조이다. 전국에서 동일한 일련의 파티가 진행된다(Kuper, 1993: 157). 영국인들의 경우에 전통적으로 텔레비전을 통해 전달되는 여왕의 메시지는 그러한 공동체 의례의 감정과 국가/가족의 찬양을 강화하는 데 기여한다. 방송에서는 자주 왕실에서 다른 모든 사람들과 똑같이 크리스마스를 경축하는 장면이 나온다(Kuper, 1993: 158). 호주에서조차 여왕의 크리스마스 메시지는 여전히 크리스마스 날 텔레비전의 주요 특집 프로그램의 하나이다. 그리고 왕실 성원들이 스코틀랜드에서 거행되는 연례 크리스마스 예배에 참석하는 사진과 자료 화면이 매년 뉴스에서 보도된다.

이와 같은 즐거운 '가족 크리스마스'라는 표현은 대체로 19세기 중반 이래로 빅토리아 시대에 발전한 것이다(Miller, 1993: 3). 클레어(Clare, 1994: 12)는 『니콜라스 니클비Nicholas Nickleby』, 『크리스마스 캐럴A Christmas Carol』, 『피크위크 페이퍼The Pickwick Papers』를 비롯한 찰스 디킨스의 몇몇 소설 속에 등장하는 크리스마스 축일의 우정, 안정성, 만족, 가족의 단란함에 관한 표현들에 대해 기술한다. 특히 1843년에 첫 출간된 『크리스마스 캐럴』은 많은 논평자로부터 크리스마스와 가족을 둘러싼 오늘날의 가족 감상의 많은 것을 고무했다는 평가를 받아왔다(Belk, 1993: 85). 가족이 없고 인색하고 감정적으로 억눌린 스크루지Scrooge와 가난하지만 행복한 크래치트Cratchit 가족의 따뜻함의 대비 속에서 그 이야기는 향수, 어린 시절의 순수성, 가족의 유대, 낙향의 중요성을 분명하게 입증하고자 한다. 거기서 가족은 '무정한 세상'으로부터의 피난처로 표현된다(Belk, 1993: 87). 이 장에서 내가 앞서 가족의 붕괴에도 불구하고 '적절한' 가족 식사를 유지하는 것이 갖는 중요성에 대해 논평한 것과 마찬가지로, 몇몇 논평자들은 '가족 크리스마스'가 빅토리아 시대 잉글랜드에서 도시화와 산업화로 인해 경험할 수도 있던 파편화에 대한 하나의 대응이었으며 20세기 후반에도 가족의 변화하는 성격과 해체 가능성에 대한 불안에 대응하여 여전히 하나의 지배적인 이상으로 남아 있다고 암시해왔다. '가족 크리스마스'의 의례와 따뜻한 감정은 편안함과 안전의 감정을 불러일으켜 상실감을 상쇄하는 데 기여한다(Kuper, 1993: 160~162).

다른 모든 이상화된 이미지와 마찬가지로, 현실의 경험은 자주 그러한 이상에 부응하지 못한다. 강한 가족집단주의, 친밀감, 행복감은 항상 쉽게 획득되지 않는다. 많은 시간을 함께 보낼 수 없는 사람들도 함께할 것을 강요받고, 서로 화합하고 호의를 베풀 것을 기대받는다(Searle-Chatterjee, 1993:

189). 크리스마스 저녁식사는 자주 갈등과 실망으로 특징지어진다. 그리고 그날을 가족 성원과 함께 보내지 못하는 사람들은 외롭게 사회적 실패를 통감한다. 그러므로 크리스마스 시즌에는 그것에 부응하여 행복하고 기쁠 것이라는 기대 — "크리스마스 즐겁게 보내세요"라는 인사말은 이를 부추긴다 — 에도 불구하고, 사람들은 감정적으로 상당한 부담을 느낀다. 크리스마스 기간이 일반적으로 평상시 세계와의 단절로 특징지어지지만, 가족의 일부 성원들, 아주 자주 여성들은 그것이 자신들의 시간을 더 많이 빼앗기는 시기라는 것을 발견한다. 왜냐하면 그들이 선물을 사서 포장하고 크리스마스 성찬을 준비하고 그것과 관련한 쇼핑, 청소 및 여타 가사노동에 대한 책임을 지는 경향이 있기 때문이다(Kuper, 1993: 171; Searle-Chatterjee, 1993: 190). 그러한 일을 수행함으로써 크리스마스의 정신을 영속화하고 보전하는 것은 어머니와 아내로서의 여성의 의무이다. "완전한 크리스마스라는 꿈은 또한 완전한 주부, 아내, 엄마라는 꿈을 포함한다"(Lofgren, 1993: 232). 로프그렌(Lofgren, 1993)은 크리스마스에 관한 스웨덴 사람들과의 인터뷰 — 그는 이에 대해 「크리스마스 날의 큰 말다툼과 여타 스웨덴 전통들」이라는 재미있는 제목을 달고 있는 글에서 논의하고 있다 — 에서 가족의 단란함이라는 이상만큼이나 널리 퍼져 있는 좌절과 실망의 표현을 발견했다. 그는 크리스마스의 강력한 감정적 집중이 일상생활에서는 숨어 있을 수도 있을 가족 내의 갈등과 유토피아 모두를 확대하거나 응집시키는 경향이 있다고 주장한다(Lofgren, 1993: 218). 크리스마스는 어떤 사람들에게는 잃어버린 어린 시절을 창조하고자 하는 하나의 시도를 상징할 수도 있지만, 다른 사람들은 자신을 어린 시절의 역할로 되돌려놓는 것에 분개한다.

나의 연구에 참여한 몇몇 사람들은 크리스마스 저녁식사와 어릴 적에 가족과 함께 먹었던 전통적 음식들에 대한 장밋빛 기억을 표현했다. 이를테면 패트리시아는 영국에서 추운 바깥 날씨와 내부의 축제 분위기 속에서 가족이 구운 꿩고기와 크리스마스 푸딩을 즐겼던 크리스마스 저녁식사의 행복한 기억을 상세하게 설명했다. 가족이 호주로 이주해온 동유럽 출신의 여성인 크리스티나Kristina에게 자신이 기억하는 어린 시절 음식 의례의 '이국적 성격'은 인종적·가족적 연대와 화합의 고마운 원천 역할을 한다. 크리스티나는 글로 쓴 기억 속에서 매년 몇 주에 걸쳐 모든 가족 성원이 참가한 크리스마스 축제의 준비에 대해 기술했다.

> 그녀의 아버지는 몇 주 전에 큰 농장들을 찾아다니며 도살할 가장 건강한 돼지를 선택한다. 그녀의 어머니는 그녀의 훌륭한 캐비지 롤을 만들기 위해 몇 달 전에 양배추를 절인다. 그것은 아주 꼼꼼함을 요한다. 그 중요한 날에 가족 전체가 모여 모두가 밀린 잡담을 늘어놓는다. 여자들은 음식을 차리고 청소하고 그다음에 휴식한다. 남자들은 '라키자rakija'(자두 브랜디)를 마시고 정치에 대해 이야기한다.

크리스마스와 관련한 그러한 전통적 활동이 앵글로-셀트인들의 전통적인 크리스마스 의식 및 음식과는 크게 다르지만(그들은 돼지를 잡고 캐비지 롤을 만들거나 라키자를 마시지 않는다), 크리스티나는 단지 그녀가 참여한 의례에서 느꼈던 소속감, 설렘, 행복감만을 기억했다.

하지만 크리스마스 저녁식사의 기억에 대한 보다 상세한 설명은 대체로 부정적이었고, 그날의 저녁식사는 초조, 분개, 좌절, 죄책감, 불화 때문에 기억되었다. 보다 최근의 크리스마스에 대한 슈의 기억에는 그녀가 "좋지만 죄책감을 경험한", 그녀의 어머니가 지불한 '300달러짜리 저녁식사'가 포함되어 있었다. 그 죄책감은 대체로 식사 비용 때문에 유발된 것이었다.

> 내가 죄책감을 느낀 것은 나의 어머니가 그것에 너무 많은 돈을 지출했기 때문이었어요. …… 그 음식은 정말로 맛있었지만, 실제로 비쌌어요. 내가 생각하기에, 나는 나의 어머니가 어쨌든 돈을 쓸 때 항상 죄책감을 느껴요. 왜냐하면 그녀는 어쨌거나 우리와 함께 그녀의 성인의 삶의 대부분을 보내면서 실제로 빠듯한 예산으로 살았고, 그것은 거의 내가 뭐랄까 울거나 그런 어떤 것을 하게 만들기 때문이에요. 그것은 실제로 감정적인 식사였어요.

카렌은 자신이 어머니에게 짜증을 낸다고 말했다. 그녀의 어머니는 항상 자신이 "크리스마스에 유난을 떨지" 않을 것이라고 말하지만, 그녀는 아직도 '전통적인 풍습'을 그대로 실행하고 가족 식사를 준비하는 데 많은 시간을 보낸다. 카렌이 완전한 채식주의 단계에 돌입하고 있던 최근의 어느 크리스마스 날에 그녀의 어머니는 전통적인 칠면조 저녁식사 요리를 고집했다. 카렌은 단지 샐러드만 먹었고, "지극히 옳다고 느끼는" 식사에는 참여하기를 거부했다. 그녀는 자신이 그 식사의 진가를 인정하지 않을 것에 대한 어머니의 실망을 감지했다. "내가 생각하기에, 어머니는 내가 단 하루 동안 경계를 풀고 고기를 먹기를 바랐어요. 그러나 나는 그렇게 하지 않았고, 따라서 거기에는 그것을 둘러싼 묘한 기운이 감돌았아요"(Beardsworth and Keil, 1992: 278과 비교해보라). 카렌은 계속해서 자신은 "사람들이 위장된 동기를 가지고 어떤 것을 하는 것"을 좋아하지 않으며, 그러한 '감정적 조작'에 분개한다고 주장했다.

바바라Barbara는 중년의 성인이 되어 오성 호텔에서 가족과 함께 크리스마스 점심식사를 한 기억에 대해 기술했다. 바바라는 큰 기대를 했다. 왜냐하면 그 호텔은 매우 비쌌고, 특별한 크리스마스 식사를 기대했기 때문이었다. 하지만 음식은 기대에 부응하지 못했다. 음식의 질이 형편없었을 뿐만 아니라 전통적인 크리스마스 저녁식사의 규칙을 따르지 않았기 때문이다. 그래서 그녀는 화가 났고 실망했다.

> 수프가 나왔을 때, 그것은 분명 상업용 고형 육수로 만든 볼품없는 액체였고, 파테는 통조림 토마토로 만든 표준 이하의 상업용이었다. 그게 오성 호텔이었다. 그들은 적어도 햇볕에 말린 토마토라는 말을 들어보지도 못했는가? …… 칠면조는 어땠던가? 그것은 그들이 상상했던 것과는 딴판이었다. 기름진 파삭파삭한 껍질을 가진 다리나 날개와 함께 나오는 육즙이 많은 가슴살 조각들은 전혀 찾아볼 수 없었고, 대신에 점심시간 샌드위치 속에 들어 있는 눌린 칠면조 조각들이 있었다. 마지막 모욕, 또는 그들이 그 단계에서 그렇게 생각했던 것은 삶은 감자였다. 전통적인 구운 감자는 어디로 갔단 말인가?

참여자들이 쓴 어린 시절에 대한 두 가지 기억에는 주인공을 위해 열린 생일파티가 포함되어 있지만, 그것은 기뻐서 어쩔 줄 모르는 시간으로서의 전형적인 생일파티와는 반대로, 두 기억 모두 대체로 부정적이다. 레슬리Lesley는 자신이 여덟 살인가 아홉 살 때에 부모가 그녀의 반 친구들 모두를 초대하여 그녀를 위해 열었던 생일파티에서 있었던 하나의 사건에 대해 기술했다. 그 파티는 소리치고 내달리는 음식 싸움으로 통제할 수 없게 되었다. '녹초가 된' 레슬리의 부모들은 그날 밤 늦게 그녀에게 그 파티가 자신들이 지금까지 열어준 마지막 생일파티가 될 것이라고 말했다. 그리고 레슬리는 "어쨌거나 그건 모두 자신의 잘못이었다"고 느꼈던 것으로 기억했다. 그녀에게 그 사건의 잊을 수 없는 측면은 부모가 제공한 특별한 생일파티 음식이 아니라 그녀의 죄책감과 실망감이었다. 그녀의 생일파티가 일반적으로 받아들여지는 규범을 따르지 않았기 때문이었다. 마리Marie는 자신의 가끔 있었던 생일파티 중 5살 생일날 있었던 일을 기억한다(그녀의 부모는 자주 파티를 열 만한 여유가 없었다). 불행하게도 마리는 홍역을 앓았고, 너무 아파서 파티의 기쁨을 즐길 수가 없었다. "그날의 가장 강렬한 기억은 큰 라운지 의자의 앉는 부분에 서서 머리를 구토 통에 넣었다 뺐다 하면서 **자신의** 파티를 즐기는 형제자매들을 지켜보던 것이었다." 이 두 기억 모두에서 분개와 실망의 감정이 강하게 나타나 있다. 그 경험들이 기억되는 까닭은 어린 시절의 생일파티가 특히 '생일인 아이'에게 황홀하고 특별하다는 기대에 부응하지 못했기 때문이다. 두 참여자 모두에게서 황홀한 생일의 신화는 깨졌고, 따라서 그들의 기억으로 들어왔다.

결론적 논평

이 장에서 살펴보았듯이, 사람들의 어릴 적 음식 경험을 탐구하는 것은 음식 관행에 의미가 부여되는 방식을 조명하는 데 기여한다. 어린 시절의 기억들은 안전, 기쁨, 행복과 나란히 실망, 화, 분개, 좌절이라는 감정적 테마에 의해 특징지어졌다. 몇몇 기억들 속에서는 친밀한 가족 유대 및 전통과 연계된 순수하고 향수 어린 즐거움이 드러나는 것과 마찬가지로 통제력 결여감, 즉 부모-자식 관계에서 무력한 파트너였다는 감정도 분명하게 드러났다. 아이들이 성인이 되어 집을 떠날 때, 그들은 자유롭게 실험하고 반항한다. 그때 그들은 스스로 음식을 선택하고, 그들이 좋아하는 종류의 음식을 사고, 스스로를 만족시킨다. 그러나 어린 시절에 정해진 식생활 선호의 양식과 습관은 결코 완전히 사라지지 않는다. 그것은 항상 의식적으로 또는 무의식적으로 작용한다. 따라서 어떤 음식 또는 요리는 그것이 어린 시절에 어떤 개인에게 강요된 적이 있기 때문에 거부되기도 하고, 또는 관습이나 습관 때문에, 대안을 알지 못하기 때문에, 또는 친숙한 것의 편안함과 즐거움에 대한 갈망 때문에 욕망되기도 한다. 하지만 어떤 음식을 '건강에 좋은' 것으로 또는 '나쁜' 것으로 간주하는 관념이 가족의 맥락에서 그리고 아이들의 먹기 관행을 둘러싼 말다툼과 관련하여 식품을 '좋은 것'과 '나쁜 것'으로 구성하는 데서 중심을 이루고 있다는 것은 분명하다. 다음 장에서는 영양을 둘러싼 그리고 자연적인 것/인공적인 것의 대립과 관련한 지배적 담론의 맥락에서 어떤 음식이 어째서 '건강에 좋거'나 '나쁜' 것으로 표현되는지를 검토한다.

3

음식, 건강, 자연

현재 다양한 의학적 상태와 질병들이 음식 습관과 연계되어지고 있다. 실제로 오늘날 서구 사회에서 몸은 몸 상태에 대한 생의학적 설명에 의지하지 않고는 설명되거나 경험될 수 없을 정도이다. 따라서 음식 관행과 음식 습관 역시 오늘날 식생활에 대한 의학적 관심의 틀에 따라 경험되고 있다. 그러므로 음식과 먹기와 관련한 의미와 감정들은 불가피하게 건강, 그리고 음식의 의학적 연관성과 결부되어 있다. 이 장은 여러 현장들 — 영양학, 뉴에이지, 자연·건강식품 운동, 뉴스 매체, 의학·공중 보건 문헌, 일반인들의 음식과 건강에 대한 담론 — 에서 표현되고 있는 '건강'과 관련한 의미와 담론들을 탐구한다.

영양학의 출현

모든 식이요법 — 그것이 에너지 섭취의 줄임을 포함하든('다이어트'라는 단어가 오늘날 흔히 의미하듯이) 그렇지 않든 간에 — 은 어떤 음식을 먹어야 하는지를 지시하는 하나의 규제 및 규칙의 체계이다. 이 용어의 현대 대중적 용법에도 불구하고, 식이요법은 반드시 체중을 줄이거나 심지어 건강 상태를 향상시키는 것을 지향하지 않는다. 실제로 음식 요법이 고대 이래로 인간 문화에 분명하게 자리 잡고 있지만, 대부분의 사람들이 식생활 통제를 건강이나 체중 문제로 이해해온 것은 비교적 최근의 일이다. 전근대 시대에 의학적 견해는 몇몇 질병의 치료의 일부로서 먹기의 절제를 지지했지만, 그것이 병에 걸리지 않은 사람들의 일상적인 먹기 습관에 어떤 영향을 미쳤는지를 제시하는 증거는 거의 존재하지 않았다(Mennell, 1991: 138). 메넬(Mennell, 1985)은 16세기와 17세기에 유럽에서 식생활 습관이 변화하기 시작한 것(이에 대해서는 제1장에서 상세하게 논의한 바 있다)은 명백한 의학적 이유보다는 품위 있는 매너의 기호로서의 세련됨, 우아함, 자기 통제를 강조하는, 식욕의 '문명화'를 향한 하나의 진보적 조치였다고 주장한다.

식이요법을 따르는 전통은 개인의 위생을 염려하고 건강을 위해 식생활의 균형을 유지하는 것과 관련한 히포크라테스의 훈령에서 기원했다. 고대 시기에 음식의 성분과 질은 사람의 정신 상태를 포함하여 육체의 모든 기능에 영향을 미친다고 주장되었다. 체액 의학 체계는 이러한 건강 개념을 밑에 깔고 있다. 이러한 접근 방식은 뜨거움, 차가움, 건조함, 습함이라는 네 가지 기본 성질 간의, 그리고 네 가지 근본적인 체액, 즉 점액(차갑고 습한), 혈액(뜨겁고 습한), 황담즙(뜨겁고 건조한), 흑담즙(차갑고 건조한) 간의 균형을 유지하고자 하는 시도를 중요한 것으로 간주한다. 그것들의 적절한 균형은 환자의 나이와 습관과 같은 내적 원인이나 계절, 기후, 하루의 시간과 같은 외적 원인에 의해 무너질 수 있다. 그러므로 개인들의 식생활은 그러한 탈안정화 요소들을 벌충해야만 한다. 사람들은 자신이 소비하는 식품의 속성 — 이를테면 그것이 얼마나 뜨겁고, 차갑고, 건조하고, 습한지 — 을 인식하는 것이 중요하다고 믿었다(Jeanneret, 1991: 76~77). 고대인들이 발전시킨 이러한 건강 유지 체계는 18세기 유럽에서도 일부 개인들에 의해 추종되었다. 그 당시에 식이요법은 식자층에서 하나의 연구의 주제로서 그리고 '어떤 품위 있는 남성 문화'의 증거로서 인기를 끌었다. '문명화된' 남성은 자신의 식생활에 주의를 기울이고 그것을 자신의 생리학적 필요조건에 맞추고 그 결과를 면밀하게 관찰했으며, 음식의 맛과 향은 부차적인 중요성만 지녔다(Jeanneret, 1991: 87). 그 당시 유럽에는 위생과 식생활에 관한 방대한 양의 논문과 문서들이 있었다. 그것들 모두는 체액 이론에 의해 지배되었고, 독자들에게 자신의 체질의 속성에 면밀한 주의를 기울일 것을 촉구했다. 그러한 환경 속에서 사람들은 자신의 체질, 그리고 자신들이 먹는 음식의 적절한 비율을 발견함으로써 체액의 균형을 유지했다. 이를테면

뜨거움과 건조함에 의해 지배되는 성마른 체질은 특히 여름에 과일, 멜론, 호박과 같은 차갑고 습한 음식을 먹어야 한다. 다른 한편 특히 천성적으로 차갑고 습한 사람의 경우 겨울에 희석하지 않은 술, 구운 고기, 빵과 같은 뜨겁고 건조한 음식을 먹어야 한다. 이것이 바로 각각의 음식의 정확한 성분(성질)과 그것이 몸에 미치는 영향(에너지, 기능)을 확증하는 것이 그렇게도 중

요한 이유이다(Jeanneret, 1991: 84).

식이요법은 비록 수세기를 거슬러 올라갈 수 있지만, 그 개념이 대중적으로 유포된 것은 18세기 후반이었다. 18세기에 프랑스, 영국, 미국에서 미식학과 고급 요리가 발전하는 동안에 영양학과 식이요법이 등장했고, 그것들은 건강을 위해 식욕을 제한하고 세련됨이라는 귀족적 가치를 표현하기보다는 음식의 영양학적 가치를 등급화하고 나섰다(Gronow, 1993: 281). 하지만 이 두 접근 방식은 과식의 경계를 정하는 데 기여했다. 후자는 건강의 이름으로, 그리고 전자는 사회적 우아함과 훌륭한 매너를 위해 그렇게 했다.

터너(Turner, 1982)는 18세기 의사 조지 체인George Cheyne의 저술들에 대해 논의한다. 체인은 1724년에서 1742년 사이에 출간된 일련의 대중서적 속에서 몸을 기계로 바라보는 은유를 채택하여 식이요법의 중요성을 논의했다. 체인은 자신이 비만으로 고통받았고, 그의 저술의 많은 부분을 비만 문제 그리고 식이요법을 통해 그 문제를 처리하는 방법에 할애했다. 체인이 볼 때, 몸은 적당한 운동 및 배변과 함께 효율적인 기능을 유지하기 위해 음식과 음료의 올바른 투입을 요구하는 일련의 펌프, 파이프, 수로로 구성되었다(Cheyne, 1982: 260). 그의 이론은 부유한 식생활 — 가장 희귀한 진미, 가장 기름진 음식, 가장 독한 술 — 이 "식성이 까다롭고 방탕한 삶을 사는 부자, 게으름뱅이, 사치스러운 사람, 무위도식하는 사람들" 사이에서 질병을 유발한다는 것이었다(Turner, 1982: 261에서 인용함). 체인은 가장 적절한 먹기 방식은 '자연'으로 돌아가서 자신이 쉽게 소화되는 것으로 간주한 음식을 먹는 것이라고 주장했다. 그러한 음식에는 요리된 음식보다는 과일, 씨, 우유, 야채와 같은 날 음식이 포함되어 있었고, 그것은 '문명'의 과잉과 과잉 자극을 피하는 것이었다(Turner, 1982: 262~263). 체인의 충고는 부유한 계급을 향한 것이었다. 영양학이 노동계급을 규제하고 규율하는 하나의 수단으로 탐구되기 시작한 것은 얼마간 시간이 지나고 나서였다. 18세기 초반에 주기적으로 굶주림에 시달리고 고기나 기름진 음식에 자주 접근할 수 없었던 노동계급과 가난한 사람들에게 자신들의 식생활을 절제할 필요성은 전혀 하나의 문제가 될 수 없었다(Turner, 1991: 165).

음식과 먹기 관행에 대한 하나의 설득력 있는 접근 방식으로서의 영양학은 음식과 건강의 문제, 가난한 사람들과 노동계급의 식량 부족, 죄수와 병사의 영양 요구, 그리고 산업혁명의 결과로 인한 음식의 저장과 운송에 자극받아 19세기 중반 영국에서 발전했다(Turner, 1991: 167; Mennell et al., 1992: 35). 19세기 후반경 보어전쟁에 내보내기 위해 징집된 영국 남성에 관한 중요한 통계 기록들은 빈약한 체격, 나쁜 건강, 성장 부진이 만연해 있음을 보여주었고, 그러한 것들은 대체로 노동계급 성원과 가난한 사람들이 영양가 있는 음식에 접근할 수 없다는 데서 기인하는 것이었다. 정부 부처는 이에 크게 우려했다. 왜냐하면 그것은 영국이 제국을 방어할 '전투 능력이 있는' 남성을 충분히 가지고 있지 못하다는 것을 암시했기 때문이었다. 찰스 부스Charles Booth와 시봄 라운트리Seebohm Rowntree에 의해 노동계급의 식생활에 대한 조사도 실시되었고, 그들은 노동계급이 심각한 영양부족 상태에 있다고 결론지었다(Turner, 1991: 167). 그리하여 제국은 사회 계급, 식생활, 체격, 건강 상태 간의 관계에 관심을 집중할 것을 요구했고, 그것은 국민 식생활을 조사하게 했다(James, 1994: 28; Spencer, 1994: 295). 19세기 중반경 과학자들은 음식을 그것의 구성 부분들 — 단백질, 탄수화물, 지방,

무기물, 물 — 로 분리하고 각 영양소에 구체적인 생리학적 기능 — 이를테면 탄수화물과 지방은 연료로, 그리고 단백질은 조직수리공tissue-repairer으로 — 을 할당했다(Levenstein, 1988: 46). 영양학자들은 각각의 영양소 유형들의 에너지 가치와 서로 다른 활동을 하는 사람들의 신진대사율을 평가하고 젠더, 연령, 직업에 기초하여 구체적인 집단들을 위한 '이상적인' 식생활을 설계하는 일을 했다(Whorton, 1989: 87). 1880년대에 미국 과학자 윌버 올린 애트워터Wilbur Olin Atwater는 영양 연구를 시작하여 각각의 일에 필요한 연료를 수학적으로 계산하여 할당하고자 시도하면서, 가난한 사람들이 그들의 노동이 요구하는 것에 부합하지 못하는 종류의 음식을 먹고 있다고 주장했다(Schwartz, 1986: 86~87).

1900년경에 미국에서 미국인의 식생활, 특히 중간계급의 식생활이 건강에 기여하는 측면에 관해 주목하는 움직임이 일어났다(가난한 사람들과 노동계급의 식생활은 개선할 수 없는 것으로 여겨졌다)(Levenstein, 1988: 59). 그러한 생각들이 '새로운 영양'으로 알려지게 된 담론의 토대를 형성했다. 그 담론은 1910년대 후반에 출현하여 1930년대까지 지속되었다. '새로운 영양' 담론은 맛이나 겉모양과 같은 다른 고려 사항들보다는 그것의 화학적 성분에 토대하여 음식을 선택하도록 추천하는 것에 기초해 있었다. 이 '새로운 영양' 운동의 임무는 정확히 좋은 건강과 국민의 체력을 위해, 특히 '균형 잡힌 식생활'을 이룩하기 위해 어떤 종류의 음식을 먹어야 하는지를 국민들에게 교육하는 것이었다(Whorton, 1989: 87~89). 미국에서는 18세기 후반부터 20세기 초반에 이르기까지 수많은 음식 유행과 음식에 대한 경고가 있었다. 그러한 것들에는 변비가 유발하는 것으로 가정된 '자가 중독auto-intoxication'에 대한 공포, 철분(이를테면 시금치, 건포도, 강장제)과 비타민 C(이를테면 오렌지)를 포함한 음식의 장려, 효모를 먹는 것이 갖는 건강상의 가치 등이 포함되어 있었다. 이것들 모두가 건강상의 이점을 주요한 셀링포인트로 이용하는 무수한 광고들에서 주제로 활용되었다(Whorton, 1989).

20세기 영국 영양학의 전개 과정은 그간 세 가지 주요 단계로 구분되어 왔다. 그리고 이것은 다른 서구 국가들에도 그대로 반향되어 있다. 첫 번째 단계는 필수적인 미량 영양소의 발견과 영양 결핍 질병들을 예방하는 수단에 대한 연구와 관련되어 있었다. 제2차 세계대전의 결과 발생한 두 번째 단계는 먹을거리 생산에 집중했다. 1970년대에 출현한 세 번째 단계는 성인기의 만성질환에서 식생활이 수행하는 역할을 강조하고 나섰다(James, 1994: 28). 1911년에서 1930년 사이에 개별 비타민들이 구분되어 이름이 붙여졌고, 각기병, 구루병, 나쁜 시력과 같은 상태와 비타민 결핍 간의 구체적 연관성이 쥐를 이용한 실험실 실험에서 밝혀졌다(Levenstein, 1988: chapter 12). 1918년에 '영양식품'이라는 표현이 고안되어, 구체적인 식품을 그것의 영양 성분에 맞추어 선택할 것을 권고하는 데 이용되었다. 처음에는 영양식품에 달걀, 우유, 버터, 그리고 비타민 A를 포함한 잎 많은 녹색 야채가 포함되었다. 그러나 나중에 그 용어는 내장육, 생선, 과일, 낟알 곡물 같은 다른 비타민과 무기질이 풍부한 음식들을 포함하는 것으로 확대되었다(Whorton, 1989: 90). 가공되고 정제한 식품은 건강에 좋지 않고 인공적인 것으로 매도되었고, 식품 개혁가들은 근대 '산업적' 식품을 보다 '자연적인' 식품으로 대체할 것을 요구했다(Whorton, 1989: 97). 이 기간 동안에 영양학자들의 충고는 점점 더 많은 연구가 수행됨에 따라 빠르게 변화했다. 이를테면 과일과 야채는 처음에는 맛있는 음식으로 간주되었지만, 그것들의 비타민 함유량이 밝혀지면서 그것들은 좋은 건강에 필수불가결한 것으로 표현되었다(Aronson, 1982: 53).

애론슨Aronson은 1885년에서 1920년 사이에 영양 연구자들이 음식 욕구를 구성해온 역사에 대한 논의 속에서 직업과 소득 수준이 음식을 결정하는 중요한 요인이었다고 지적한다. 이를테면 육체노동자들은 앉아서 일하는 직업에 종사하는 사람들보다 더 많은 음식을 필요로 하는 것으로 고려되었다. 반면 소비되는 음식의 질, 또는 음식으로부터 칼로리보다 심미적 또는 미식적 즐거움을 누릴 권리는 소득 수준에 기초하여 결정되었다. 보다 가난한 집단들에서 음식은 공리주의적으로, 즉 자신들의 노동을 수행하는 데 도움을 주는 하나의 연료로 위치지어졌다(Aronson, 1982: 52). 부는 사람들에게 좋은 음식을 먹을 자격을 주는 것으로 인식되지만, 과잉 탐닉은 장려되지 않았다. "부유한 사람들의 지나친 미각 추구는 가난한 사람들의 그것에 비해 훨씬 덜 관심을 불러일으키지만, 낭비적이고 건강에 좋지 않은 것으로, 그리고 아주 흥미롭게도 노동계급에 하나의 나쁜 예를 보여주는 것으로 간주되었다"(Aronson, 1982: 53). 생산과 합리적 관리의 담론과 기계적·경제적 은유가 영양학 연구는 물론 음식 '낭비'를 줄이려는 이유에서 다양한 노동 과업을 수행하는 동안에 몸이 음식을 "에너지로 전환하는" 방식을 규명하고자 하는 연구들을 지배했다(Aronson, 1982: 54; 또한 Schwartz, 1986: 87~88; Whorton, 1989: 95도 보라). 영양 전문가들은 영국 노동계급 성원들의 '무지'를 한탄하고, 특히 '적절한' 형태의 식품을 구매하는 데 실패하고 요리를 제대로 하지 못하는 여성들을 비판했다. 젊은 여성과 가정주부에 대한 '가정 위생'과 영양 원리 교육을 개선하는 것이 영양 결핍의 대책으로 권고되었다(Smith and Nicolson, 1993). 호주에서는 1890년대 이래로 주민의 건강과 '정력'에 대한 관심의 증대와 함께 아이들의 건강과 식생활에 점점 더 많은 초점이 맞추어졌다. 요리책, 여성잡지, 그리고 잡지의 '여성란'은 여성들에게 음식의 화학적 속성과 음식을 요리하는 최선의 방법을 포함하여 '위생적인 과학적' 요리의 원리에 대해 교육할 것을 역설했다. 1936년에서 1938년 사이에 호주의 연방영양자문위원회Commonwealth Advisory Council of Nutrition는 몇몇 주州에서 가계 내의 식료품 지출 및 소비 그리고 아이들의 신체 상태에 대한 주요한 연구를 수행했다(Reiger, 1985: 74~75).

이와 같이 영양학의 역사는 그간 대중의 식생활이 '과학적' 주장의 뒷받침을 받으며 점점 더 합리화되고 감시받고 규제받아왔음을 입증한다. 고대 시대로부터 18세기에 이르기까지 유럽 문화를 계속해서 지배해온, 식생활과 건강 간의 관계를 이해하는 고도로 개인주의적인 체액 모델이 마침내 주민 수준에서 절대치를 제공하는 식생활 가이드라인으로 대체되었다. 체액 모델하에서 식이요법적 섭취가 자아의 하나의 관행이었지만, 그것은 특권 있는 사람들에게만 한정되어 있었다. 하지만 19세기 후반경 모든 주민의 식생활이 하나의 '문제'로 구성되었다. 모든 개인들에게서 영양학 지식에 따라 자신들의 삶을 살아가는 것이 중요한 것으로 간주되게 되었다. 사람들의 식생활은 이제 개인들이 건강을 위해 특히 자각해야 하고 규제하고자 해야 하는 삶의 한 측면이 되었다. 식생활이 개인의 웰빙에 중요한 것으로 구성된 것만이 아니었다. 몸이 국가의 군사적·경제적 이익에 극히 중요한 생산 기계로 인식되게 됨에 따라 식생활은 이제 국가 규제의 문제가 되었다. 따라서 식생활은 개인의 자기 통제 및 노동 능력의 문제와 낭비와 과잉의 회피를 포함하는 하나의 도덕적 문제가 되었다.

현대 영양학

지난 반세기 동안 서구 사회에서 먹기 습관은 몇 가지 극적인 변화를 겪어왔다. 이를테면 미국에서 1980년대에 발생한 콜레스테롤 파동은 소비자들이 유제품과 계란에 등을 돌리게 했다. 1983년경에 유제품 소비는 1950년대 수준에서 20% 떨어지고 계란 소비가 1/3 감소한 반면, 전체 우유 소비는 절반 이상 떨어졌다. 소고기 소비 또한 지방이 많은 고기가 심장질환과 연계지어진 1970년대 이래로 감소하기 시작했다(Levenstein, 1988: 204). 미국에서 1980년대 후반에 소금, 설탕, 기름과 같은 물질에 '줄인'이나 '소량의'라는 딱지를 붙인 식품이 신제품의 최고 성장 영역의 하나가 되었다(Buckland, 1994: 158). 영국에서 붉은 고기와 설탕 소비도 유사하게 전후 시기에 감소했지만, 가금류의 소비는 1960년대 이후 극적으로 증가했다(Wheelock, 1990: 126; Ritson and Hutchins, 1991: 39).

영국 사람들 또한 우유 마시기 습관을 급격히 변화시켜왔다. 1983년에 전지우유 판매가 우유 시장의 97%에 달했지만, 1991년경 그 수치는 우유 판매의 56%로 줄어든 반면, 저지방 우유 판매가 성장하여 그 갭을 메웠다(Buckland, 1994: 159). 1960년에서 1988년 사이의 시기에 버터 소비도 마가린 소비가 늘어남에 따라 감소했다(Ritson and Hutchins, 1991: 40). 스웨덴과 같은 다른 선진국들도 최근 음식 소비 유형에서 유사한 변화를 경험했다(Tollin, 1990). 호주인들의 먹기 습관 역시 분명하게 이러한 추세를 그대로 되풀이해왔다. 호주통계국(Australian Bureau of Statistics, 1994)에 따르면, 호주인의 1인당 고기 소비는 1930년대 후 거의 1/3로 떨어졌고, 계란 소비는 그때 이후 절반으로 줄은 반면, 탈지우유의 소비는 1950년대 후반 이후로 3배 증가했다. 호주인들은 1930년대 후반에 버터를 1990년대 초반에 비해 거의 6배나 많이 먹었다. 그들은 이제 50년 전에 비해 마가린을 16배 더 많이 먹는다.

20세기 서구 사회에서 먹기 습관이 급격히 변화한 데에는 몇 가지 자주 상호 관련되어 있는 이유들이 있다. 이를테면 호주의 경우에 그러한 이유들 중에는 호주인들이 해외여행을 많이 하며 다양한 유형의 요리들을 접했다는 점과 국민의 많은 사람이 유럽과 아시아에서 호주로 이주한 것이 포함되어 있다(Symons, 1984). 식품 생산 산업에서 많은 나라에 영향을 미쳐온 보다 전 지구적인 변화로는 코카콜라와 맥도날드 같은 다국적 기업의 확산과 식품의 생산, 저장, 보존, 운송, 마케팅 방법의 변화를 들 수 있다. 하지만 음식 소비 유형과 음식의 상징적 의미의 변화를 이해하는 데서 상세하게 검토할 필요가 있는 본질적인 하나의 요소는 개인들이 식생활 습관이 건강에 대해 갖는 함의를 점점 더 많이 인식하게 되었다는 것이다.

몇 십 년 동안 의학적 담론과 일반인의 담론 모두에서 일반적으로 개인들의 식생활 선택은 건강 또는 건강 악화의 본질적 원인 중의 하나로 구성되어왔다. '올바른' 식생활을 충실히 따르는 한, 장수와 건강은 보장된다고 가정된다. 의학적 및 공중 보건 연구에서 '건강에 나쁜' 식생활의 선택은 심장 혈관 질환, 몇몇 암, 골다공증, 당뇨병, 충치, 고혈압, 담낭 질환, 장 질환과 연계지어져 왔다. 식생활에 대한 공중 보건 조언과 정책들은 그러한 연구에 기초해 있다. 이를테면 '2000년 이후의 호주의 건강'의 목적과 목표를 개관하고 있는 호주의 한 공중 보건 문서는 이렇게 주장한다. "음식과 영양은 건강 상태의 근본적 결정 요인들이다. 암의 거의 1/3과 심장 혈관 질환의 1/4이 풍요로운 식생활의 교정 가능한 측면들에서 기인한다는 증거가 있다"(Nutbeam et al., 1993: 107). 그 문서에서 건강 악화와 질병에 기여하는 것으로 주목하여 선별한, 따라서 피해야 하는 식품에는 포화지방, 알코올, 설탕, 소금이 포함되어 있다. 그리고 더 많이 먹으려고 노력해야 하는 '건강에 좋은' 음식으로는 빵, 곡류, 과일, 야채를 들고 있다(Nutbeam et al., 1993: 107). 일반 사람들에게 특정 음식의 규칙적 섭취와 여타 음식의 회피와 연관된 건강 위험과 건강 이익에 관한 의식을 고취시키기 위해 건강교육이 통상적으로 매스미디어 캠페인과 사회적 마케팅 기법을 통해 실시된다. 그 자체가 식생활 습관과 강력하게 연관되어 있는 건강을 유지하기 위해 비만을 피할 필요가 있다는 점 역시 강조된다.

비록 의학의 중립적 담론 속에 감춰져 있기는 하지만, 현대 영양학의 언어는 육체의 규율과 자기 통제의 중요성과 관련한, 숨어 있는 도덕적 의미에 의지하고 있다. 식생활 선택의 도덕적 의미는 전통적으로 종교적 담론을 통해 구성되었지만(이에 대한 보다 상세한 논의로는 제5장을 보라), 오늘날에는 서구 사회에서 대체로 세속화되어 있다. 한때 음식과 관련한 정명이 주로 계절의 제약, 이용 가능성, 종교적 규칙에서 기원하는 것이었다면, 식생활에 대한 현대의 제약은 내적 억제를 통해 이루어진다. 사람들이 먹을 수 있는 것으로 공적으로 인식하는 음식의 양 및 유형과 관련한 예의범절 의식, 그리고 식생활 선택이 외모와 건강 상태에 미치는 영향에 대한 믿음은 하나의 규범으로 내면화된다. 건강 장려자들의 경고를 받아들이지 못하는 개인들은 합리성과 적절한 자기 통제를 결여하고 있는 것으로 묘사된다. 그것의 한 예가 〈살 것인가 죽을 것인가Live or Die〉(1993)라는 제목을 달고 있는, 영양과 '건강한 삶'에 대한 미국의 교육 비디오이다. 그것은 다음과 같은 선전 문구를 담고 있는 팸플릿을 통해 홍보되었다.

조 니콜스Joe Nichols와 앤 밀러Ann Miller는 일반적인 고된 노동을 하는 사람들로, 모두 47세에 사망했다. 조는 과체중이고 스트레스가 많고 고지방과 고콜레스테롤 음식을 좋아한다. 앤은 일중독 흡연자이다. 이 두 사람은 우리가 사는 방식이 우리가 죽는 방식 — 그리고 죽는 때 — 과 커다란 관계가 있다는 것을 극적으로 그리고 강력하게 예증한다. 우리의 삶의 선택이 상당 정도 우리의 수명을 결정한다.

〈패스트푸드: 그 안에는 당신을 위한 것이 무엇이 있는가Fast Food: What's In It For You〉라는 제목을 달고 있는 또 다른 비디오는 1987년에 동일한 미국 회사에 의해 만들어져 똑같이 팸플릿으로 홍보되었다. 그 선전 문구에 따르면,

거의 모든 청소년들처럼 알렉스Alex(11살)와 그의 누나 카렌Karen(16살)은 그들의 외모에 대해 걱정한다. 이 농담조의 이야기 속에서 그들은 그들이 먹는 음식과 건강한 몸 간의 관계를 발견한다. 알렉스와 카렌은 놀랄만한 수의 청소년들의 동맥이 이미 막히기 시작했다는 것을 배운다. 그들은 또한 어떤 음식에 포화지방, 콜레스테롤, 당분이 많은지, 그리고 그들이 좋아하는 패스트푸드 가게에서는 물론 집에서도 어떻게 더 잘 선택할 수 있는지를 깨닫는다.

주로 건강 교육을 위해 청소년에게 보여주기 위해 만들어진 이들 비디오의 서술은 건강과 영양에 대한 공중 보건 담론에 내재하는 도덕성을 은연중에 드러낸다. 첫 번째 비디오에서 조와 앤은 그들의 라이프스타일에서 '그릇된' 선택을 했고 그리하여 이른 죽음으로 그 대가를 치른 사람들로 묘

사된다. 과체중이고 스트레스를 받고 고지방, 고콜레스테롤 음식을 먹고 너무 열심히 일하고 담배 피우기를 계속함으로써 젊은 나이에 죽은 것은 그들의 '선택'이었다. 두 번째 비디오도 유사하게 청소년들에게 그들의 나이에조차 '잘못된' 음식 선택으로 인해 그들의 동맥이 '막히기' 시작할 수도 있다는 점을 경고한다. 이와 같이 '올바른' 선택을 하는 것은 전적으로 청소년에게 달려 있다. 이 두 비디오의 홍보성 담론은 음식 선택의 복잡성에 대해서는 별다른 인식을 드러내지 않는다. 이 담론 속에 내재하는 가정은 개인들이 '올바른' 선택을 하고 '건강한' 식생활 가이드라인을 철저하게 따른다면 그들 모두는 좋은 건강이라는 복을 받을 것이고 그들의 동맥이 막히거나 그들이 젊어서 죽을 위험은 전혀 없을 거라는 것이다. 그 메시지는 단순하다. 즉 그것은 건강한 음식은 건강한 몸과 동일하며, 그 또는 그녀의 몸을 건강하게 유지하는 것은 개인의 책임이라는 것이다. 따라서 음식에 대한 통제는 주체성에 대한 통제와 같은 것이라고 가정된다. "먹는 것을 통제함으로써 사람들은 자신이 누구인지를 통제할 수 있다"(Fischler, 1986: 949).

오늘날 식생활과 건강에 대한 집착은 몸의 '내부 지리학inner geography'을 낳았고, "몸에 대한 매우 개인화된 관념을 만들어냈다. …… 우리는 이제 다양한 기관에 의해 화학물질과 효소로 분해된 음식의 아주 복잡하고 상세한 정보를 가지고 있다"(Coward, 1989: 146). 건강은 나름의 독특한 신진대사 유형을 갖는 것으로 간주되는 개인의 몸이라는 공간에 제한되는, 내적 작용의 문제가 된다. 그러한 표현들은 건강 서적과 텔레비전 다큐멘터리와 같은 대중문화의 의과학적 산물 속에서 흔히 등장한다. 빈번히 제시되는 도상학적 이미지가 어떤 개인의 몸의 '외부'를 묘사하는 것 — 어쩌면 그 또는 그녀가 먹는 것을 보여주는 — 에서 내시경을 이용하여 몸의 내부 세계를 묘사하는 것 — 음식이 식도를 통해 내려가 위에 도달하는 것을 보여주는 — 으로 이동하고 있다. 앞으로는 현미경 이미지 또는 심지어 그 임무를 수행하며 '대기권에서' 빙빙 돌고 있는 우주선 같은 모듈의 (밝은 색깔로 컴퓨터로 합성하여 만든) 이미지를 이용하여, 소화 작용을 통해 분해된 음식의 분자 속성의 이미지를 보여줄지도 모른다. 콜레스테롤 층들로 '막혀' 있는 '병든' 동맥의 총천연색 이미지는 의학 교과서에서부터 약국의 포스터와 관상동맥성 심장 질환에 대한 팸플릿으로 이동해왔다.

하지만 음식 요법에서 확신을 구하기란 점점 더 어려워져왔다. 왜냐하면 영양분이 있는 것으로 간주되던 음식의 구성 및 음식물 범주와 관련하여 불확실성이 증가해왔기 때문이다. 내가 앞서 지적했듯이, 20세기에 들어와 일반 공중에게 제공되던 영양 관련 조언에서 커다란 변화가 많이 있어왔다. 이를테면 1941년에 호주 성인들은 건강성으로부터 하루에 계란 하나를 먹고 전지우유 1파인트를 마시라는 권고를 받았다(Walker and Roberts, 1988: 128). 오늘날 전지우유는 너무 많은 지방을 함유하고 있는 것으로 제시되고, 계란은 콜레스테롤 함유량 때문에 오명을 썼다. 20세기 초에 단백질은 가장 중요한 음식으로 간주되었다. 특히 고기는 '몸의 건설자'로 제시되었던 반면, 계란, 우유, 과일, 야채는 특히 노동계급에게서 필수 식품보다는 비싼 사치품으로 간주되었다. 이러한 고기와 여타 단백질의 특권화는 1930년대에서 1960년대 사이의 '비타민 시대'에 이르기까지 계속되었지만, 점차 야채와 과일이 비타민과 무기질의 중요한 원천으로 주목받았다. 빵과 설탕 같은 탄수화물은 지방 및 기름과 마찬가지로 살찌게 하는 음식으로 낙인찍혔다(Aronson, 1982; Walker and Roberts, 1988: ch.10; Santich, 1994: 69).

영양의 위계가 뒤집힌 것은 1970년대 후반이었다. 고기는 그것의 포화 지방 함유량 때문에 가장 영양가 있는 음식의 지위에서 멀어졌고, 섬유질 함유로 인해 오늘날 가치를 인정받고 있는 복잡한 탄수화물들이 그 지위를 대신 차지했다. 호주영양재단Australian Nutrition Foundation이 고안한 '건강한 식생활 피라미드'는 사람들에게 곡류, 빵, 과일, 야채를 "가장 많이 먹고" 설탕, 버터, 마가린, 기름을 "가장 적게 먹고" 그 피라미드의 중간 부분에 있는 다른 음식들을 "적당히 먹으"라고 권고한다(Walker and Roberts, 1988: 165). 오늘날 사람들은 자신들의 식생활의 영양학적 차원을 철저하게 이해할 것을 기대받는다. 호주에서는 '5개 음식군' — 우유와 유제품, 고기와 여타 단백질, 과일과 야채, 곡물과 곡류, 지방과 기름으로 구성된 — 에 대한 훈련이 학교에서 시작되어 대체로 대중문화를 통해 성인기에도 계속된다. 하지만 건강을 위한 적절한 음식 먹기에 관한 훈계는 점점 더 복잡해져왔다. 곡물, 과일, 야채는 섬유질과 비타민 A와 같은 성분 때문에 암과 여타 질병을 막는다고 알려져 있다. 하지만 그것들도 발암 물질들을 포함하고 있으며, 그 중 일부는 본래부터 가지고 있고, 다른 것들은 농약과 같은 농업 기술을 통해 첨가된다. 이제 단순하게 식생활에서 지방의 양을 줄이는 것만으로는 충분하지 않고, 지방의 유형을 규제해야 한다. 왜냐하면 일부 지방은 건강에 필요한 것으로 간주되어온 반면, 다른 지방은 여전히 심장 질환과 연관성이 있는 것으로 여겨지기 때문이다.

1995학년도에 호주의 한 대학은 계속해온 지역 사회 교육 프로그램의 일환으로 "인간 영양 입문"이라는 제목의 10주짜리 강의를 마련했다. 그 강의는 인간영양학 교수가 맡아서 가르쳤고, "음식에 관한 진실과 민간의 전승 지식을 구분하고" "영양과 식생활 관련 신화의 일부를 타파하는" 데 기여하는 하나의 수단으로 광고되었다. 그 강의는 분명 부모들을 대상으로 한 것이었다. "이 강의는 당신에게 당신 자신과 당신 가족의 건강한 식생활을 선택하는 데 도움을 줄 것이다." 소책자에 따르면, 강의는 유아와 아이들에게 제공하는 음식, 체중과 비만, '인기' 다이어트, 탄수화물과 당뇨병, 지방과 관상 동맥 질환, 영양과 스포츠, 신경성 무식욕증, 음식과민증, 비타민, 무기질 영양소, 가공식품, 식품 라벨 읽기, 식생활 가이드라인을 포함한 주제들을 크게 다루었다. 그 강의의 일부는 "나는 하루 동안에 무엇을 먹는가?"라는 특별한 주제를 포함하고 있었다. 소책자는 계속해서 다음과 같이 주장했다. "예전에 한때 엄청난 인기를 끌었던 이 강의는 건강한 식생활이 무엇으로 구성되고 그러한 식생활은 어떻게 달성하고 식생활이 병의 진행 과정에서 어떤 역할을 하는지를 보여준다." 이러한 강의의 존재, 그것의 내용 그리고 그것의 분명한 인기는 음식이 현재 얼마나 매우 복잡한 생의학적 현상으로 이해되는지를 보여준다. 그것의 내용은 먹기 습관의 건강 효과를 둘러싼 여러 혼란과 불안이 얼마나 존재하는지를 입증한다. 그리고 일반인들이 음식의 과학적 측면에 대한 지식을 가질 필요가 있다는 점이 음식의 화학적 구성, 아이들에게 제공해야 하는 음식의 종류, 음식과 몸매와 운동 수행의 연관성, 섭식 장애 현상의 원인, 식품 첨가제, 그리고 식생활과 질병 상태의 관계를 이해하는 것의 중요성과 같은 문제들과 함께 강조되고 있다. 음식의 과학적 차원에 관한 지식에 대한 이러한 가치 부여는 식생활과 심장 질환의 연관성에 대한 텔레비전 다큐멘터리와 신문 기사에서부터 음식 방부제가 어린이에게 미치는 영향과 살빼기 다이어트에 관한 여성 잡지의 기사에 이르기까지 대중문화에서도 그대로 되풀이되고 있다. 이러한 문화적 인공물들은 음식의 영양학적 측면에 대한 상세한 지식이 모든 사람들에게 유포될 필요가 있다는 당연시되고 있는 가정을 입증한다.

병원체/약으로서의 음식

오늘날 음식은 흔히 하나의 병원체, 즉 질병과 건강 악화의 한 근원으로 제시된다. 어떤 음식들은 '건강에 나쁜' 것으로 범주화되는 것만이 아니라, 콜레스테롤, 지방, 염분, 그리고 알레르기 반응을 일으키는 혼합제와 방부제 같은 건강 위협 물질을 숨기고 있는 것으로, 그리고 식중독을 유발할 수 있는 박테리아를 증식시킨다는 측면에서 오염되어 있는 것으로 이해된다. 아이들의 정크푸드 소비는 과잉 활동과 청소년 비행과 같은 행동 '장애'와 '반사회적' 행동과 연관지어져 왔다. 이러한 우려는 『당신은 당신의 가족을 독살하고 있는가?: 우리가 먹는 음식에 관한 진실Are You Poisoning Your Family?: The Facts about the Food We Eat』(Davis, 1991)이라는 감정을 자극하는 제목을 달고 있는 책을 포함하여 수많은 음식 관련 대중 서적에서 분명하게 드러난다. 이 책은 마가린, 코디얼cordial, 빵, 인스턴트 푸딩, 통조림 과일과 야채, 가공 치즈와 같은 가정용 식품을 분석한다. 그 책은 제품에 대한 컬러 사진, 식용 산, 고무질, 방부제, 색소, 칼로리 양을 포함한 그것의 성분 리스트, 그리고 유해성 또는 성분에 대한 논의(이를테면 그것들과 알레르기, 암 또는 과잉 활동과의 연관성)를 제공한다. 『건강을 위한 레시피: 강력한 면역 체계의 구축A Recipe for Health: Building a Strong Immune System』이라는 제목의 또 다른 책은 음식의 선택이 면역 체계의 작동에 필수적이라고 주장한다.

> 우리의 식품 공급 과정에서 첨가된 소금과 엄청난 양의 화학 첨가제들은 영양 상태를 악화시키고 몸의 생화학에 과도하게 많은 유독한 하중을 가한다. 그러한 유독 물질들은 당연히 면역 방어 체계를 포함하여 몸의 조직과 기관에 부담을 준다. 그 결과 자주 면역 체계가 손상되어 적절히 작동하지 못하게 된다(Brighthope et al., 1989: 7).

피슐러(Fischler, 1987: 87~88)는 자신이 '당 공포증saccharophobia'이라고 명명한 현상을 기술해왔다. 설탕이 그 질병의 원인으로 상정된다. 설탕의 순백색과 순수성 자체가 위협적인 까닭은 그것이 '자연'보다 정제 과정의 기술을 연상시키기 때문이다. 의학적 담론과 공중 보건 담론 속에서 단 음식은 거의 한결같이 건강한 식생활에 '나쁜' 불필요한 것으로, 그리고 과체중의 위험을 증가시키고 충치를 앓게 하는 것으로 제시된다. 당뇨병 환자의 경우에 단 음식은 특히 '나쁜' 것으로, 실제로 당뇨병 환자의 식생활에서 엄격히 통제하지 않으면 괴저와 같은 심각한 질병을 일으킬 수 있는 것들 중의 하나로 제시된다(Posner, 1983).

영양학, 의학, 공중 보건학과 함께 뉴스 매체는 의과학적 지식과 일반인의 지식 간을 중재하는 역할을 하면서 음식을 하나의 병원체로 구성하는 데서 중심적 위치를 차지해왔다. 뉴스 보도는 개인들에게 지방, 소금, 콜레스테롤과 같은 특정 물질의 섭취를 신중하게 모니터하라고 경고하는 건강 증진 정설을 지지하는 것과 그러한 식생활 통제의 타당성을 의심하는 것 사이에서 혼란스럽게 왔다 갔다 한다. 한 주요한 실례가 혈중 콜레스테롤 수준을 줄일 필요성을 둘러싼 논쟁이다. 한동안 정통적인 의학적 조언과 공중 보건 조언은 식생활에서 지방과 콜레스테롤을 줄이는 것이 심혈관 건강의 유지와 보존에 극히 중요하며 혈류에서의 콜레스테롤 수준이 개인의 관상동맥 심장 질환의 발병 경향을 보여주는 중요한 지표 중의 하나라고 주장해왔다. 하지만 최근에 혈중 콜레스테롤 수준과 심장 혈관 질환 간의 연관성에 의문을 제기하는 연구 보고서와 의학 잡지의 논평들이 점점 더 많이 발표되어왔다. 뉴스 매체도 "건강한 라이프스타일이 당신을 죽일 수도 있다"(Sydney ≪Daily Telegraph Mirror≫, 1991. 12. 24)라는 헤드라인으로 이러한 의문을 보도했다(Lupton, 1994를 보라).

1980년대 후반 이래로 수많은 '먹을거리 파동'이 서구 국가들에서 미디어의 주목을 끌어왔다. 이를테면 영국 뉴스매체들은 쇠고기를 통한 광우병 전염과 계란 속의 살모넬라균과 냉장 식품 속의 리스테리아균의 존재를 둘러싼 우려를 공론화해왔다. 제임스(James, 1990: 667)는 다음과 같이 주장했다. "1980년대 말은 확실히 특정 음식이 몸에 미치는 잠재적인 유독한 영향이 미생물학 실험실에서 나와 공적 장소로 이동한 때로 기억될 것이다." 영국 뉴스 보도는 리스테리아균과 아기의 사망을 연계시키며, 우려를 자아내기 위해 빈번히 '파동', '혼란', '위해', '위험', '위기', '오염', '유해'와 같은 감정을 불러일으키는 단어들을 사용하여 박테리아가 사람들의 냉장고 속에서 "동면하고 있다"고 주장했다(Fowler, 1991: ch.9, 10). 파울러(Fowler, 1991: 187~188)가 지적하듯이, 언론이 주목한 것 중의 많은 것이 하나의 보다 광범한 문제, 즉 영국 가족들이 이미 조리되어 있는 식품으로 식사하는 경향에 초점을 맞추고 있었다. 그러한 습관은 이상화된 가족 생활 – 음식이 집에서 요리되고 저녁식사 식탁에 가족이 함께 둘러앉는 데 기여하는 – 의 해체를 보여주는 것이라고 주장되었다. 그는 ≪선데이 타임스Sunday Times≫로부터 "안전한 가정 요리라는 오싹해지는 사실"이라는 제목을 달고 있는 기사를 인용한다. 그 기사는 다음과 같이 시작했다. "저녁식사 전의 평균적인 가정을 묘사해보자. 엄마가 그것을 요리했는가? 아니다. 그녀는 일터에서 막 돌아왔다. 그녀는 냉장고에서 자신만을 위해 이미 준비되어 있는 식사를 꺼낼 것이다. 가족은 더 이상 함께 먹지 않는다. 왜냐하면 가족은 그들이 원하는 어떤 시간에 오늘날의 하이테크 음식에 의존할 수 있기 때문이다(Fowler, 1991: 187에서 인용함).

파울러(Fowler, 1991: 191 곳곳)는 또한 식중독 파동과 관련한 언론 보도가 일반적인 '주부'를 음식 위생의 기초에 대해 무지하고 박테리아가 그녀의 주방에서 자라게 놔두는 부주의한 사람으로 제시하는 경향이 있다고 지적한다. 언론은 또한 아내와 어머니로서의 여성에게 식중독을 예방하는 적절한 조치를 취하지 않음으로써 가족의 건강을 위험에 빠뜨린 죄를 씌웠다. 그러한 보도의 가장 극단적 형태가 아이가 임신 기간에 사망하거나 위험에 처했던 여성들이 감염된 음식을 먹은 자신들의 죄를 고백하는 개별 사례담을 보도하는 것이었다. ≪선데이 타임스≫에는 "나는 나의 먹고자 하는 욕구가 나의 아이를 죽였다는 의식과 함께 살아야만 했다"는 한 여성의 말이 인용되어 있었다(Fowler, 1991: 192에서 인용함). 영국인들 사이에서 발생한 이러한 음식 패닉에 대한 광범한 관심은 조사 연구에서도 확인되어 왔다. 1989년에 실시된 한 조사에 따르면, 응답자의 23%가 리스테리아균에 대한 우려 때문에 자신들의 먹기 습관을 바꾸었다고 말했는가 하면, 43%가 "대부분의 날고기가 식중독을 유발할 수 있는 박테리아를 포함하고 있다"는 데 동의했다(Wheelock, 1990: 131).

최근에 서구 뉴스 매체의 주목을 받아온 또 다른 음식 위험 문제로는 전자레인지에서 음식을 데울 때 사용하는 플라스틱 랩의 위험(플라스틱은 분명 고열에서 독소가 음식에 스며들게 한다), 고추와 해물과 같은 음식물을 다루는 데 따르는 알레르기 반응, 식품 속에 들어 있는 다량의 철분과 심근경색의 관계, 곡류 속의 농약 잔류물, 마가린 먹기와 높은 심장 질환 수준의 관계 등이 있다. 1993년 초에 미국에서 두 어린 아이가 패스트푸드 체인 레스토랑에서 오염된 햄버거를 먹은 후 박테리아 감염으로 사망했다. 그리고 이 사건은 미국 뉴스 매체에서 음식의 박테리아 감염 위험과 관련한 대소동을 불러일으켰다. 그 체인 레스토랑 음식 – 예측 가능성과 조리 과정에서의 소문난 위생 기준으로 사랑받은 – 이 감염과 관련되었을 것이라는 점이 불안의 원천이었다. ≪워싱턴 포스트Washington Post≫(1993. 3. 23)가 경고했듯이, "사람들이 병에 걸리게 할 수 있는 박테리아는 농장에서부터 식탁에 이르기까지 음식 고리 어디에서도 들어갈 수 있다." ≪월스트리트 저널Wall Street Journal≫(1993. 3. 16)은 다음과 같이 주장했다. "그 순간에 미국은 식중독 전쟁을 잊고 있었다. 오늘날 음식이 만들어지고 그것을 먹는 방식은 우리의 삶을 미생물의 피크닉 장소로 만들고 있다. …… 집에서 먹는 것이 반드시 보다 더 안전하지 않다."

다른 한편 또 다른 식품들은 약을 구성한다. 다시 말해 특정 음식은 그것의 영양소나 다른 성분이 건강에 기여하는 것으로 간주되기 때문에, 또는 그것들이 제공할 수 있는 미식의 즐거움보다는 그것들이 염분, 지방 또는 콜레스테롤을 적게 함유하고 있기 때문에 먹어야만 하는 물질로 여겨진다. '기능' 식품이라고 칭해져온 것을 위한 신흥 시장이 최근 몇 년간 출현해왔다. 기능 식품은 단순히 영양가를 셀링포인트로 이용하기보다는 특정한 의생리학적 주장을 하고 나서는 제품들이다(Buckland, 1994: 161). 그러한 제품들에는 심한 운동으로 잃은 전해질을 보충하는 것으로 광고되는 음료, 소화에 유익하고 많은 질병을 예방할 수 있는 것으로 주장되는 유산균과 비피더스균을 함유하고 있는 요구르트, 확실하게 두뇌 기능을 향상시킨다고 주장되는 '스마트 필smart pill'이 포함된다. 나이 든 여성들의 골다공증과 관련한 오늘날의 패닉 때문에 칼슘을 함유한 음식이 섬유질(장암을 예방한다고 알려진)과 비타민 C(감기와 인플루엔자를 막는다고 알려진)가 많이 함유된 음식처럼 흔히 의생리학적 주장을 거론하며 광고되고 있다. 하나의 예가 한 호주 잡지의 치즈 광고이다. 그 광고는 서로 다른 여덟 가지 치즈 사진과 나란히 "칼슘은 놀랄 만큼 다양한 형태를 하고 있다"는 문구를 크게 써놓았다. 그 텍스트는 계속해서 다음과 같이 진술했다. "모든 호주 치즈가 여타 비타민 및 무기질과 함께 정도에서는 다르지만 가장 자연적이고 쉽게 흡수되는 형태의 칼슘의 우수한 원천 중의 하나라는 사실은 너무나도 기쁜 일이다." 이 담론에서 치즈와 같은 음식은 비타민제의 '자연' 대안물이 된다.

'건강에 좋은' 음식과 '건강에 나쁜' 음식

몇몇 경험적 연구들에 따르면, 사람들은 분명 영양학적·생의학적 담론이 통상적으로 설정하고 있는 음식과 건강 상태 간의 관계를 매우 잘 알고 있고 또 그들은 맛의 선호에 따라 음식을 먹기보다는 건강의 정명을 따르기 위해 식생활을 통제하고자 한다(이를테면 Pill, 1983; Calnan, 1990; Calnan and

Williams, 1991; Davison et al., 1992). '건강에 좋은' 음식의 관념은 자주 그것의 '고형성固形性', 자연성, 질을 중심축으로 하고 있다. 이를테면 블랙스터와 패터슨(Blaxter and Paterson, 1983)이 인터뷰한 스코틀랜드 여성들은 영양이 풍부하고 단순하고 '자연적'이고 최소한으로 가공하여 요리한 것 — 이를테면 통조림 수프에 비해 집에서 만든 수프 — 을 아이들의 '건강에 좋은' 음식으로 보았다. 반대로 당분을 과도하게 함유하고 있는 고도로 가공된 음식은 일반적으로 건강에 '나쁜' 것으로, 즉 '쓰레기' 음식으로 지칭되었다. 윌리엄스(Williams, 1983)는 애버딘에 거주하는 초로의 사람들의 식생활에 관한 논의에서 고된 노동과 '순수한' 음식을 도덕적으로 좋은 것으로 높이 평가하는, 강력한 금욕주의 담론을 발견했다. 사회 계급이 '건강에 좋은' 음식과 '건강에 나쁜' 음식에 대한 사람들의 믿음에 영향을 미치는 것으로 빈번히 규명되었다. 중간계급 및 노동계급과 인터뷰를 한 칼난(Calnan, 1987)의 연구는 두 집단 모두가 '좋은' 식생활이 규칙적인 운동과 함께 좋은 건강을 유지하는 데서 중요한 부분의 하나라는 신념을 표현하고 있음을 발견했다. 하지만 중간계급 여성은 식생활의 구성에 더 많은 중요성을 부여한 반면, 노동계급 여성은 음식에 이를테면 지방이 많든 아니면 섬유질이 적든 간에 건강을 확보하기 위해 '하루 세끼의 푸짐한 식사'를 할 필요성에 더 많은 관심을 표명했다.

한 추적 연구는 '건강에 좋은' 식생활을 기술해달라는 요구를 받았을 때 중간계급 여성들이 '균형 잡힌' 식생활에 관심을 가지고 있고 "모든 것을 알맞게" 적절히 먹는다고 응답하고 있음을 발견했다(Calnan, 1990). 그들은 정통 영양학적 담론을 이용하여 음식을 이를테면 탄수화물, 단백질, 비타민, 무기질과 같은 생화학물질로 구성된 것으로 또는 고기, 유제품, 야채와 같은 서로 다른 종류의 음식군으로 언급할 가능성이 더 컸다. 노동계급 여성들은 흔히 고기, 감자, 또 다른 야채를 포함하는 '푸짐한 식사' 개념을 연상시키는 실속 있고 포만감을 주는 식사를 이상형적 식사로 더욱 강조했다(또한 Pill, 1983도 보라). 중간계급 여성들은 '고기와 세 가지 야채'로 이루어진 식사를 반드시 건강에 좋은 식사로 간주하지 않는 경향을 보였다. 노동계급 여성들이 건강을 위해 실속 있는 식사와 규칙적 식사에 부여하는 중요성은 영국 노동계급이 겪은 역사적 박탈 유형과 연관되어 있을 수도 있다. 이를테면 나이 많은 스코틀랜드 노동계급 여성은 우유, 크림, 버터, 치즈, 과일이 자신들의 젊은 시절인 전쟁 시기에 쉽게 먹을 수 없었던 것이었기 때문에 그것들을 '건강에 좋은' 음식으로 보는 경향이 있었다(Blaxter and Paterson, 1983: 102; 또한 Calnan, 1990: 34도 보라). 가공식품보다는 '자연' 식품을 더욱 중시하는 최근의 담론은 보다 젊은 사람들에게 더 많은 영향을 미치기도 한다. 이것은 칼난의 연구에서 보다 젊은 여성들이 식품 첨가제의 부작용을 더 많이 강조했다는 사실에 의해 뒷받침된다.

나의 연구의 포커스 그룹과 인터뷰 참여자들도 유사하게 음식의 건강 효과에 관한 영양학적 조언에서 정설로 제시되는 것들을 분명하게 드러냈다. 인터뷰에서 참여자들이 '건강에 나쁜' 음식을 기술해달라고 요청받았을 때 그들 중 거의 대부분이 지방이 많거나 '기름진' 음식, 정크푸드 또는 패스트푸드, 염분이 많은 음식, 지방이 많은 붉은 고기, 초콜릿, 청량음료 및 여타 설탕이 든 음식을 지명했다. '건강에 좋은' 것으로 일반적으로 기술된 음식은 야채, 과일(특히 '신선한' 과일), 샐러드, 통 곡물, 살코기, 닭고기, 생선이었다(Charles and Kerr, 1988; Chapman and Maclean, 1993; Santich, 1994의 유사한 연구 결과와 비교해보라). 드볼트(DeVault, 1991: 217)가 미국 가족의 연구에서,

그리고 머캇(Murcott, 1993b)이 영국 여성들과의 인터뷰 연구에서 발견했듯이, 두 연구 모두에서 인터뷰와 포커스 그룹 참여자들은 '좋은' 음식을 묘사하기 위해 탄수화물, 콜레스테롤, 단백질, 지방과 같은 요소들, 음식 '피라미드', '5개 음식군'의 언급을 포함하여 공식적인 영양학적 담론을 채택하는 경향이 있었다. 일반적으로 참여자들은 심지어는 다른 음식들을 더 먹고 싶고 또 그것이 즐거울 때조차 단지 영양가가 있다는 이유만으로 '건강에 좋은' 것으로 간주되는 음식을 먹어**야만** 한다고 주장했다. "만약 당신이 초콜릿 한 조각과 신선한 야채 사이에서 먹을 것을 선택해야 한다면, 당신은 당신이 약간의 초콜릿으로부터 더 많은 즐거움을 얻을 수 있을지라도 신선한 야채를 선택해야만 해요"(사라Sarah). 시몬Simon은 자신이 아주 싫어하는 그것이 건강에 좋은 성분을 가지고 있기 때문에 억지로 먹어왔다고 말했다. 이를테면 그는 뮤즐리를 처음 먹으려고 시도했을 때를 다음과 같이 말했다. "나는 거의 토하다시피 했어요.…… 따라서 나는 뮤즐리를 좋아하지 않았지만, 나는 그것을 억지로 좋아하려고 했어요. …… 내가 추측하기에, 주로 나는 건강을 이유로 음식을 억지로 먹어요." 시몬은 또한 자신의 식생활에서 지방 함유량을 줄이기 위해 자신이 코티지치즈를 억지로 먹고 아이스크림 대신 리코타치즈를 먹는다고 덧붙였다.

참여자들은 '건강에 좋지 않은' 음식을 묘사하기 위해 자주 '무거운heavy' 이나 '느끼한stodgy' 같은 형용사를 사용한 반면, '가벼운light' 음식은 '건강에 좋은' 음식으로 묘사되었다. 왜냐하면 그러한 음식은 쉽게 소화되고 '무거운' 음식처럼 '위에 머물러 있지' 않기 때문이다. 요리된 음식과 날 음식 간에 설정된 이원 대립 역시 존재한다. 요리된 음식, 특히 기름으로 요리된 음식은 '건강에 나쁜' 것으로 간주되었고, 야채와 같은 날 음식은 특히 '건강에 좋은' 것으로 고려되었다. '검은' 또는 '붉은' 고기와 '흰' 고기 간에도 또 다른 대립이 설정되었다. 전자는 자주 '건강에 좋지 않은' 것으로 기술된 반면, 닭고기와 생선 같은 '흰' 고기는 '건강에 좋거'나 '몸에 좋은' 것으로 기술되었다. 일부 사람들은 보다 상징적으로 '건강에 좋은' 음식을 '청결한' 또는 '청정한' 음식으로 묘사했다. 이는 깨끗한 음식과 더러운 또는 오염된 음식 간의 또 다른 대립을 함의한다. 이를테면 소니아는 그녀가 좋아하는 닭고기와 샐러드 식사를 "매우 깨끗한 식사, 매우 신선하고 매우 컬러풀하고 지방이 없는 식사"라고 묘사했다.

대부분의 인터뷰 응답자들은 성인으로서 자신들이 건강을 위해 자신들이 이해한 영양 지식에 입각하여 자신들의 식생활을 의식적으로 바꾸어왔다고 말했다. 이를테면 몇몇 사람들은 너무나도 많은 지방과 콜레스테롤을 섭취하는 것에 대한 우려 때문에 붉은 고기와 계란의 소비를 줄였고 저지방 우유로 바꿨다. 길버트는 건강상의 이유 때문에 자신이 10대였을 때 버터 먹기를 중단했고, 30살에 마가린 먹기를 중단했고, 음식에 소금을 전혀 넣지 않으며, 차에 넣는 설탕을 줄였고, 더 이상은 피시앤칩스를 먹지 않는다고 말했다. 그는 우유 마시기를 좋아하지만 5년 동안 그것을 중단했고, 이제는 지방을 조절한 제품만을 마신다. 마이크는 자신이 계란을 많이 먹었지만 "그것이 콜레스테롤 시한폭탄이라는 이야기를 들은 다음에" 더 이상 계란을 먹지 않는다고 말했다. 한때 가치 있는 음식 성분으로 간주되었던 (그리고 20세기 초까지도 빵에 '흠뻑' 발라먹었던) 동물성 지방은 이제 의학적·대중적 담론에서 거의 한결같이 나쁜 물질로 표현된다. 앞서 지적했듯이, 사람들은 일반적으로 지방 또는 지방이 많은 음식을, 특히 지방이 가시적일 때 (그것이 응고된 형태를 하고 있든 또는 기름기 많은 잔유물의 모습을 하고 있든 간에) '건강에 나쁜' 것으로 묘사한다. 소니아는 베이컨과 계란을 먹고 빵을 팬에 넣어 베이컨 기름을 흡수시키는 남편을 질색하며 묘사한다. "오 세상에, 당신 그걸 어떻게 먹을 수 있죠? 나는 못 먹어요. 그 빵에 들러붙어 있는 끈적끈적한 기름기 때문이죠." 토니Tony는 스테이크에 붙은 지방을 먹는 것이 그를 토할 것 같게 만든다고 말했다. 그는 지방을 구역질 나는 것으로 생각하고 항상 고기에서 그것을 잘라낸다.

'건강한' 식생활 관념에 대한 포커스 그룹의 토의에서 몇몇 참여자들은 분명하게 도덕주의적 담론을 활용하여 진술했다. 그들의 진술은 '우리가 먹는 것이 우리이다'라는 관념, 즉 우리 각자는 개인적으로 우리의 건강 상태에 책임이 있다는 관념에 의존했다. 이를테면 한 여성(포커스 그룹 2)은 "실제로 정말 나쁜" 식생활 습관 때문에 결장암에 걸렸음에도 불구하고 "여전히 그녀의 몸에 나쁜 짓을 하고 있는" 자신의 친구 이야기를 상세하게 늘어놓았다. 다른 여성(포커스 그룹 8)은 일부 사람들의 경우에 건강이 나쁜 것은 "그들이 자신들의 건강을 학대하기" 때문이라고, 즉 "그들이 스스로를 돌보기 않기" 때문이라고 말했다. 그 포커스 그룹의 한 여성은 그녀의 말에 덧붙여, 다른 사람들은 "그들의 몸을 더 많이 돌보고 그들이 자신에게 어떤 짓을 하고 어떤 노력을 기울이는지에 더 많은 신경을 쓴다"고 지적했다. 한 여성(포커스 그룹 2)은 이 점을 예증하면서, 건강 상태가 식생활 선택을 통해 어떻게 만들어지고 유지되는지를 설명하기 위해 몸을 기계로 보는 은유를 이용했다. "나의 아버지는 항상 만약 네가 차를 가지고 있고 또 나쁜 가솔린과 나쁜 오일을 그것에 넣는다면 그 차는 가지 않을 것이라는 예를 들곤 했어요. 그러니까 그것은 우리의 몸과 동일해요. 만약 우리가 나쁜 음식을 먹고 나쁜 것들을 마신다면, 우리의 몸 역시 멈춰 서게

될 거예요."

인터뷰와 포커스 그룹 토의에서 개인들의 감정 상태는 자주 그들이 먹기로 선택한 음식의 종류와 연관되어 있었다. 이를테면 불행하고 우울하고 무기력하다는 느낌은 신체적으로 찌뿌드드하다는 느낌과 '나쁜' 음식을 먹었다는 것과 강력하게 연관되어 있었고, 그 역도 마찬가지였다. "기본적으로 나는 행복하지 않을 때 먹는 경향이 있고, 게다가 나쁜 것들을 먹어요. 그러나 기분이 좋을 때, 나는 적절한 것들을 먹어요"(여성, 포커스 그룹 8). 사람들이 건강과 장수를 위해 어떤 음식을 먹어야만 하는지와 관련한 상충하는 조언에도 불구하고, 참여자들은 빈번히 '모든 것을 알맞게'라는, 그리고 '상식'이라는 해석 레퍼토리에 의지했다. 그들은 특정한 식생활 전략이나 운동 요법(또는 그것의 결여)이 자신의 몸에 미치는 효과를 자신들이 '자신에' 대해 어떻게 느끼는지와 관련하여 또는 자신의 몸의 모습의 변화를 살펴봄으로써 관찰할 수 있다고 말했다. 사람들은 자신을 신뢰하고 자신을 알아야만 하며 결국에는 자신의 상식과 육체화된 감각 및 경험을 이용하여 자신의 몸을 '파악'하게 된다고 주장한다.

> 내 생각으로는, 당신은 당신이 당신 몸에 좋다고 느끼는 것을 먹어야 해요. 그리고 만약 당신이 어떤 것을 먹고 그것이 당신 몸에 좋지 않다는 느낌이 들면 당신도 알다시피, 그것을 먹는 것을 중단해야 해요. 당신도 알다시피, 나는 자주, 그러니까 당근과 같은 음식을 너무나도 먹고 싶어 해요. 그러면 나는 곧장 가서 그것을 먹어요. 아니면 내가 생선 같은 것을 너무나도 먹고 싶어 할 수도 있어요. 당신도 알다시피, 나는 어느 정도 나의 본능적인 음식갈망에 따르려고 노력해요. …… 나는 그것이 아마도 몇 가지 점에서 어떤 종

류의 식생활을 채택하고자 노력하는 것보다 나을 것이라고 생각해요. 세심하게 주의를 기울여야 한다는 거예요. 만약 당신이 스트레스를 받고 있다면, 때때로 당신의 몸이 원하는 것을 알기가 어려울 거예요. 그러나 나는 나의 몸이 어느 정도는 나를 위해 작동한다는 것을 얼마간 믿어요(슈).

이 담론에서 몸은 그것의 '소유자'에게 특정 시기에 그 식생활이 '적절한지' 또는 '잘못 되었는지'에 관한 신호를 보냄으로써 스스로를 규제하는 것으로 이해된다. 제임스James는 자신의 체중이 문제가 된 적이 전혀 없었던 것은 자신이 자신의 몸에 "주의를 기울이고" 자신의 몸이 자신의 감각을 이용하여 자신에게 어떤 종류의 음식을 먹으라고 말하기 때문이라고 생각한다.

당신은 대체로 음식에서 화학물질과 역한 것의 냄새를 맡을 수 있을 것이고, 당신은 또한 당신의 몸이 원하는 것을 냄새 맡을 수 있을 것입니다. 내가 생각하기에, 그것은 그 과정을 믿고 따르는 문제입니다. 만약 당신이 그렇게 한다면, 즉 당신의 몸이 거의 제 궤도를 따라 작동한다면, 당신은 보통 적절한 몸 상태를 유지하게 될 것입니다. …… 몸에는 어느 정도 스스로를 규제하는 체계가 존재합니다. 우리가 그것을 무시할 때, 그건 뭔가가 잘못되고 있을 때입니다.

몇몇 참여자들은 자신이 어떤 음식을 먹고 나서 토할 것 같았거나 거북하다고 느꼈을 경우들에 대해 자세하게 이야기했다. 이러한 방식으로 그들은 경험으로부터 그들이 어떤 음식을 먹어야 하는지를 학습했다. 그들의 식생활이 '잘못' 되었을 때, 그들은 더부룩하다고 느끼거나 피부에 문제가 생기거나 살이 찐다. 이와 같이 '몸의 지혜'는 사람들이 일상생활의 규칙을 구성하는 데 도움을 주었다. "나는 당신의 몸이 최고의 심판관이라고 생각해요"(여성, 포커스 그룹 1).

몇몇 사람들의 설명에서 분명하게 드러났듯이, 사람들이 어떤 음식을 '건강에 좋거'나 '건강에 나쁜' 것으로 인식하는 것이 음식을 먹을 때 그들이 자신의 몸에 대해 다르게 느끼게 한다. 따라서 그러한 식품의 체내화는 적어도 한동안 주체성에 영향을 미치는 감정적 효과를 낳는다. "당신이 더 나은 것을 먹을 때 당신은 더 좋게 느낄 것입니다"(여성, 포커스 그룹 2). 이를테면 콘스탄스Constance는 자신이 피시앤칩스를 너무나도 먹고 싶어서 그러한 욕망에 굴복하면 "그다음에 실제로 몸이 아주 좋지 않다 — 지방 같은 것을 지나치게 먹은 것 같다 — 고 느끼고, 실제로 몇 시간 후에 아주 메스껍다고 느낀다"고 말했다. 토니는 음식이 그의 몸에 미치는 영향 때문에 기름진 음식을 많이 먹지 않고 야채와 과일을 많이 먹는 등 잘 균형 잡힌 식생활을 유지하고자 노력한다. "내 말은 만약 내가 기름기가 많은 햄버거를 먹고 있다면, 그것이 나를 약간 토할 것 같게 만들 수도 있다는 겁니다. 내가 햄버거를 먹을 때 기분이 좋을 수도 있지만, 그다음에 나는 약간 토할 것 같아집니다. 그러나 내가 샐러드 같은 것을 먹을 때면, 그런 느낌이 들지 않아요." 유르겐은 자신이 독일에서 살던 어린 시절에 크림이 듬뿍 든 느끼한 음식을 즐기곤 했고 또 한때 그런 종류의 음식을 먹는 것을 좋게 느꼈다고 말했다. 하지만 지금 그의 먹기 습관과 음식에 대한 느낌은 변하고 있는 중이며, 그는 그런 요리를 피하기 위해 노력한다. "왜냐하면 나는 음식이 줄 수 있는 피해와 그러한 것을 피하는 방법을 알고 있기 때문이죠. 내가 바꾸고 싶어 하는 게 그런 거죠." 유르겐은 건강에 좋은 음식을 다음

과 같이 정의했다. 그것은

> 내 마음 속에서 반드시 나를 기분 좋게 만드는 음식은 아니지만, 나의 건강에 좋은 음식은 나의 에너지를 증가시키고 내가 소화시키기에 좋고 나에게 어떤 문제도, 즉 위장병이나 소화불량을 일으키지 않는 어떤 것일 겁니다. …… 나는 그것을 먹지요. 그리고 나는 그것이 나의 몸에 좋을 것이라는 것을 알고 있습니다. 내가 그것이 나의 몸에 좋은 것이라는 것을 알고 있기 때문에 그것은 나를 기분 좋게 만듭니다.

이들 논평이 시사하듯이, 사람들은 어떤 유형의 음식이 '건강에 좋은지' 또는 '자신에게 좋은지' 그리고 어떤 것이 '건강에 나쁜지'에 대한 매우 분명한 관념을 가지고 있는 경향이 있다. 사람들은 자주 특정 식품이 '건강에 좋다'는 믿음 때문에 자신들이 그것을 먹기를 특히 즐기지 않을 때조차 자신들의 식생활에 그 식품을 포함시키는 조치를 취하거나 특정 식품이 '건강에 좋지 않다'는 믿음 때문에 그 식품을 피하고자 노력한다. 이와 같이 공식적·비공식적 교육을 통해 발전한 영양에 관한 지식은 식생활과 관련한 선택에서 중심적인 위치를 차지하고 있다. 어떤 음식을 먹는 것이 건강을 위해 최선인가에 관한 지식 역시 감각적인 육체화된 경험과 감정 상태 – 음식의 모양, 맛 또는 냄새, 그리고 체내화 이후 사람들이 음식을 느끼는 방식(이를테면 그것이 위에서 '소화가 잘 된다'고 느끼는가 아니면 '소화가 잘 안 된다'고 느끼는가)을 포함하여 – 를 통해 구성된다. 하지만 이러한 '경험적 지식'은 식품을 둘러싼 지배적 담론과 분리될 수 없다. 왜냐하면 어떤 물질이 몸에 영향을 미칠 수 있는 방식을 둘러싼 기대가 그러한 담론을 통해 구성되기 때문이다. 우리가 어떤 식품에 대해 '알고 있는' 것 — 이를테면 그것이 '건강에 좋은가' 또는 '건강에 나쁜가' — 이 우리가 그것을 먹은 후에 우리가 느끼는 방식에 영향을 미칠 것이다.

자연이라는 꿈

제2장에서 나는 몇몇 사람들이 '황금'기의 '자연적' 삶이라는 관념을 축으로 하여 표출한 향수를 논의했다. 그 시대에 사람들은 땅 위에서, 다시 말해 대체로 자주 농촌 지역이나 농장에서 살았고 고된 활동을 수반하는 육체노동에 종사했을 뿐만 아니라, 아내와 어머니가 요리한 풍족한 양의 따뜻한 음식을 온 가족이 함께 모여 먹었다. 몇몇 사람들, 특히 40세가 넘은 사람들은 자신이 어린 시절 — 음식 속에 들어 있는 어떤 것에 대한 우려 그리고 그 음식이 얼마나 '건강에 좋거나 나쁜'지와 관련한 불안이 존재하지 않던 시기 — 에 어떤 것을 먹었던 방식에 대해 회상했다. 그들은 공히 한때 사람들이 현재의 기준으로 볼 때 많은 양의 음식을 먹곤 했지만, 그것은 사람들이 하루 내내 힘든 육체 노동을 하는 데 필요로 했던, 맛있고 정성이 담긴 실속 있는 '자연적' 음식이었다고 주장했다. 몇몇 참여자들은 옛날식의 음식이 오늘날의 기준에 의해 '건강에 나쁜' 것으로 간주되기도 하지만 사람들은 그러한 식생활에 의지해서도 잘 자라서 고령의 나이까지 살았다고 주장했다. 한 여성은 다음과 같이 주장했다. "나의 어머니는 돼지기름으로 구운 요리로 저녁식사를 하곤 했어요. 그러니까 정육점에 가서 아주 많은 돼지기름을 사다 놓고 그것을 썼어요. 그러고도 나의 부모님은 91세까지

살았어요"(포커스 그룹 2). 그 견해가 제시하는 것은 그 당시에는 삶이 더 단순했다는 것이었다. 즉 사람들은 스트레스로 고통받지 않았고, 자신들의 식생활이 갖는 건강 가치에 대해 걱정할 필요가 없었다.

오늘날은 생활양식이 다르다는 주장이 제기되었다. 즉 사람들은 여전히 많이 먹지만, 앉아서 하는 일에 종사하기 때문에 먹은 것을 다 '소모'하지 않는다. 오늘날에는 훨씬 더 다양한 식품들을 손에 넣을 수 있지만, 음식에 관한 우려와 불안 역시 더 많이 존재한다. 그러한 불안은 자주 매우 다양한 음식을 손에 넣을 수 있다는 것과 그러한 음식들이 가공되는 정도와 관련되어 있다. "우리 사회는 사람들이 그들 자신의 식재료를 기르던, 그리고 우리가 구매하는 온갖 종류의 가공 식재료를 먹지 않았던 시절만큼 건강하지 못해요"(여성, 포커스 그룹 9). 근대 생활양식은 도시적이고 스트레스가 많고 혼란스럽다고 표현되었다. 이러한 생활양식 속에서는 건강한 삶의 정명을 따르기가 매우 어려운 것으로 고려되었다. 음식의 질이 '옛 시절'에 훨씬 더 좋았다는 주장도 제기되었다. 이를테면 밥은 자신이 어릴 적에 먹었던 음식, 특히 고기, 과일, 야채가 더 맛있었다고 생각한다고 말했다. 왜냐하면 가축류를 키우고 도살하고 저장하는 방식이 변했고, 과일과 야채가 오늘날에는 냉장 보관되기 때문이다. "나는 실제로 나무에서 딴 것 같은 과일을 늘 먹지 못하는, 도시에 사는 사람들을 애처롭게 생각해요." 밥은 자신과 아내가 호주 북부 해안으로 여행 가서 신선한 파인애플과 바나나를 샀고, 그것들이 자신이 늘 가게에서 샀던 것보다 훨씬 더 맛이 있었던 것을 기억한다.

이러한 논평들이 암시하듯이, '건강에 좋은' 음식과 '건강에 좋지 않은' 음식의 관념과 관련한 강력한 담론 중의 하나가 '자연', 그리고 '경작'을 하는 농촌 생활에 특권을 부여하는 담론이다. '자연'이라는 상징은 '순수성' 및 '덕행'의 관념과 감정적으로 연관되어 있고, 이는 농촌 생활의 건강함과 유익함을 둘러싼 향수적 담론으로 이어진다. 이러한 자연관은 낭만주의 시대로 거슬러 올라간다. 그 시대에 자연은 도시화된 세계의 감정적 몰입의 결여 및 소외와 정반대를 이루는 것 — 왜곡되지 않은 인간감정과 진정성의 한 원천 — 으로 간주되었다(Taylor, 1989: 456~457). 이러한 담론은 인터뷰 참여자들의 '건강에 좋은' 음식에 관한 논의에서 분명하게 드러났다. '건강에 좋은' 음식은 부분적으로는 그것이 얼마나 가공되고 요리되었는가를 축으로 하여 이해되었다. 이를테면 코스타스Costas는 다음과 같이 말했다. 과일과 야채는

> 순수하게 자연적이에요. …… 나는 정말로, 우리가 걷다가 나무에서 과일 한 개를 막 따서 그것을 우적우적 먹는 것처럼, 우리가 그러한 종류의 것을 그때그때 먹도록 되어 있다고 생각해요. 나는 항상 우리가 우리를 위해 만들었던 것을 되돌아봐요. 그리고 나는 우리가 패스트푸드나 그런 것들로 인해 자연적인 것으로부터 조금 멀어지고 있다고 생각해요. 그리고 나는 그게 조금은 슬픈 일이라고 생각해요. 그렇지만 그게 현실이죠. 그리고 그런 생활양식을 따를 수밖에요.

안나Anna는 "건강에 좋은 음식은 너무 많이 화학적으로 처리되지 않고 너무 많이 가공되지 않은 음식, 따라서 날 것으로 자연 상태에 있는 음식"이라고 지적했다. 그게 아니면 '건강에 좋은' 음식은 전혀 허세부리지 않은 음식, 즉 고급 요리의 기법을 사용하지는 않았지만 영양분을 공급하고 위

를 채워주는 음식이다. 카일리Kylie는 다음과 같이 말했다.

> 나는 어느 쪽인가 하면, 스튜와 캐서롤 요리 또는 치즈로 구운 빵을 먹곤 했어요. 그래요, 알다시피 그것은 소박한 음식이에요. 그것들은 감자 같은 소박한 야채들로 만든 좋은 음식이지요. 나는 예술 작품 같은 음식을 좋아하지 않아요. 겉치장을 하고 있기 때문이죠. 알다시피, 누벨퀴진처럼 그건 위를 충족시키지도 못하면서 접시 위에서 예쁘게 보이려고 하잖아요. 그리고 그게 맛있게 보일 수도 있지만, 내가 보기엔 그건 고급스러운 느낌이 들게 하려는 거였죠. 내게 음식이란 생명을 유지시켜주는 것이라는 거지요. 음식은 그게 있어야 해요, 그래요, 영양분.

이러한 논평들은 우리가 먹는 음식의 양과 질이 근대 생활양식에 '부적절한' 것으로 고려되고 있음을 시사한다. 따라서 근대적 삶은 인간 몸의 '자연적' 리듬과 과정에 부과되는 '인위적인' 것으로 표현된다. '문명'은 진정성의 퇴각, 즉 '진정한' 자아와 몸이라기보다는 기만적인 외관이 된다. 실제로 이 담론에서 '문명' 자체는 자연 상태에 불균형을 초래하는 질병과 건강 악화의 주요한 원인으로 제시된다. 한 비판가는 근대 식품 생산에 대해 다음과 같이 주장한다. "우리 사회가 산업화될수록, 우리의 식생활은 더욱 불균형해지고 우리는 문명의 질병에 더 걸리기 쉽다"(Jenkins, 1991: 11). 이 담론은 다이어트 관련 베스트셀러 자기계발서인 『삶을 건강하게Fit for Life』(Diamond and Diamond, 1990)에서 특히 분명하게 드러난다. 이 책은 최적의 건강을 이루기 위한 '자연위생학Natural Hygiene' 프로그램을 추천한다. 저자들은 서론에서 다음과 같이 주장한다. "자연위생학의 기본 토대는 몸은 항상 건강을 위해 분투하고 유독한 폐기물을 스스로 계속해서 청소함으로써 자연위생을 획득한다는 것이다"(Diamond and Diamond, 1990: 16). 이 책은 '청결한/오염된'의 은유를 계속해서 확장하여, 부적절한 식생활은 몸에 독소를 축적하고 몸을 '청결하게' 하기보다는 그 기능을 방해한다고 주장한다. 그 저자들은 '부패된', '발효된', '썩고 있는', '장을 엉키게 하는'과 같은 말들을 이용하여 '나쁜' (가공된) 음식이 몸에 미치는 영향을 기술한다.

자연을 특권화하는 입장은 매우 육체화되어 있고 감정적이다. 그러한 입장은 고도로 가공된 음식을 먹는 데서 소비자들이 경험하는 '소외'를 강조하고 그것을 '자연' 식품을 먹는 경험과 부정적으로 대비시킨다. 아래의 텍스트는 식품, 물리적 환경, 사람들의 몸에 대한 전인적이고 고도로 미학화된 접근 방식을 전형적으로 보여준다.

> 먹기의 즐거움은 단순한 미식가의 즐거움이 아니라 **포괄적인** 즐거움이어야만 한다. 자신들의 야채가 자라는 뜰을 알고 있고 그 뜰이 건강하다는 것을 알고 있는 사람들은 뜰에서 식물들이 새벽이슬 속에서 한창 자라고 있을 때 그 식물들의 아름다움을 기억할 것이다. 그러한 기억 속에는 음식이 포함되어 있고, 또 그러한 기억은 먹기의 즐거움 중의 하나이다. 뜰이 주는 건강에 대한 지식은 먹는 사람을 안심하게 하고 걱정이 없게 하고 편안하게 한다. …… 먹기의 즐거움을 이루는 중요한 부분 중의 하나가 삶에 대한 그리고 음식이 나온 세계에 대한 정확한 인식이다(Berry, 1992: 378, 강조는 원저자).

이 발췌문이 시사하듯이, '자연' 식품에 대한 담론에서 제기하는 주체성과 영성 간에는 하나의 강력한 관계가 존재한다. 많은 사람에게서 먹기는 하나의 철학, 즉 일상의 관행에 의미와 가치를 부여하는 하나의 세속적 수단이 되었다. 이 접근 방식은 식생활에 대한 모니터링을 크게 강조한다. 식생활을 조심하지 않고는 건강 — 신체적, 정신적, 감정적, 영적 의미에서의 —을 얻고 유지하는 것이 거의 불가능하다고 믿을 정도이다. '지배자'와 '피지배자', '특권 있는'과 '억압받는', '온정주의'와 '착취'와 같은 레토릭을 자주 이용하는, 음식과 먹기 관행에 대한 이러한 설명은 하나의 분명한 도덕적 입장을 취하고 있다. 이를테면 헬드케(Heldke, 1992a; 1992b)는 음식 만들기와 소비는 '사려 깊은 관행'이라고 주장한다. 그에 따르면, 사람들은 자신들이 구매하는 식품이 생산되는 사회경제적·정치적 맥락, 슈퍼마켓 선반 위의 식품과 그것을 생산하는 노동자들의 관계를 아주 잘 인식하고 있다.

그러므로 이러한 접근 방식은 매우 의식적이고 분별 있고 성찰적인 소비를 하는 자아, 즉 먹을거리의 역사에 관한 고양된 의식을 가지고 먹을거리를 사고 조리하고 먹는 자아라는 관념에 특권을 부여한다. 이러한 음식과 먹기의 관념에서 중심적인 것이 지식 — "즉 그러한 먹을거리를 준비하는 사람들의 삶과 노동 조건을 학습하고 그들이 판매용 먹을거리를 키우는 이유와 방법을 학습하는 것" — 이다(Heldke, 1992b: 322). 그 결과 어떤 종류의 먹을거리를 구매할 것인가에 대해 합리적인 결정을 내릴 수 있다. 이를테면 네슬러의 제품은 그 회사가 개발도상국의 아이 있는 여성을 착취한다고 주장되기 때문에 구매를 피한다. 이 담론에서 음식 소비와 준비는 가격과 영양에 대한 고려를 훨씬 넘어서는 감성의 수준에서 이루어진다. 즉 "도의심이 있는 먹기"를 추구하면서(Heldke, 1992b: 321), 음식의 모든 한 입 한 입은 정치적-도덕적 진술이 된다. "이러한 도의심 있는 삶을 산다는 것은 하나의 부담이 되기는커녕 실제로 즐거움의 한 원천"이라는 헬드케의 진술은 주목할 만하다(Heldke, 1992b: 321). 그녀가 보기에, 음식 소비에 관한 그러한 고양된 접근 방식은 '건전한' 것이다. 왜냐하면 그것은 음식에 대한 의식적이고 정보에 근거하고 '이지적인' 선택을 하는 것을 포함하고 또 먹을거리의 생산과 유통을 둘러싼 사회적 관계를 특징짓는 "병리적 불균형을 제거"하고자 하기 때문이다(Heldke, 1992b: 322).

인터뷰에서 패트리시아는 음식과 먹기와 관련된 영성과 '관계성connectedness'을 표현한 사람 중의 하나였다. 그녀는 지난 10년 동안에 아주 많은 시간을 아시람ashram[힌두교도들이 수행하며 거주하는 곳 - 옮긴이]에서 요리하며 보냈다. 그리고 거기서 그녀는 음식 준비가 하나의 영적인 일이라는 것을 처음으로 경험했다. "그러한 음식은 축복받은 것일 수 있고, 따라서 그러한 축복은 음식을 통해 그것을 먹는 사람들에게 전달될 수 있어요. 그리고 이 말은 사용하는 재료를 존중하는 요리라는 뜻이에요. 그러니까 그건 땅에 대한 존중의 한 측면 같은 거, 그리고 내가 상정한 일종의 영적 측면 같은 거죠." 시몬 또한 음식과 먹기를 영적인 것으로 이해하는 것의 중요성에 대해 상세히 설명했다.

> 만약 당신이 의식적으로 영양분을 섭취하고 있다면, 당신이 실제로 그렇게 하고 있다면, 당신은 당신이 그러한 영양분을 섭취하여 당신의 몸에 연료를 공급하는 경이로운 모든 과정을 알아챌 수 있을 것입니다. 그리고 나는 우리가 오늘날 음식을 급히 먹거나 많은 음식을 부랴부랴 먹는 등의 행동을 할 경우 우리는 그렇게 함으로써 많은 것을 잃고 있는 거라는 생각을 해왔습니다.

제임스는 영적 차원과 결합시킨, 확대된 형태의 기계로서의 몸의 은유를 이용하여, '잘못된' 종류의 음식을 먹는 것이 왜 자신이 몸이 좋지 않고 무기력하다고 느끼게 하는지를 기술했다. 그는 자신이 특히 일본 음식을 좋아하는 까닭은 그것이 그가 "재충전되었다"고 느끼게 만들고 또 그가 그 음식의 준비에 기울이는 정성과 주의를 좋아하기 때문이라고 말했다. "그건 아주 직접적인 에너지의 원천이에요. 그것은 음식에 대해 정성을 기울이는 누군가가 준비해온 것이었어요. 그게 실제로 중요해요. …… 당신은 전혀 속이 거북하다고 느끼지 않을 것이고, 항상 산뜻한 기분을 느낄 겁니다. 그건 하나의 신선한 먹기 경험이죠." 반대로 제임스는 만약 자신이 패스트푸드를 먹는다면 그 음식이 덜 '건강에 좋아서'일뿐만 아니라 그것이 세세한 것에까지 정성과 주의를 기울이지 않고 만들어지기 때문에 항상 나중에 후회한다고 말했다. 제임스는 계속해서 서로 다른 유형의 음식이 왜 몸에 서로 다르게 영향을 미치는지에 대한 자신의 이론을 정교화해 나갔다. 그는 몸은 '하나의 복잡한 기계'이며 "최소한의 양을 투입하여 최대한의 양의 에너지를 얻을 것"을 요구한다고 말했다. 가공식품, 비자연식품 또는 기름진 식품은 '자연적 몸'이 분해하기 더욱 어렵다. "우리는 하나의 자연적 몸입니다. 그러니까 몸이 가진 화학물질은 야채와 자연 재료들이 쉽게 분해된다는 것을 발견하죠. 그것들이 최적의 연료들인 것 같아요."

그러므로 자연에 특권을 부여하는 담론은 영성 및 건강함과 관련한 보다 광범한 담론 체계를 만들어낸다. 이러한 담론에서 '건강에 좋은' 식생활은 영양학이 주장했듯이 단지 음식에서 동물성 지방, 염분, 당분을 피하는 것만이 아니라 먹을거리가 생산되는 방식, 음식 준비에 들어가는 정성, 식품의 가공 정도, 음식의 그러한 측면들에 대한 소비자들의 의식 또한 관련되어 있다.

인위성에 대한 공포

우리가 일정 정도 식생활을 선택할 수 있는 까닭에, '자연'식품과 관련한 담론에는 또한 높은 수준의 도덕성이 포함되어 있다. 소비자는 '자연'식품을 먹음으로써 덕행을 행한다(Atkinson, 1983: 16). 코워드(Coward, 1989: 148)가 지적하듯이, 그러한 선택은 먹을거리 생산과 유통의 광대한 네트워크 때문에 일정 정도는 하나의 환상이다. 발전된 현대 사회의 속성상, 대부분의 사람들은 자신이 슈퍼마켓에서 구입하는 먹을거리의 공급원을 식별할 수 없다. 왜냐하면 먹을거리의 생산과 가공이 그들의 통제권을 벗어나 있는 다른 곳에서 일어나기 때문이다. 그 결과 "근대의 일상적인 슈퍼마켓의 식품은 다소 신비스러운 생경한 속성을 획득하는 경향이 있다"(Fischler, 1980: 945). 먹을거리 오염을 둘러싼 패닉은 바로 여기에서 나오며, 이것은 대부분의 사람들이 자신이 먹는 음식의 내용물에 대한 통제권을 가지고 있지 않다는 점을 강조하게 한다. 식품의 가공(요리)이 한때 그것의 문명화, 즉 거친 먹을거리에서 순화된 먹을거리로의 전환을 함의했지만, 그러한 가공은 오늘날 상징적 위험을 키우고 있다. "우리가 음식 속에서 두려워하는 위험은 이제 더 이상 생물학적 부패나 부패된 물질이 아니라 화학 첨가물, 미량 원소 또는 과다 가공이다"(Fischler, 1980: 946). 따라서 그러한 음식의 체내화 행위는 소비자 주체성의 균형에 문제가 있는 것이 되었다. "만약 사람들이 자신이 먹고 있는 것이 무엇인지를 알지 못한다면, 사람들은 자신이 누구인지에 대한 확실한 의식을 가지지 못하기 쉽다"(Fischler, 1988: 290).

그러므로 고도로 가공된 식품을 거부하는 담론들은 음식의 의미 그리고 궁극적으로는 먹는 사람의 주체성을 재확립하고자 한다. 채식주의는 너무나도 많은 선택과 너무나도 많은 도덕적·실존적 딜레마가 존재하는 것으로 보이는 세계에서 통제권을 확보해야 할 이러한 필요성에 대한 극단적 반응이다(나는 제4장에서 채식주의에 대해 보다 상세하게 논의하고 있다). 전인적 건강 담론은 식품의 가공과 정제가 그것에 내재하는 '영양분'을 손상시키고 그것을 '비음식'으로 만드는 작용을 한다고 주장한다. 건강식품의 주요한 매력은 그것에 부여된 능력, 즉 그것이 순수함과 유익함을 회복할 수 있게 해주고 또 근대적 삶의 복잡성으로부터 '좋은 삶'이라는 이상화된 목가적인 꿈으로 도피할 수 있게 해준다는 것이다. 그러한 담론들은 소비자가 바쁘고 부산한 도시적 삶을 떠나 자급자족과 자율성의 상태로 되돌아갈 수 있다고 시사한다(Atkinson, 1983: 15). 실제로 앳킨슨은 '공장식 농장 경영' 방식이 매도당하는 까닭은 도시의 합성 물품의 한 원천인 '공장'과 전원적이고 또 천연 제품의 고향으로 보이는 '농장'을 결합시켰기 때문이라고 주장한다. 그러므로 '공장식 농장'이라는 용어는 많은 사람이 볼 때 형용모순이다. 즉 그것은 자연/문화와 같은 이원적 범주들을 혼동하고 있는 혐오스러운 것이다(Atkinson, 1983: 16).

문화적으로 '건강식품'으로 범주화된 음식의 마케터들은 '건강에 좋은' 그리고 '몸에 좋은' 물질들을 판촉하기 위해 통상적으로 이들 담론의 결합에 의지했다. 통상적으로 '순수함'이라는 함의를 지닌 '자연적인' 것으로 제시되는 것들로는 우유, 유제품(이를테면 버터), 과일, 야채, 꿀과 같은 특정한 식품들이 있다. 그러한 식품의 광고는 빈번히 그러한 제품을 판촉하기 위해 '자연적/인공적'이라는 대립을 이용한다. 이를테면 버터 광고는 점차 버터 소비로부터 마가린 소비로 이전하는 것에 맞서 대체로 건강과 경제적 이유를 거론하며 자주 이러한 대립을 이용한다. 1994년에 영국 잡지에 실린 한 광고는 버터의 '자연성'을 홍보하기 위해 육상 세계 챔피언 샐리 거넬Sally Gunnell을 상품 설명자로 이용했다. 그 광고는 운동복과 운동화를 착용하고 웃으면서 버터 바른 빵 한 조각을 마치 그것을 물어뜯을 것처럼 들고 있는 거넬의 대형 사진을 실었다. 광고의 머리글도 거넬로부터 직접 따왔다. "나는 비자연 물질을 섭취하는 것을 찬성하지 않는다. 그것이 바로 내가 버터를 먹는 이유이다." 광고는 이 말을 올림픽과 같은 최고 수준의 스포츠 활동에서 최근 초점의 대상이 되고 있는 약물 복용과 식품 첨가제를 둘러싼 불안과 담론적으로 연계시킨다. 그 광고에서 거넬은 계속해서 다음과 같이 공포한다.

> 세계 챔피언이라면 감히 위험을 무릅쓸 수 없다. 만약 나의 코치가 내가 자연식품이 아닌 어떤 것을 먹는 것을 발견한다면, 그는 나를 그냥 두지 않을 것이다. 그러니까 나는 나의 영양사의 확고한 명령하에서 최고의 컨디션을 유지하기 위해 건강에 좋은 자연식을 유지해야만 한다. 알다시피 통밀 빵과 진짜 버터와 같은 것으로.

그 광고는 '인위적인' 식품의 건강 위험을 둘러싼 불안을 영양학("나의 영양사")의 권위, 그리고 운동 역량과 체력 모두를 강화하는 것으로서의 버터의 매력과 결합시킨다.

최근의 한 호주 잡지에 게재된 버터 광고는 하얀 작은 마가린 덩이와 동그랗게 말린 황금빛 버터를 나란히 놓고 나서, "마가린인가 버터인가, 그것에서 당신은 무엇을 얻는가?"라는 표제를 붙였다. 각각의 제품 아래에는 그것의 성분 리스트가 달려 있었다. 마가린의 리스트에는 산화방지제, 유화제, 맛과 향 강화제를 비롯한 20개가 넘는 성분이 각각의 길고 발음하기 어려운 상세 학명들 — 이를테면 '삼차뷰틸하이드로퀴논tert-Butylhydroquinone'과 '구아닐산나트륨disodium guanylate' — 과 함께 열거되었다. 버터의 리스트는 단지 세 가지 성분, 즉 유지방, 소금/칼륨 염화물, 비타민으로 이루어져 있었다. 이 광고의 메시지는 분명했다. 그것은 버터는 단순하고 친숙하고 건강에 좋은 성분들로 이루어진 '자연'식품인 반면, 마가린은 화학물질과 첨가제로 가득 찬 인공적인 고안 물질이라는 것이다.

'정크'푸드나 패스트푸드를 에워싸고 있는 인위성과 '인공성'이라는 부정적 의미에 대응하여 맥도날드 패스트푸드 체인은 그 음식을 영양분이 있고 친숙하고 질이 좋고 믿을 수 있는 것으로 광고해왔다. 한 잡지 광고에서 맥도날드 로고가 찍혀 있는 커다란 식품 백은 호주인들에게 친숙한 상표가 붙은 제품들로 가득 채워져 있었다. 그 광고는 "우리는 당신이 쇼핑하는 곳에서 쇼핑한다"라는 표제를 달고 있으며, 그 선전 문구는 계속해서 다음과 같이 주장했다. "우리는 당신과 똑같이 믿을 수 있는 유명 상표의 제품들을 구매한다. 오직 최고의 성분을 가진 고급 제품만을. 그런 다음 우리는 당신들이 집에서 기울이는 것과 똑같은 정성을 기울여 우리의 음식을 만든다. 이것들이 우리 음식의 맛을 유지하는 데 도움을 준다. 그리고 맛은 언제나 끝내준다." 이 광고는 분명 패스트푸드의 '알려지지 않은' 그리고 '인위적인' 성질을 둘러싼 불안에 대한 직접적 대응이다. 그것은 집안에서 음식을 구매하고 요리하는 사람 — 암암리에 맥도날드에 방문하기를 좋아하는 아이들이 있고 그들이 거기서 소비하는 음식의 내용물에 대해 걱정하는 어머니 — 을 지향하고 있다. 단지 이윤에만 관심이 있는 다국적 음식 체인의 유령이 면밀한 주부 — 즉 아이들을 위해 음식을 만드는 것처럼 정성스럽게 집에서 음식을 요리하고 또 자신이 구매하여 조리한 음식에서 '신뢰', '질', '최고의 재료', '맛있는' 맛을 소중하게 생각하는 어머니 ─ 라는 인물로 대체된다. 보여준 제품이 (신선한 토마토와 양상추를 제외하고는) 모두 코카콜라, 가공치즈, 병에 든 토마토소스와 같은 고도로 가공된 식품이라는 점에서 그것은 얼마간 아이러니하기도 하다.

가공식품에 대한 걱정에 대처하기 위해 거의 같은 시기에 하나의 보완적 광고가 등장했다. 그 광고는 맥도날드 밀크셰이크를 담는 커다란 투명한 병을 보여준다. 그 광고의 표제는 "진짜로"이고, 그 텍스트에서는 다음과 같이 말했다. "우유병에 든 저 밀크셰이크를 보라. 그것은 진짜 전지분유로 만들어졌고, 그것은 우리가 제공하는 모든 셰이크에서도 똑같다. 진짜로 낙농장의 신선하고 건강에 좋은 우유로 만들어졌다, 단백질, 비타민, 칼슘, 여타 미네랄들은 들어 있고, 화학방부제, 소금, 유장고형물은 전혀 들어 있지 않다. 진짜로 당신을 위해 진짜 우유로 만들어졌다." 이 광고는 '진짜'라는 말을 다섯 번 반복하고, 낙농장으로부터 공급받는 신선하고 깨끗한 우유를 환기시키고, 우유의 영양소를 열거하고, 방부제와 첨가제가 들어 있지 않다는 점을 부각시킨다. 이 모든 것은 맥도날드 밀크셰이크의 자연성과 건강에 좋은 속성을 강조한다. 광고는 위생 유리병 속에 넣어져 집으로 배달되는 우유 ─ 당신에게 도저히 해로울 수 없는, 친숙하고 위안을 주는 어린 시절의 음료 ─ 와 똑같이 훌륭하고 비인공적인 하나의 식품을 지금 우리가 가지고 있다고 암시한다. 그것은 우유에는 어떠한 첨가제도 전혀 들어 있지 않음을 함의한다. 하지만 그 광고가 보여주는 밀크셰이크는 걸쭉하고 초콜릿 색깔을 하고 있고 분명 설탕, 아이스크림, 향료를 포함하고 있다. 그리고 그것들 중 어떠한 것도 광고에서는 언급되지 않는다.

'자연적/인공적'과 '비가공된/가공된'의 대립이 '좋은' 음식과 '나쁜' 음식 또는 '건강에 좋은' 음식과 '건강에 좋지 않은' 음식을 규정하는 데서 중심적이지만, 그러한 대립은 근대 사회에서 식품 생산과 유통의 조건을 무시하고 있는 문화적 구성물이다. 많은 먹을거리는 가공 과정에서 없어지는 독소를 본래부터 가지고 있다. 대부분의 신선한 과일과 야채는 자라는 동안에 화학물질이 첨가되고, 일부는 신선함을 유지하기 위해 방사능 처리되거나 화학물질이 뿌려지거나 왁스로 코팅된다. 이를테면 미국에서 레몬은 일반적으로 판매되기 전에 3개월에서 6개월 동안 냉장된다. 레몬은 녹색 상태로 수확되어 에틸렌옥사이드로 처리되어 노란색으로 바뀐 다음, 구리, 탄산나트륨 및 여타 살균제를 포함한 용액으로 씻기고 반들거리게 보이기 위해 왁스로 코팅된다(Visser, 1986: 270~271). 과일주스, 우유, 곡물, 생선, 가금류 같은 '신선하고' '자연적인' 것으로 간주되는 다른 많은 먹을거리도 소비자들에게 도달하기에 앞서 일정한 방식으로 가공되는 반면, 다른 것들도 집에서 소비자들이 음식을 준비하고 요리하는 동안에 영양 함유량을 줄이는 방식으로 '가공'된다(Warnock, 1994: 2). 식품과학자들은 가공 과정 — 특히 먹을거리가 신선한 상태에서 가공될 경우에 — 이 비타민의 손실을 줄이거나 비타민 함유량을 늘릴 수도 있다고 주장한다. 또한 상업적 가공 과정이 식품을 보존하고 보툴리누스 중독과 같은 미생물 부패로 인한 질병의 위험을 줄여준다고 주장된다(Bender, 1986: 47~48; Coward, 1989: 136~137).

이것이 시사하듯이, '가공/인공'식품과 '자연'식품이라는 계속되는 대비는 불확실성에 대한 하나의 반응이다. 만약 우리가 어떤 음식이 '자연'식품이라고 믿는다면, 그것을 먹는 것은 우리를 더 기분 좋게 만들어준다. 위험과 불확실성의 분위기 속에서 그러한 이항대립과 그것의 도덕적 연상을 견지할 능력을 가지고 있다는 것은 사람들이 일상적 삶을 더 편안하게 살아갈 수 있게 해준다. 하지만 아이러니하게도 '자연' 그 자체도 신뢰할 수 있는 것이 아니라는 불안이 점점 더 증가하고 있다. 방사능 처리와 유전공학과 같은, 쉽게 부패하지 않는 '신선한' 식품을 생산하는 기술의 발전은 고유성과 인공성, 즉 패스트푸드나 편의 식품과 자연식품 간의 경계를 흐리게 해왔다. 모스Morse는 그러한 음식을 '프랑켄푸드frankenfood'라고 부른다. 이 용어는 그러한 처리 과정을 통해 '신선함'을 유지하는 식품은 혐오의 대상일 수밖에 없다고 시사한다. "식품을 보존하기 위해 미생물에 핵공격을 하는 것은 신선함보다는 죽지 않은 상태를 시사한다. …… 그러한 식품이 손상되지 않은 것처럼 보일 수는 있지만, 그것은 유전적으로뿐만 아니라 상징적으로도 오염된 것이다"(Morse, 1994: 100). 그녀는 '신선한' 식품과 '자연'식품과 관련한 불안에 대한 방어적 반응으로 '비음식' 접근 방식이 채택되고 있다고 주장한다. 모스는 사이보그 — 인간과 사이버네틱 기술의 결합(Haraway, 1988을 보라)이 육체의 성쇠를 통제한다는 점에서, 즉 유기체의 죽을 수밖에 없는 몸을 부정한다는 점에서 하나의 공상적 인물이 되어왔다고 주장한다. 따라서 비타민 젤이나 '스마트 필'이 유기농 식품에 대한 대안이 되어왔다. 그리하여 비자연적인 것이 음식의 정점을 차지한다. 사이버스페이스와 가상현실의 환상 속에서 유기체의 몸, 또는 사이버 공간의 언어로 '고기'는 우주식宇宙食 같은 캡슐로 정신/컴퓨터에 영양분을 공급할 뿐인 것으로 남게 된다. 음식에 대한 이러한 접근 방식에서 음식물의 맛, 냄새, 모양은 단지 부차적일 뿐이다. 즉 그것들은 육욕적인 몸의 욕망과 욕구와 관련된 것이기 때문에 완전히 부정된다. "만약 음식이 만족과 쾌락의 '만나manna'[이스라엘 민족이 40일 동안 광야를 방랑하고 있을 때 여호와가 내려주었다고 하는 양식 - 옮긴이]라면, 비음식은 (그것이 역겹기 때문에) 기꺼이 먹을 수 있는 쓴 약이다"(Morse, 1994: 107). 그러한 비음식은 고결성과 금욕적임을 연상시킨다. 왜냐하면 그것은 맛있는 맛을 가지고 있지 않은 것만 아니라 그것이 두뇌 작용 ― 컴퓨터와 개념적으로 가장 가까운, 몸의 '소프트웨어' ― 을 위한 음식인 것으로 보이기 때문이다. 그러므로 비음식이 쾌락에 비해 기능을 고양시킨다는 점에서, 비음식은 몸의 감각적 만족 욕구를 초월하는 능력을 시사하며, 데카르트적 이중성의 극단적 확장 속에서 물질에 비해 정신에 특권을 부여한다(Morse, 1994: 108).

결론적 논평

이 장에서 살펴보았듯이, 서구 문화에서 영양학과 '건강'의 담론은 개인들이 음식, 자아, 육체화를 이해하는 데서 중심적 위치를 차지하고 있다. 도덕적 의미와 판단들은 '건강에 좋은' 음식과 '건강에 좋지 않은' 음식의 정의와 연관되어 있다. 따라서 '좋은' 음식, '건강에 좋은' 음식, '자연'식품의 범주는 '나쁜' 음식, '건강에 좋지 않은' 음식, '인공'식품과 대비된다. 이러한 문화적 범주들이 서로 다른 종류의 음식과 식사를 개념화하는 본질적 방식을 구성하고, 더 나아가 그러한 의미들을 그러한 물질을 체내화하는 개인들에게 이전한다. 그러므로 개인들의 음식 선택은 그 사람의 자기 통제, 자긍심, 영양에 대한 지식, 신체적 건강에 대한 헌신, 음식의 유래와 구성에 대한 인식의 정도와 영성의 수준을 다른 사람들과 자신에게 보여주는 강력한 표시이다. 이러한 의미들은 지난 수세기 동안 서구 사회에서 발전해온 '문명화된' 행동과 육체화에 관한 관념들과 관련한 인식과 뒤얽혀 있다. 하지만 건강에 대한 우려가 서구 사회에서 식생활과 음식 선호의 기초를 이루고 또 그것을 틀 짓는 유일한 의미인 것은 아니다. 다음 장에서는 음식 선택 및 음식 성향과 관련한 대안적 담론과 의미들을 '좋은 취향' 개념, 혐오 그리고 남성성과 여성성 관념과 관련하여 탐구한다.

4

좋아함과 싫어함

쿠엔틴 타란티노Quentin Tarantino 감독의 영화 〈펄프 픽션Pulp Fiction〉은 비정한 청부 살인 업자들인 두 미국인 주인공이 유럽에서 차를 운전하며 패스트푸드에 대해 논의하는 장면으로 시작한다. 그중 한 남자는 암스테르담과 파리로 떠났던 여행에서 막 돌아왔다. 그는 맥도날드 레스토랑에서 청량음료만을 이용할 수 있는 미국에서와는 달리 거기서는 맥주 한 잔을 살 수 있다는 것을 알았다. 그 등장인물은 계속해서 네덜란드에서는 프렌치프라이를 미국식으로 케첩에 찍어 먹는 것이 아니라 마요네즈에 찍어먹는 것을 보았다. 다른 한 남자는 그러한 관행에 대한 혐오를 격하게 표현한다. 이러한 반응이 시사하듯이, 개인이나 집단이 드러내는 음식 선호는 사람들이 다른 사람들에 의해 평가받는 방식과 그들 스스로가 자아의식을 구성하는 방식에서 극히 중요하다. 서로 다르거나 생소하거나 저속해 보이는 음식 선호나 음식 습관은 자신을 다른 사람들과 구분하는 데서, 또는 하나의 문화 집단을 다른 문화 집단과 구분하는 데서 본질적인 부분이 될 수 있다.

이 장에서 나는 음식 선호와 음식성향의 사회문화적 차원을 탐구한다. 나는 먼저 '좋은' 취향과 '나쁜' 취향을 둘러싼 문화적 가정을 사회 계급 및 아비투스와 관련하여 논의한다. 그다음으로 나는 외식 경험을 그것의 즐거움, 그리고 '적절한 행동하기'와 관련한 그것의 두려움 모두의 측면에서 고찰한다. 그다음으로는 음식의 젠더화에 대한 분석이 이어진다. 이어서 먹을 수 있는 물질에 대한 혐오와 반감을 둘러싼 의미들이 특히 끈적거리는 물질과 미끈거리는 물질, 동물의 살, 내장, 피에 초점을 맞추어 분석된다. 이 장은 음식 취향과 음식 성향이 변화되는 방식을 숙고하는 것으로 끝맺음된다.

취향의 정의

'taste'라는 단어는 음식과 먹기에 적용될 경우 일반적으로 사람들이 음식 또는 음료를 입안에 넣을 때 느끼는 감각 — 혀의 미뢰의 배치와 감도와 연결되어 있는 — 을 나타내기 위해 사용된다. 음식 또는 음료는 단맛, 신맛, 쓴맛, 짠맛을 포함하는 다수의 구체적인 맛 범주를 통해 또는 레몬이나 바닐라와 같은 향미를 이용하여 묘사되거나, 아니면 보다 일반적으로는 맛있는, 구역질 나는, 자극적이지 않은, 썩은 등등으로 묘사된다. 'taste'의 또 다른 정의는 어떤 상품의 스타일이나 양식에 대한 감각이라는 좀 더 광범한 인식을 나타낸다. 따라서 'good' taste('좋은' 취향) 또는 'bad' taste('나쁜' 취향)는 적절하거나 '우아한' 스타일 감각 또는 부적절하거나 저속하거나 '저급한' 스타일 감각을 표시하기 위해 사용될 수 있다. 일반적으로 두 용법 모두에서 taste는 특정한 좋아함과 싫어함에 따라 어떤 사람에게서 나타나는 전적으로 사적이고 개인화된 성향으로 제시된다. 취향과 선호의 유행은 시대에 고착되어질 수 있는 것이 아니라 개인들에 의해 구속력 있는 것으로 경험된다(Gronow, 1993: 293). 하지만 '좋은' 취향이라는 관념은 또한 사회의 모든 성원들에게 적용될 수 있는 하나의 보편적 기준, 즉 사회적으로 소통되고 사람들이 따르기 위해 노력해야 하는 하나의 이상으로 인식되기도 한다(Gronow, 1993: 292). 따라서 취향은 심미적 범주이자 도덕적 범주이다(Gronow, 1993: 291). 그것은 하나의 구별짓기의 수단, 즉 '세련된' 개인들을 예리하게 식별하고 그들을 더 낮은 '저속한' 계급과 구별하는 방식이다. 좋은 취향은 드러내놓고 배우는 어떤 것이기보다는 특정 하위문화에의 동화를 통해 획득되는 어떤 것이다.

피에르 부르디외는 개인들이 자신의 사회적 지위를 통해 사회화되면서 특정한 좋아함 또는 성향을 발전시키는 방식을 논의하는 데 '취향' 개념을 사용해온 탁월한 사회학자이다. 부르디외는 '아비투스habitus'라는 용어를 이용하여 취향과 성향이 표현되고 육체화되는 방식을 요약한다. 그는 어떤 사람의 취향은 상품 소비에서 이루어지는 일시적인 선택 — 어떤 사람의 옷 입는 방식, 어떤 사람의 집을 장식하는 스타일 — 을 통해 표현될 수도 있지만, 그것은 육체화를 통해 훨씬 더 항구적인 방식으로 표현되고 재생산된다고 주장한다. "몸은 계급 취향을 가장 확실하게 물질화하고 있는 것이다. 몸은 계급취향을 여러 방식(즉 몸매, 체구, 그리고 몸 관리 방식)으로 나타낸다"(Bourdieu, 1984: 190). 이를테면 개인들의 걷는 방식 자체, 그들이 나이프와 포크를 잡는 방식, 그들의 몸의 근육 조직과 체구 모두가 그들의 음식에 대한 선호와 마찬가지로 그들의 사회적 지위의 사회화의 산물이자 기표이다. 부르디외는 음식 선택을 포함하여 '올바르게' 처신하는 방법과 관련한 지식을 하나의 '문화자본'으로 언급한다. 이러한 선택과 삶의 방식 모두는 다른 사람들에게 개인의 젠더, 사회경제적 지위, 연령, 민족성의 단서를 드러내는 것이고, 개인들 자신의 주체성 의식을 구성하는 데 기여한다. 그 결과 취향이 개인들을 결합시키는 것은 물론 분리시킨다고 말할 수 있다. 부르디외는 다음과 같이 지적한다. 취향은 하나의 "본질적인 방식으로 차이를 드러내는 것이다. 왜냐하면 취향은 누군가가 가진 모든 것(사람과 사물), 그리고 누군가가 다른 사람들에게 갖는 모든 의미의 토대이기 때문이다. 누군가는 그것에 의해 스스로를 분류하고 다른 사람들에 의해 분류된다"(Bourdieu, 1984: 56). 그러므로 취향은 "구분하고, 그것이 분류하는 자들을 분류한다"(Bourdieu, 1984: 6). 취향은 개인들이 자주 충분히 의식하지 못한 채로 자신들의 라이프스타일을 선택하고 신체적으로 처신하고 여유 시간을 사용하는 데서 자신들이 비천한 혈통 또는 엘리트 가문 출신임을 입증하거나 자신도 모르게 드러내는 하나의 '브랜드'가 된다.

부르디외는 자신의 책 『구별짓기: 취향 평가에 대한 사회적 비판Distinction: A Social Critique of the Judgement of Taste』(1984)에서 취향과 아비투스를 논의하면서 그것과 함께 계급에 기초한 음식 선호에 대해 상세하게 논의하고 있다. 그의 분석은 1960년대에 1000명이 넘는 프랑스 사람들을 대상으로 실시한 질문지 조사에 기초하고 있다. 부르디외는 음식 습관과 음식 선호에서 독특한 사회 계급별 차이를 발견했다. 이를테면 그의 연구는 (높은 경제자본을 소유하지만 문화자본은 비천한) 벼락부자 집단의 성원들이 사냥해서 잡은 고기와 푸아그라 같은 아주 느끼하고 값비싼 음식을 먹을 가능성이 더 큰 반면 (문화자본과 경제자본 모두를 가진) 보수가 많은 전문직 계급에 속하는 사람들은 소화가 잘 되는 부드러운 음식을 먹는, 그리고 조악하고 지방이 많은 음식을 거부하고 고상한 음식을 먹는 경향이 있다는 것을 밝혀냈다. 교사와 같은 (경제자본보다는 문화자본을 더 소유한) 덜 부유하지만 교육 수준이 높은 사람들은 과시적 소비보다는 금욕적 소비를 하는 경향이 있고, 값이 비싸지 않은 색다르고 이국적인 음식(이를테면 이탈리아 음식과 중국 음식)과 전통적인 농민 요리를 선호했다(Bourdieu, 1984: 185). 부르디외는 먹기 습관은 먹는 품목만이 아니라 그것을 준비하고 요리하는 스타일에 의해서도 정의될 수 있다고 지적한다. 그러므로 시간과 관심을 많이 투자할 것이 요구되는 요리 취향은 전통적인 여성 역할 개념과 연계되어 있다. 이러한 여성 역할은 경제적으로 보다 특권 있는 계급에 비해 프랑스 노동계급에 보다 고착되어 있는 경향이 있다. 특권 있는 계급에 속하는 여성들은 '우아하고', '세련되고', '건강에 좋고', '자연적인' 것으로 간주되는 칼로리가 적고 소화가 잘 되고 빨리 준비되는 요리(이를테면 샐러드, 요구르트, 구운 고기, 생선)를 좋아하는 경향이 있다. 이러한 유형의 요리는 문화자본과 경제자본이 적은 가정에서 준비되고, 자주 요리에 더 많은 시간이 요구되는, '소화가 잘 안 되고', '지방이 많고', '싸고', '포만감을 주고', '영양분이 많은' 식사(이를테면 정성을 들인 캐서롤)와 대비된다(Bourdieu, 1984: 185~186).

부르디외는 자신의 연구에서 기존의 프티부르주아 성원들이 특별한 경우에 그들이 친구들에게 '소박하지만 정갈한' 풍부한 식사를 제공한다고 말할 가능성이 큰 반면 새로운 부르주아들은 '색다르'거나 '이국적'인 식사 또는 '포트럭pot luck'[참가자가 음식을 지참하여 하는 식사 - 옮긴이]을 선호한다는 것을 발견했다(Bourdieu, 1984: 79). 프랑스 노동계급 성원들은 그들이 먹는 음식에서 풍부함과 수수함을 높이 평가하고 테이블 매너에 거의 신경 쓰지 않는 경향이 있다. 부르주아는 '격식'에 보다 신경을 쓴다. 이를테면 그들은 마지막으로 음식을 제공받은 사람이 먹을 준비가 될 때까지 기다리고, 음식을 조금씩 덜어 먹고, 지나치게 탐하는 것처럼 보이지 않게 하고, 음식을 심미적으로 표현한다(Bourdieu, 1984: 195~196). 이들 집단에서 먹기의 감각적·육체적 측면은 엄격한 격식과 좋은 매너 뒤에 숨겨져 있는 반면, 노동계급은 일반적으로 먹기를 드러내놓고 쾌락주의적으로 즐긴다(Gronow, 1993: 283).

부르디외는 또한 몸에 대한 태도가 음식 취향에 영향을 미치는 방식에 대해서도 관심을 가지고 있었다. 그는 다음과 같이 지적한다.

> 음식 취향은 또한 각 계급이 몸에 대해 갖는 관념, 그리고 음식이 몸 ― 즉 그것의 힘, 건강, 아름다움 ― 에 미치는 영향에 대해 갖는 관념, 그리고 각 계급이 그러한 영향을 평가하는 데 사용하는 범주에 의존한다. 그러한 범주들 중 일부는 하나의 계급에는 중요하지만 다른 계급에 의해서는 무시될 수도 있고 서로 다른 계급에 의해 매우 상이한 방식으로 서열 매겨질 수도 있다(Bourdieu, 1984: 190).

부르디외는 자신의 연구에서 전문직과 사무직에 종사하는 사람들이 "프랑스인은 너무 많이 먹는다"는 데 동의할 가능성이 큰 반면 농장노동자와 산업 노동자들은 자제라는 새로운 문화적 규범을 잘 받아들이지 못한다는 것을 발견했다(Bourdieu, 1984: 179). 노동계급은 날씬한 몸을 유지할 필요성에 대해 다른 계급보다 관심을 덜 가지고 있었으며, 대신에 부르디외가 '주연酒宴적 탐닉의 윤리'라고 부른 것을 드러냈다(Bourdieu, 1984: 179). 물질적으로 불리한 조건을 감안할 때, 이들 집단에 속하는 개인들은 현재 지향적 삶의 태도를 가지며, 살아가는 동안 호기好期를 적극 이용할 가능성이 컸다(Bourdieu, 1984: 183). 부르디외에 따르면, 노동계급의 성원들은 몸에 대해 심미적이기보다는 도구적인 접근 방식을 드러냈다. 이를테면 그들은 남성 몸의 외양보다는 힘에 더 관심이 있었다(Bourdieu, 1984: 190).

취향 구별짓기는 다른 사회집단이나 다른 계급의 성원들을 폄하하는 수단으로 빈번히 이용된다. 이를테면 영국 가족에 대한 찰스와 커의 연구에는 고상한 척하는 사람들이 '하층계급'의 음식 습관에 대해 드러내는 태도가 잘 적시되어 있다. 찰스와 커는 감자튀김 냄새와 그것을 먹은 사람들에 대해 자신이 느끼는 경멸감을 털어놓은 한 중간계급 남자의 말을 인용한다. "나는 항상 감자튀김은 하층계급과 연관되어 있다고 느껴요. 나는 여태껏 그렇게 생각해왔어요. 나는 감자튀김 냄새, 그것과 관련된 요리 냄새를 너무 싫어해요. …… 나는 늘 생각했어요. 내가 감히 그걸 말할 수 있을까? 그건 내가 임대주택에 갔을 때 맡았던 것과 같은 냄새가 나요. 그곳은 고약한 감자튀김 냄새가 나요. 그거 끔찍하죠, 그렇지 않나요?"(Charles and Kerr, 1988: 9). 유사하게 그들의 연구에서 한 중간계급 여성은 에그앤칩스(그녀가 '노동계급' 음식으로 여기는 식사) 말고는 다른 어떤 것도 먹으려고 하지 않는 어린 아들을 위해 그것을 준비하면서(특히 다른 사람들이 주변에서 그녀가 그에게 차려주는 것을 볼 때) 느낀 수치심에 대해 이야기했다(Charles and Kerr, 1988: 195).

부르디외는 좋은 취향의 규칙과 규범(문화자본)은 일반적으로 공식적인 학교 교육 체계 내에서가 아니라 오히려 가정에서 주입된다고 강조한다. 이를테면 테이블 매너는 아주 어린 시절부터 어른들을 따라하면서, 그리고 부모와 다른 어른 가족 성원들이 아이가 적절하게 행동하도록 보다 직접 개입함으로써 가르쳐진다. 음식 선호는 대체로 부모에게서 아이로 명시적으로 전달되지 않지만, 식사 시간에 아이에게 차려준 음식과 식사 사이에 먹을 수 있도록 허용된 음식의 범위를 통해 재생산된다. 하지만 특정 음식이 '좋은 취향good taste'에 속하기 때문이 아니라, 또는 taste라는 용어의 보다 좁은 의미에서 그 음식이 '맛있기taste good' 때문이 아니라 그 음식이 건강에 좋고 성장에 필요하기 때문에, 아이들이 그 음식을 먹도록 공개적으로 아이들을 훈육하고 또 아이들에게 직접 말하는 경우들도 있다. 마찬가지로 또 다시 '취향'의 문제가 아니라 건강 때문에 아이들은 다른 음식들을 먹는 것을 금지 당한다. 따라서 중간계급 아이들은 단 것의 주기적 섭취, 그리고 맥도날드와 같은 체인 레스토랑에서의 패스트푸드 먹기가 금지될 수도 있다. 그것의 근본적 이유는 일반적으로 계급성향이 아니라 그 음식의 상대적 영양분 또는 충치 유발 경향과 관계되어 있다. 하지만 그러한 금지는 결과적으로 아이들에게 그러한 음식은 적절하지 않고 그들의 아비투스의 일부가 아니고 '우리와 같은 사람들'을 위한 것이 아니라는 관념을 재생산한다.

외식: 혼합된 경험

영화 〈담뽀뽀〉의 한 장면은 서구 레스토랑에서 낯선 유럽 음식을 주 메뉴로 하고 있는 차림표를 받아 든 한 일본 기업가 집단을 묘사한다. 그들 중 단 한 명을 제외한 모두는 다른 사람들 앞에서 체면을 잃지 않으면서 어떻게 최선의 주문을 해야 할지 당혹스러워한다. 그리하여 그들은 첫 번째 사람의 주문을 따라 동일한 요리를 시킨다. 대세를 거스른 유일한 사람은 그 집단에서 가장 어린 젊은 남자이다. 그는 세련된 안목으로 자신을 위한 몇몇 코스를 주문하고 그것에 알맞는 와인을 열의를 가지고 선택할 뿐만 아니라 그의 선배들에게 유럽 요리에 대한 지식을 뽐낸다. 그래서 웨이터가 그를 존경스럽게 대한다. 그러나 후에 그 젊은 남자는 다른 모든 사람들을 당황하게 했다는 이유로 선배들로부터 책망을 듣는다.

많은 사람에게서 집 밖에서, 특히 격식 있는 레스토랑 환경에서 음식을 먹는 경험은 '문명화된' 먹기의 극치이다. 집에서 하는 식사의 친숙함과 당연시함과 레스토랑 식사의 격식성과 새로움 간의 이항대립은 담론 속에서 통상적으로 이루어지는 구분이다. 고급 레스토랑은 자신의 음식을 '자극적인', '혁신적인', '흥미로운', '호화로운', '데카당트적인'과 같은 매혹적인 단어들을 이용하여 광고한다. 그것은 우리의 미뢰에만 호소하는 것이 아니라 우리 스스로를 차별화하려는 욕구, 다시 말해 우리 스스로를 음식 스타일을 식별할 수 있고 또 호사스럽고 보다 세련되게 인생을 살아갈 수 있는 고도로 발전된 능력을 지닌 요리 모험가로 제시하고 싶어 하는 욕구에 호소한다. '우아한 식사 경험'은 최고의 먹기 이벤트라는 특권을 부여받는다. 레스토랑에서의 먹기는 어떤 특별한 때, 축하, 자신 또는 다른 사람에 대한 대접, 부, 세련됨을 연상시킨다. 그 경험과 밀접히 관련되어 있을 것으로 기대되는 감정이 즐거움, 흥분, 행복이다. '집에서 요리한' 식사는 그것의 진정성 그리고 안심, 가족의 사랑, 위안의 의미로 인해 높이 평가받기는 하지만(제2장을 보라), 고급 레스토랑에서 제공되는 식사에 비해 다소 세련되지 못한 것으로 간주된다.

따라서 외식은 서구 사회에서, 그중에서도 특히 경제적으로 가장 특권 있는 집단들 사이에서 자아의 중요한 관행의 하나이다. 레스토랑의 선택, 그리고 레스토랑에서 선택하는 요리와 와인의 배합은 개인들이 소유한 경제자본과 문화자본을 공개적으로 입증하고 또 그들의 취향을 드러내준다. 그러므로 레스토랑과 요리의 선택은 다른 상품과 마찬가지로 정체성의 표지이다. 실제로 고급 요리 수준에서 고급 음식과 와인에 대한 적절한 취향을 획득하기 위해서는 고된 노동 — 즉 미술에 대해 공부하는 과정과 유사한 교육 과정 — 이 요구되는 것으로 가정된다. 와인 감별 강의, 와인에 대한 책과 잡지, 포도주 양조장 여행, 그리고 대가의 요리 교실, 음식과 요리 기법에 관한 잡지와 책의 급격한 증가 역시 여기에서 기인한다. 1995년 초에 호주 신문에 실린, 레스토랑과 미술관 방문을 포함하는 주말여행 광고는 다음과 같이 주장했다. "고급 와인과 요리에 대한 심미안을 발전시키기 위해서는 미술품이나 장식 미술을 감상하는 경우와 마찬가지로 부지런하고 즐길 줄 아는 연구열이 필요하다."

그러므로 핑켈스타인(Finkelstein, 1989)이 볼 때, 외식 행위는 매너를 인위적으로 실행하는 것으로, 그 과정에서 사람들은 자기 성찰을 추구하기보다는 다른 사람들을 모방하고 '진정한' 사회적 참여를 하기보다는 그것을 회피한다. 그녀는 레스토랑의 사회적 환경을 개인들에게 자아 구성과 자아 표현을 제한하도록 강요하고, 사적 자아를 침해하거나 억압하고, 자아 인식의 여지를 전혀 남겨주지 않는 것으로 파악한다. 핑켈스타인이 보기에, 외식의 '인위적임'은 식사하는 사람의 '진정한' 욕구와 욕망 — 그들이 깨닫지 못하는 의미 — 을 모호하게 하는 경향이 있다. 그녀는 외식에 필수적인 예의 바름과 매너라는 제약은 '실제' 감정을 질식시키는 결과를 초래한다고 주장한다. 이러한 맥락에서 우리는 사회적 관습을 통해 "우리의 감정에 반하여 말하고 행동하고 실제로 우리의 열정을 통제하"도록 강요받는다(Finkelstein, 1989: 130). 핑켈스타인은 외식 경험을 감정의 상품화 과정으로 파악한다. 이를테면 가족 일체감이 맥도날드 레스토랑 체인에 의해 그들의 마케팅을 통해 판매되고 있다(Finkelstein, 1989: 4). 그녀는 개인들이 공적인 장소에서 식사할 때 그들의 행동은 타인의 존재에 대한 인지에 의해 제약받는다고 주장한다(Finkelstein, 1989: 64~65). 레스토랑의 분위기는 당시의 소음 수준, 조명 형태, 온도, 향기와 같은 요소들을 통해 식사하는 사람의 생리적 상태에 영향을 미친다. 따라서 핑켈스타인은 외식은 고도로 '문명화된' 경험이라기보다는 무례함의 한 원천이라고 주장한다. 왜냐하면 레스토랑의 고도로 의례화된 관습은 개인이 '진정한' 자아를 고찰하는 것을, 그리하여 그 또는 그녀의 도덕적 성격을 발달시키는 것을 막기 때문이다.

나는 주체성과 감정 상태의 '진정성'이 외식 경험 속에서 '억압될' 것으로 가정하는 핑켈스타인의 이론적 논점에 동의하지 않는다. 오히려 나는 주체성을 고정된 것이라기보다는 매우 동적이고 맥락적인 것으로 보는 후기구조주의적 관념을 채택하고 있다. 따라서 사람들은 외식 경험을 통해 자기 표현을 좌절당하거나 제약 당한 '진정한' 자아가 아니라 외식 경험 속에서 또 그것을 통해 구성된, 그리고 시간과 공간 속에서 형성된 매우 맥락적인 형태의 자아에 대해 말할 수 있다. 하지만 감정 상태가 레스토랑 경험에서 중심적이 되는 방식에 대한 그녀의 관찰은 유용하다. 그녀가 진술하듯이, 외식은 공개적 과시와 취향의 표현에 초점을 맞춘다는 점에서 가정에서의 식사와는 다른 하나의 사회적 이벤트이다. 그 결과 외식은 개인들에 의해 보다 부담이 되는 경험으로 경험되고, 개인들에게 무엇을 주문하고 그것을 어떻게 먹는가에 대한 지식을 과시할 것을 요구한다. 대부분의 상품 소비 활동처럼, 외식은 우선 즐거운 기대와 상상력을 통해 경험되고, 따라서 우리는 환멸을 느낄 수밖에 없다. 이러한 점에서 외식은 사람들을 일상생활로부터 탈출시켜준다고 약속하면서도 매우 규제된 방식으로 이국적인 즐거운 시간을 제공하는 관광 경험과 유사하다(관광의 즐거움과 실망에 대해서는 Urry, 1990을 보라). 외식 경험의 즐거움으로는 구경거리, 다른 사람들을 지켜보고 그들로부터 응시받기, 훌륭한 음식을 먹는 것의 행복과 만족감을 공개적으로 과시하기, 식사 파트너와의 사교 활동을 들 수 있다. 이것이 혼자 밖에서 식사하는 사람들이 특히 남의 시선을 의식하고 불편해하는, 다시 말해 남들이 지켜보고 있는 것처럼 느끼지만 그들을 드러내놓고 쳐다보지 못하는 이유이다.

외식 경험에서 음식에 대한 선호가 '좋은' 취향 또는 '나쁜' 취향의 지표, 그리고 사회적 구별짓기의 하나의 기호로 해석되는 방식은 한 레스토랑에서 직원과 손님 간에 식사를 놓고 벌인 언쟁을 상세하게 묘사하고 있는, 최근 호주의 한 신문 기사에 매우 분명하게 제시되어 있다(Couch, 1994). 그 신문의 보도에 따르면, 한 젊은 커플이 밸런타인데이에 저녁식사를 하기 위해 시드니의 쾌적한 교외에 있는 한 레스토랑에 갔다. 여성이 필레미뇽을 주문하면서 '미디움 웰던'으로 준비해달라고 요구했다. 음식이 나왔을 때 그녀의 취향상으로는 너무 덜 구워진 것으로 보여서 좀 더 구워달라고 되돌려 보냈지만, 그 여성은 그 스테이크가 두 번째에도 여전히 너무 덜 구워진 것을 발견하고 그것을 다시 돌려보냈다. 그제서야 그녀는 웨이터에게서 셰프가 '웰던' 스테이크로 준비하기를 거부했다는 말을 들었다. 그러자 그 커플은 스테이크 값을 지불하기를 거부했고, 이에 레스토랑은 경찰을 불렀다. 신문 기사를 작성하기 위해 기자가 인터뷰했을 때 그 레스토랑의 주인과 셰프가 다음과 같이 말한 것으로 인용되어 있다. "나는 음식 기준을 정하는 데에 자부심을 가지고 있습니다. 사람들이 우리 레스토랑에 올 때면 사람들은 우리가 곡물 사료를 먹은 최고급 쇠고기를 사용하기 때문에 웰던 스테이크를 제공하지 않는다는 말을 듣게 됩니다. 그건 우리가 소시지나 으깬 음식을 제공하지 않는 것과 같습니다." 그는 그 커플은 "처음부터 문제 있는 사람들이었다"고 주장하고, "아주 솔직히 말하면, 나는 그런 부류의 사람들, 즉 (1) 먹는 방법을 모르는 사람, (2) 레스토랑에서 처신하는 방법을 모르는 사람, (3) 자신들이 먹고 있는 것을 모르는 사람을 정말로 필요로 하지 않는다"고 말했다. 이 셰프의 행동과 논평이 입증하듯이, 음식의 기호를 평가하고 즐기고 계발하는 적절한 방법, 즉 레스토랑과 같은 공적 공간과 집과 같은 사적 공간 모두에서 어떤 것이 '좋은 음식'인지를 아는 방법에 대한 지식은 사회적 지위의 증거이다. 레어 스테이크가 그것을 주문하고 먹는 '적절한' 방법이라는 것을 알지 못하는 사람들은 자신들이 세련됨과 문화자본을 결여하고 있음을 드러내는 것이다. 즉 그들은 고급 레스토랑과 어울리지 않는 "소시지와 으깬 음식"과 같은 유형의 사람들이다.

레스토랑에서 먹을 때에는 기대가 높아진다. 왜냐하면 그것이 집에서의 식사보다 하나의 '특별한' 행사로 문화적으로 위치지어지기 때문이자, 그것이 더 비싸기 때문이다. 인터뷰에 따르면, 레스토랑에서의 먹기는 한편에서 당황과 실망으로 특징지어지는 것으로 보이지만, 다른 한편으로 사람들이 집에서는 접한 적이 없는 새로운 음식을 발견한다는 점에서 즐거움과 기쁨 또한 제공한다. 자신들이 어린 시절에 통상적으로 제공받던 전통적인 '고기와 세 가지 야채' 식사에 익숙한 앵글로-셀트 출신의 많은 사람에게 레스토랑에 처음으로 방문하는 것은 그들이 청소년기의 후기 또는 성인기의 초기까지 자주 접한 적이 없는 새롭고 흥미로운 요리 세계로 들어가는 창이다. 이를테면 폴은 자신이 대학에 다닐 때 관념, 사회적 습속, 가치는 물론 상이한 음식들에 대해 실험을 했으며 따라서 친구들과 함께 값싼 이국의 민속 레스토랑(레바논 레스토랑과 이탈리안 레스토랑과 같은)을 가는 데 많은 시간을 소모했다고 말했다. 그는 자신이 실제로 대학에 가서야 비앵글로 음식을 먹기 시작했다고 말했다. 그는 어린 시절에 이상한 중국식 식사는커녕 이국 음식을 결코 먹은 적이 없었다. 그에게 외식은 해방과 중요한 변화를 상징했다. 그때 비록 그는 여전히 집에서 부모와 함께 살고 있었지만, 폴은 처음으로 스스로 식사를 위해 요리를 하고 상이한 유형의 요리들을 실험해보기 시작했다. 그와 그의 친구들은 디너파티를 열고, 파티에서 자신이 레스토랑에서 처음으로 경험했던 중국식 요리와 라자냐와 무사카moussaka[저민 고기와 얇게 썬 가지를 포개 넣어 치즈·소스를 쳐서 구운 그리스·터키의 요리 - 옮긴이] 같은 이탈리아와 그리스 음식을 요리하곤 했다. 조나단Jonathan은 자신이 인도 레스토랑에서 어떻게 카레를 처음으로 맛보았고 그것이 자신의 어머니가 집에서 만들었던 영국화된 카레보다 얼마나 놀랄 만큼 더 맛이 있었는지를 자세하게 이야기했다. "나의 어머니와 아버지의 카레에 대한 생각은 그러니까 그 안에 사과와 엄청난 건포도가 들어 있는 어떤 것이었어요. 그리고 내가 자라면서 먹었던 것과는 전혀 다른, 그러한 종류의 훌륭한 다갈색의 얼얼한 재료를 우연히 마주친 것은 멋진 일이었어요."

다른 사람들에게 외국 음식의 첫 경험은 그 음식의 내용물과 식용 가능성에 관한 의문과 관련한 새것 혐오증의 기색을 드러내게 하는 것이었다(그것에 대한 반감에 대해서는 이 장의 후반부에서 논의된다). 글로 쓴 한 기억은 26살 때 한 여성이 남편과 함께 레스토랑에 가서 중국 음식을 처음으로 경험한 것에 대해 회상한다. 마리는 중국 음식에서 사용하는 비관례적인 고기에 대해 들은 적이 있기 때문에, 다른 요리를 고르고 싶었었다. "마리가 중국 요리를 혐오하는 이유는 중국 음식 테이크아웃 가게 뒤편에서 발견된 개와 고양이 가죽에 대한 온갖 섬뜩한 이야기들 때문이었다. 그러한 이미지는 실제로 레몬 치킨과 마주했을 때 극복하기 어려웠다. 그녀에게 '이것이 실제로 치킨일까?' 하는 생각이 들었다." 외국어로 쓰여 있는 차림표에서 음식을 주문하는 것도 역시 힘들었다. 마가렛은 친구와 함께 프렌치 레스토랑에 갔을 때 경험했던 것을 자세하게 이야기했다. 그녀와 그녀의 친구는 프랑스 요리에 낯설고 프랑스어를 전혀 몰랐기 때문에 번호로 요리를 주문했다. 그 결과 그녀의 친구는 실수로 달팽이 요리를 주문했다. 음식이 나왔을 때, 그녀의 친구는 '까무러졌다'. "그녀는 '어머나 **달팽이**야, 갖고 꺼져!'라고 말했다." 그 요리는 그들 중 누구도 달팽이의 맛을 보기 전에 치워졌다. 로한Rohan은 19살 때 아프리카에서 갓 돌아온 몇몇 친구들과 처음으로 아프리카 레스토랑에 갔던 기억을 기술했다. 로한의 친구들이 그를 대신하여 주문했고, 그는 그 음식이 나왔을 때 그것이 무엇인지 알지 못했지만 어쨌든 그것을 먹기 시작했다. 로한이 그 요리를 먹고 즐긴 후에, 그의 친구들이 웃으면서 그에게 그가 지금 막 원숭이 고기를 먹었다고 말하기 시작했다. 로한은 화를 냈고 충격을 받았고, 그가 그 레스토랑을 막 떠나려고 할 때 그의 친구들은 그에게 농담을 한 것뿐이며 그가 먹은 고기는 "단지 닭고기일 뿐"이라고 말했다. 이러한 경험들이 입증하듯이, 레스토랑에서 발견한 이국 요리의 생소함은 그 요리의 내용물이 당연한 것으로 간주되는 '음식' 범주를 벗어날 때 자주 불안과 혐오의 한 원천이 된다.

레스토랑에서의 먹기에 대한 몇몇 설명들은 행복과 만족의 감정을 기술했다. 그곳에서 사람들은 음식과 회합을 즐겼다. 그들은 그곳에서 편안했던 경험과 친구들과 함께 외식을 한껏 즐겼던 경험을 생각해내거나 파트너와의 낭만적 식사를 상기했다. 이러한 기억들은 외식을 하나의 즐거운 이벤트로 보는, 외식에 대한 이상화된 구성물과 부합한다. 이를테면 콘스탄스는 자신이 남편과 함께 자신들의 결혼기념일에 "훌륭하고 값비싼 레스토랑"에 갔던 좋은 기억을 가지고 있다고 말했다. "그것은 우리가 서로에게 주곤 했던 것과 같은 종류의 특별한 어떤 것을 하는 것, 그러니까 서로에게 일종의 선물과 같은 것이었어요." 멜리사Melissa는 글로 쓴 기억에서 즐거웠던 자신의 21번째 생일에 대접받은 스테이크에 대해 상세하게 이야기했다. "그것은 녹은 버터가 발라져 있었고, 양념된 소스와 야채는 일품요리로 조리한 것이었고, 은그릇에 나왔다. 그것은 맛있었다." 하지만 레스토랑에서의 먹기에 대한 또 다른 사람들의 기억은 자신들이 (그것이 레스토랑에서 제공되는 음식이기 때문에) '특별'할 것이라고 기대한 음식을 주문하고 나서, 그 식사의 질이 형편없다는 것을 발견하고 느낀 실망감을 기술했다. 사라는 자신이 최근에 어떤 사람의 추천을 받아 아주 기대하면서 한 레스토랑에 갔었지만 "요리 솜씨가 형편없어" 음식이 "아주 역겨웠다"고 말했다. 그녀는 자신이 "속았다"고 느꼈다고 말했다. 그리고 그녀는 계속해서 다음과 같이 말했다. "나는 레스토랑에 가는 것을 좋아하지 않고 그것을 즐기지 않아요. 나는 그것을 시간 낭비라고 느껴요. 나는 내가 음식을 먹는다고 하더라도 실제로 그것으로부터 얻는 것이 없을 것이라고 느껴요." 사라는 또한 시드니에 있는 유명 (그리고 다소 값비싼) 레스토랑에서 했던 한 식사에서 그녀의 친구 중 한 명이 웨이터와 말다툼을 벌인 나머지 전체 분위기를 망치고 편안한 저녁식사가 아니라 긴장한 저녁식사를 했던 것을 기억한다(또한 제2장에서 기술한, 실망한 크리스마스 식사에 대한 바바라의 기억도 보라).

몇몇 사람들은 특히 레스토랑에서 새로운 음식을 먹어보려고 하다가 경험한 실망에 대해 언급했다. 마이크는 자신이 외식을 하게 되면 신중을 기하는 경향이 있고, 따라서 자신이 좋아하지 않는 음식을 먹고 대금을 지불하기보다는 자신이 알고 있는 좋아하는 어떤 것을 선택하게 될 것이라고 말했다. "레스토랑이 '이것 드셔보시죠, 만약 입에 맞지 않는다면 당신이 좋아하는 것으로 다시 시킬 수 있습니다'라고 말하면 훨씬 좋을 것 같아요." 같은 이유에서 조나단은 자신이 레스토랑에서 주문할 때 꽤 보수적이라고 말했다. 그는 주문 시에 "자신이 받을 즐거움을 이미 알고 있는 믿을 만한 것"을 고집한다. 그는 자신이 먹고자 했던 새로운 음식들은 대부분 기대에 미치지 못했다는 것을 경험해왔다. 닐Neil은 자신이 레스토랑보다는 집에서 먹는 것을 더 좋아한다고 말했다. 그는 최근에 타이 레스토랑에서 치킨카레를 주문했다. 그것은 "정말로, 정말로 매웠다." "그것은 대실패였고, 실제로 나는 약 3분의 1가량을 남겼어요. …… 운이 아주 없었어요.

우리는 다른 음식점으로 가서 차림표를 대충 훑어보고 주저하다가 내가 어떤 것을 골랐어요. 그리고 그 이유를 모르겠지만, 나는 항상 정말로 대실패인 어떤 것만 골라요." 다른 기억들은 식사의 양이 너무나도 적어서 실망했던 것을 축으로 하고 있었다. 잭퀴Jacqui는 20대 초반에 있었던 일에 대해 기술했다. 그때 그녀는 매우 배가 고팠고 허기를 달래기 위해 파스타 1인분을 주문했다. 마침내 음식이 나왔을 때, 그녀는 적은 양에 당황했다. "그녀는 실망해서 뇨키 접시를 그저 바라보기만 했다. 접시 그 자체는 적당한 크기였지만, 뇨키의 양은 너무나도 적어 보였다." 로즈마리Rosemary는 아이였을 때 엄마와 이모와 함께 크리스마스 쇼핑을 위해 도시(시드니)를 방문하여 "그 도시의 매우 매우 화려한 레스토랑"에 갔던 일을 기억한다.

> 나는 그 고기가 어떤 것이었는지는 생각나지 않지만, 구운 것이 틀림없는 으깬 감자인가 뭔가로 만든 작은 장미꽃 장식과 핫 포테이토칩이 곁들여져 있었던 걸로 기억해요. 그리고 그것은 내게는 이국적인 음식이었지만, 아주 훌륭한 요리였어요. 그러나 음식의 양이 너무나도 적었어요. 그리고 나의 엄마는 우리가 쓴 돈 만큼 충분한 보상을 받았다고 느끼지 못했어요. 왜냐하면 우리는 오늘날처럼 코스 요리에 익숙하지 않았기 때문이었죠.

몇몇 글로 쓴 기억들에서도 당혹과 불안의 감정이 분명하게 드러났다. 그 경험들은 남의 이목을 더욱 의식하고 자신의 사회적 능력에 확신을 가지지 못해 결국 남 앞에서 불안감을 '드러내게' 된 것과 관련되어 있는 경향이 있었다. 그것들은 대체로 청소년기 또는 청장년기의 외식 경험에 관한 것이었다. 멜린다Melinda는 글로 쓴 기억에서 스무 살쯤에 남자친구 잭Zach

과 함께 레스토랑에서 저녁식사를 한 것에 대해 이야기했다. 그녀는 "자신이 무엇을 주문해야 할지 몰라 매우 초조해"했다. 식사가 끝날 때쯤에 레스토랑에 있던 일본인 단체 관광객들이 다가와서 머리카락을 건드렸을 때, 멜린다는 더욱 남을 의식하게 되었다. "그녀는 잭 앞에서 어이없는 일을 당했기 때문에 무척 당혹스러워했다." 또 다른 글로 쓴 기억은 한 젊은 여성이 스물한 번째 생일날 차이니스 레스토랑에 갔을 때 있었던 일을 이야기했다. 다니엘은 거기에 있는 다른 많은 사람을 알지 못했고, 따라서 "그녀는 자신이 주목받지 않도록 하기 위해 매우 조심했다." 그런데 다니엘을 매우 당황하게 하는 일이 벌어졌다. 웨이터가 그녀에게 마실 것들을 담은 쟁반을 떨어뜨렸고, 그러자 그곳에 있던 남자들 중 한 명이 그녀의 기분을 풀어주기 위해 큰 소리로 농담을 했다. 하지만 "그렇게 함으로써 그는 레스토랑의 관심을 통째로 받았다. 다니엘의 머리에 떠오른 것은 그리하여 자신이 그것만큼 덜 주목받게 되었다는 것이었다."

일레인Elaine이 16살 때 그녀의 삼촌과 친구와 함께 처음으로 '호화로운' 레스토랑에 갔던 일을 글로 써놓은 기억에는 당혹감과 흥분 모두가 분명하게 드러난다. 그녀의 기억은 자신이 에티켓에 '압도당해' 어찌할지 몰라 했던 것과 그곳에서의 즐거움이 결합되어 있다는 것을 특징으로 한다. "그녀는 그 당시에 많이 부끄러워했고, 그 점심식사 시간의 많은 부분을 너무 덥다고 느끼고 데이비드 삼촌과 길리안이 포크와 나이프를 사용하는 것을 지켜보는 데 보냈다." 하지만 일레인에게 그 경험은 처음 맛본 크렘 캐러멜로 인해 훨씬 더 기억할만한 것이 되었다.

그녀는 길리안을 따라서 처음에는 스푼으로 조금씩 떠먹기 시작했다. 그러나 스푼이 접시 바닥에 이르자마자 그녀가 전혀 예상하지 못한 일이 일어났다. 다크 브라운 캐러멜이 솟아올랐다. 단맛과 쓴맛, 부드러운 커스터드, 회색이 감도는 묽은 액체의 조화는 뜻밖의 새로운 경험이었다. 그녀는 디저트의 겉모습의 그 어떤 것으로부터도 그 속에 숨어 있는 것이 주는 기쁨을 예상할 수 없었다.

레스토랑에서 겪은 당혹스러웠던 경험 이야기 중 가장 생생한 것은 아마도 로즈마리의 이야기일 것이다. 그녀는 자신이 그녀의 외동아이를 임신했을 때 메스꺼움이 너무 심해 그것을 억제하기 위해 약물 치료를 받아야만 했다. 임신 중의 어느 날 밤 그녀는 친구의 생일을 축하하기 위해 남편과 함께 한 레스토랑에 갔다. 로즈마리는 메스꺼움 때문에 자신이 많이 먹을 수 없다는 것을 알고 있었고, 따라서 메인 코스 요리가 아닌 두 가지 앙트레(굴 킬패트릭과 새우 칵테일)를 주문했다. 하지만 그것들을 먹고 난 후 그녀는 갑자기 매우 메스꺼움을 느꼈다. 그녀는 일어나서 화장실로 달려갔지만, 그곳까지 참고 갈 수 없었다. "나는 레스토랑에 있는 내내 토하고, 사람들이 '어머나, 으악!'이라고 하는 소리를 들었어요. 나는 정말로, 정말로 죄를 지은 것 같았고, 보기에 흉하다고 느꼈어요. 그것이 모두 나의 드레스로 흘렀어요. 나는 임신 중이었고, 흉해 보였어요." 로즈마리는 결국 레스토랑에서 공공장소에서 욕먹는 체액 형태의 '불결한 물질'을 내뿜는 죄를 범하고 말았다.

이와 같은 외식에 대한 설명들은 그 경험을 둘러싼 문화적 기대의 중요성을 보여준다. (제2장에서 묘사한) 크리스마스의 경험처럼, 그러한 기대들 때문에, 이를테면 '특별한' 식사, 즉 요리 전문가가 전력을 다하여 준비한 하나의 행사라는 이상화된 관념 때문에, 레스토랑에서의 식사는 '일상적인' 식사보다 더 큰 실망을 하기 쉽다. 레스토랑에서 먹기의 공개성은 또한 개인들이 자주 고도로 의례화된 환경 속에서 그곳에 적절한 행동을 해야만 한다는 것을 의미하며, 이것은 또한 일부 사람들에게는 (특히 그들이 그러한 환경에 익숙하지 않을 때) 불안과 당혹의 감정을 유발한다. 하지만 여기서 내가 주장하는 것은 핑켈스타인처럼 그렇기에 레스토랑에서 '진정한' 자아가 억압되고 있다는 것이 아니라, 단지 외식의 경험에는 '문명화된' 몸과 상품으로서의 음식이라는 관념을 중심축으로 하는 서로 다른 기대가 존재한다는 것뿐이다. 외식할 때의 자아 표현, 몸가짐을 둘러싼 규칙, 그리고 감정 상태의 구성과 표현은 중요한 점들에서 가정에서의 식사 경험과 다르다.

젠더화된 음식

사회경제적 특권뿐만 아니라 문화자본의 상대적 소유가 음식 선호를 틀 짓는다. 현대 서구 문화에는 남성이 선호하는 음식 유형과 여성이 선호하는 음식 유형과 관련한 많은 가정을 구체화하고 있는, 젠더화된 음식분할이 분명하게 존재한다. 그중 유력하게 연관지어져온 것 중의 하나가 단 음식과 여성의 관계이다. 민츠(Mintz, 1986: 150)는 다음과 같이 논평한다. "(남성) 관찰자들이 잇따라 드러내온 호기심 끄는 예상에 따르면, 여성이 남성보다 더 단 것을 좋아할 것이다. 그리고 여성들은 다른 방법으로는 성취할 수 없는 목적을 달성하기 위하여 단 음식을 즐길 것이고, 단 것들은 글자 그대로의 의미와 비유적인 의미 모두에서 남성의 영역보다는 여성의 영역이다." 하지만 그는 이와 같이 단 음식을 여성적인 것으로 범주화하는 이유에 대해서는 설명하고자 하지 않는다. 비서(Visser, 1986: 19)는 음식의 역사와 신화에 대한 보다 광범한 논의에서 구체적인 여러 음식들을 "그 함의상 거의 여성적인 것"으로 특성화하면서 그러한 논의를 조금 더 진척시킨다. 그녀의 주장에 따르면, 옥수수는 아메리카 원주민의 주식으로 "어머니 같은 것"이고, 닭고기는 연한 고기이고 지방이 거의 없기 때문에 "전형적으로 여성적"이며, 쌀은 희고 곱고 심지어는 "솜털 같고", 양상추는 담백하며 살이 찌지 않게 하고 연한 녹색을 띠고 있고, 레몬은 젖꼭지 모양을 하고 있고, 올리브 오일은 처녀로 묘사되고, 아이스크림은 요염하게 화려하고 차갑고 유약하고 "명백히 여성적인 둥근 형태"로 제공된다. 그리고 그녀는 또한 버터는 그것의 부드러움, 풍부한 질감, 그리고 그것이 우유의 파생물이기 때문에 여성적이라고 특성화한다.

이와 대조적으로 남성은 전형적으로 붉은 고기와 커다란 음식 그릇과 연관지어진다. 음식 선호에 대한 부르디외의 연구는 프랑스 노동계급 성원들에게서 생선은 가볍고 견고하지 못한 음식이고 먹기에 '성가시기' 때문에 남성에게 적당하지 않은 음식으로 간주된다고 지적한다.

> 생선은 남성적 먹기 방식과 전혀 다른 방식으로 먹어야만 한다. 즉 그것은 (뼈 때문에) 자제력을 가지고 입의 앞부분으로, 즉 이빨 끝으로 조금씩 천천히 씹어 먹어야 한다. 이 두 가지 먹기 방식 — 여성에게 적합한 조금씩 뜯어먹는 방식과 한입에 꿀꺽 삼켜버리는 남성적 방식 — 은 전적으로 남성적인 정체성 — 사내다움이라고 불리는 — 연관되어 있다(Bourdieu, 1984: 190~191).

부르디외는 다른 활동 가운데서도 먹을 때 확연히 드러나는 "엄청나고 피할 수 없는 야수적인 욕구를 가지고 있는" 남성의 몸은 강하고 크고 힘이 센 것으로 이해된다고 주장한다. 붉은 고기, 육가공식품(파테와 소시지), 향이 강한 치즈는 남성의 전유물로 간주되는 반면, 날 것(생야채)과 샐러드는 여성의 음식이다. "특히 영양분이 많고 강하고 또 강하게 만들어주는 음식, 즉 활력, 피, 건강을 제공하는 고기는 남성을 위한 요리이다"(Bourdieu, 1984: 192). 그러므로 남성은 고기를 두 접시 먹는 경향이 있는 반면, 여성은 단지 적은 양만으로 만족한다. 왜냐하면 여성은 남성과 같은 '천부적인 육식가'가 아니기 때문이다. 부르디외에 따르면, 프랑스 노동계급 사이에서 소년들은 음식을 두 접시 제공받을 때 자신이 남자임을 인정받는 것이고 제대로 식사를 하지 않고 끼니를 때우는 것은 여자임의 표시라고 알고 있다(Bourdieu, 1984: 195~195). 찰스와 커(Charles and Kerr, 1988: 110~112)는 자신들의 연구에서 여성 응답자들이 자주 남성은 항상 여성보다 더 많은 음식, 특히 더 많은 붉은 고기를 필요로 한다고 말한다는 것을 발견했다. 여성들은 남성들이 밖에 나가서 일할 수 있도록 '연료를 공급하는' 것을 자신들의 역할로 인식했다. 이러한 특성화는 또한 여성들이 자신의 아이들이 좋아하는 음식을 기술하는 데에도 적용되었다. 여성들은 자신의 아들들이 햄버거와 같이 더 짭짤하고 향료를 더 많이 넣은 '더 거친' 음식을 좋아한다고 묘사하는 경향이 있었던 반면, 그들이 묘사하는 딸들은 초콜릿, 딸기, 크림과 같은 '보다 부드럽고' 예쁜 음식을 좋아한다. 소년들은 소녀들보다 활동량이 더 많기 때문에 그리고 그들이 신체적으로 더 클 것으로 가정되기 때문에 소녀들보다 더 많은 음식이 필요하다고 생각되었다.

초콜릿과 설탕은 전통적으로 여성적인 음식으로 부호화된다. 동요에 묘사되어 있는 바에 따르면, 여자아이들은 "설탕과 향신료 그리고 온갖 좋은 것들"로 만들어진다. 그것들은 또한 어린 시절의 음식으로 강력하게 부호화된다. 사탕처럼 어른들이 '쓰레기' 음식으로 간주하는 음식이 아이들에게는 아주 특별하게 제공받는 즐거운 음식이다(James, 1982: 295). 바텔(Barthel, 1989: 431)은 자칭 '초콜릿 중독자들'은 남자보다는 여자인 경향이 있다고 지적한다. 왜냐하면 초콜릿 중독이 "여성적 약함과 유혹에의 굴복을 찬양하는 퇴행적 정체성"이기 때문이다. 초콜릿 광고는 통상적으로 여성과 아이들을 욕구 충족에 예속되어 있는 존재로 묘사하면서(하지만 남성들에게는 좀처럼 그렇게 묘사하지 않는다), 소비자들에게 탐닉에 빠지고, 스스로를 유혹하고, 감각적 즐거움을 위해 자신들의 욕망을 채우라고 유혹한다(Barthel, 1989: 433). 여성은 초콜릿 선물을 받는 사람으로, 그리고 남성 또는 다른 여성들은 그 선물을 주는 사람으로 구성된다. 여성을 문명화의 힘, 즉 습관과 매너의 고상함과 우아함의 원천으로 보는 담론은 단 음식과 여성성의 융합에 기여한다. 결혼 케이크의 형태, 모양, 색깔은 순결한 어린 신부를 모방한 것이다. 즉 그것의 청순하고 매끄러운 흰색, 층층 구조, 주름과 장식은 여성성과 순수성을 상징한다.

시먼스(Symons, 1984: 138~139)는 호주의 음식 역사에 대한 논의에서 여성적 음식과 남성적 음식이 분화되어온 방식에 대해 설명한다. 그는 1920년대에 여성들 사이에서 작은 케이크, 스콘, 샌드위치를 비롯한 '앙증맞은' 음식들을 만들어서 먹는 것이 유행하기 시작했다고 언급한다. 시먼스는 "앙증맞은 것은 자줏빛 핑크색을 띠었고"(Symons, 1984: 139), 그러한 효과를 얻기 위해 연어, 토마토, 장미수, 코치닐, 카민, 딸기, 체리가 별 제약 없이 사용되었다고 지적한다. 초콜릿, 말린 코코넛, 커스터드 파우더, 젤리와 같은 음식들은 일반적으로 주부들을 대상으로 앙증맞고 여성적인 것으로 광고되었다. 이와 대조적으로 시먼스는 남성 식습관의 스테레오타입은 오지에서 기원한 것으로, 테이블 매너 없이 야만적인 왕성한 식욕을 드러낸다고 주장하고, 그들이 주로 먹은 음식으로 간단하게 요리한 고기, 모닥불 재에 구운 빵, 그리고 미트파이와 토마토소스를 거론했다(Symons, 1984: 136~137). "우리의 초창기에 형성된, 음식에 대한 남성의 거친 태도에 맞서 음식을 아름답게 꾸미는 여성적 접근 방식이 등장하여 그것과 경쟁했다. 여성 ― 아이를 낳고 요리하고 쇼핑하는 사람으로서의 ― 이 사회를 품위 있게 만들 것으로 기대되었다. 여성은 우아함 ― 뒷길에서 자라는 파슬리, 작은 케이크, 찻주전자, 절대 금주 ― 을 상징했다"(Symons, 1984: 138).

인터뷰에서 참여자들은 '남성적' 음식과 '여성적' 음식 또는 여성보다는 남성에게 보다 적절하다고 간주되는 음식과 그 반대의 음식 같은 것이 존재한다고 생각하는가라는 질문을 직설적으로 받았다. 거의 모든 사람들이 비록 자신은 개인적으로는 음식에 대한 문화적 젠더부호화에 찬동하지 않지만 그러한 부호화가 존재한다는 데에는 동의했다. '여성적인' 것으로 간주된 유형의 음식들은 가볍고 달고 연하고 감촉이 부드럽고 정제되고 우아한 음식으로 묘사되었다. 구체적으로 말하면, 여성적 음식 또는 인터뷰 응답자들이 남성보다 여성이 더 많이 먹는 것으로 보인다고 말한 음식은 초콜릿, 패스트리, 케이크, (빵 껍질을 제거한) 샌드위치, 흰 살코기, 생선, 국수, 파스타, 샐러드, 야채 등이었다. 이 담론에서 여성들이 가벼운 우아한 음식과 식사를 좋아하는 것으로 구성되는 까닭은 여성들 자신이 그러한 속성을 가지고 있고 또 높이 평가하기 때문이다.

작은 또는 앙증맞은 모든 것, 또는 아마도 내가 생각하기에 파스타나 조각 치즈 같은 왠지 특별한 어떤 것. 나는 어떤 남자가 조각 치즈에 다가가서 그것을 사는 것을 상상할 수 없는 반면, 숙녀는 조각 치즈를 살 겁니다. 딥스Dips나 그런 것들은 모두 내게 작게 보여요. 그래서 그것들은 아마도 [여자들의] 마음에 들게 만들어질 거예요(마가렛).

여성들은 흔히 소화가 잘 되는 음식과)양의 음식을 좋아한다고 말했다. 코스타스는 자신이 어떤 여자가 빅 스테이크를 먹는 것을 볼 때 "그것이 너무 양이 많고 소화가 잘 안 되는 음식이기 때문에 그녀가 결코 그것을 다 먹지 못할 것"이라고 생각한다고 말했다. 여성들은 또한 자신들이 음식의 미학과 윤리에 더 많은 관심을 가지고 있다고 묘사했다. 이를테면 토니는 여성들이 남성들보다 더 동정심이 많고 그리하여 동물의 권리에 더 관심이 많다고 주장했다. 마이크는 "나는 앙증맞은 샌드위치가 한입에 쏙 들어가기" 때문에 "나는 당신이 그것이 여성적이라고 말했을 것으로 생각한다"고 말했다. 그 자신은 플라우맨즈 샌드위치ploughman's sandwich처럼 "이빨로 물어뜯을 수 있는" 것들을 좋아했다. 마이크는 초콜릿 상자가 한 아이로서의 그의 어머니를 위해 항상 따로 비축되어 있었다고 기억한다. 그는 여성들은 패스트리와 케이크와 초콜릿을 더 많이 먹는다고 주장했다. "그들은 어쩔 수 없이 그러한 것들에 끌리는 것처럼 보여요. …… 그들은 그러한 종류의 것들의 달콤함을 필요로 하는 것처럼 보여요." 마이크는 자신이 그러한 단 것을 좋아하기 때문에 자신을 대부분의 남성보다 더 여성적이라고 분류한다.

가벼운/무거운 음식의 대비(제3장에서 '건강에 좋은' 음식과 관련하여 논의한)가 참여자들이 남성적 음식과 여성적 음식의 차이를 기술할 때에도 빈번히 등장했다. 그들은 '무거운' 음식은 소화시키기가 어렵고 위에 부담을 주고 잘 씹히지 않고 기름기가 많고 포만감을 주는 또는 '건강에 나쁜' 음식이라고 말했다. '무거운' 음식은 또한 일반적으로 남성적인 것으로 부호화된다. 인터뷰에서 남성들은 씹고 무수기 위해 날카로운 이빨을 필요로 하는, 소화시키기가 더 어려운 음식을 먹는다고 언급되었다. 이와 대조적으로 '가벼운' 음식은 건강에 좋고 소화시키기 쉽고 그리하여 '몸에 부담을 주지' 않는 음식으로 묘사되었다. 그러한 음식들에는 샐러드와 여타 야채들, 국수, 닭고기, 생선이 포함된다. 내가 앞서 지적했듯이, 이러한 음식들은 또한 일반적으로 여성적인 음식으로 지명되었다. 여성성과 야채 간에는 공생적인 은유적 관계가 존재한다. 즉 야채 먹기가 여성성을 의미한다면, 여성성은 야채 선호를 의미한다. 유사한 관계가 남성성과 고기 먹기에도 존재한다. 붉은 고기는 무거운 음식의 전형적 사례이다. 인터뷰한 거의 모든 사람들에 의해 붉은 고기(특히 스테이크)는 자주 감자(또한 '무거운' 음식으로 간주되는)와 함께 남성들이 더 많이 먹는 '남성적' 음식으로 지명되었다. 반면 흰 살코기는 여성적인 음식 그리고 여성들이 남성보다 더 많이 먹는 음식이었다. 소니아가 지적했듯이, "여성들은 샐러드와 같은 더 가벼운 음식을 좋아하는 경향이 있다. 반면 어떤 남자는 배를 가득 채울 감자튀김과 무거운 식사 그리고 '홍두깨살 스테이크 한 조각 주세요'라고 말할 것이에요." 남성들이 또한 미트파이, 패스트푸드 또는 다른 가공식품을 여성보다 더 많이 먹는다고 언급되었다. 이를테면 마이크는 자신이 미트파이, 핫도그, 소시지롤, 햄버거를 남성과 연관시키는 경향이 있는데, 그 까닭은 그것들이 "축구장 타입의 음식 …… 맥주와 함께 꿀꺽꿀꺽 먹을 수 있는 것"이기 때문이라고 말했다. "내게는 숙녀들이 축구 경기를 보면서 그러한 종류의 것들을 실제로 그다지 편안하게 먹는 것으로 보이지 않습니다."

육류 제품 음식 광고는 빈번히 고기가 남자의 음식이라는 고정관념을 이용하고자 한다. 1980년대 호주에서 장기간 방영된 광고 캠페인은 다음과 같은 슬로건을 내세웠다. "남자에게 고기를 주자." 피데스는 다음과 같이 지적한다. 육류 제품 광고는

> 경쟁, 폭력, 힘, 도덕적 기질, 지배라는 관념들을 이용한다. 이를테면 영국 축산위원회British Meat and Livestock Commission가 최근 사용한 슬로건의 모호한 비유적 표현 — "고기와 경쟁할 수 있는 것은 아무것도 없다", "어린양 고기 먹고 전승", "영국 돼지의 고기에 기대라" — 이 효과를 발휘하고 있으며, …… 고기 광고는 통상적으로 경쟁 상황 — 한 광고는 가라데 복장을 한 젊은 청년이 트로피 앞에서 양다리를 벌리고 적대적인 싸움 자세와 표정을 취하고 있는 모습을 보여준다 — 을 마치 그 음식의 전설적 속성, 즉 고기가 힘을 북돋아준다는 것을 증명하는 것처럼 묘사한다(Fiddes, 1991: 86).

고대 그리스 사람들 이래로, 고기 먹기는 공격성 및 폭력적 퍼스낼리티와 연관되어 있다고 믿어져왔다. 그리스 학자 포르피리오Porphyry는 서기 3세기에 다음과 같이 기술했다. "살인자, 폭군, 강도, 아첨꾼은 청정한 음식을 먹고 살아온 사람들이 아니라 고기를 먹는 사람들로부터 나온다"(Spencer, 1994: 105에서 인용함). 동물을 죽이고 먹는 것은 사내다움, 공격, 권력의 속성으로 부호화되며, 이러한 속성 또한 남성적인 것으로 부호화된다. 과거에

는 여성들이 신체적으로 가장 분명하게 여성성을 드러내고 있을 때, 즉 임신 중이거나 어머니가 젖을 먹이고 있을 때, 그들은 붉은 고기와 같은 '강한' 음식을 피하라는 조언을 받았다. 19세기와 20세기 초에 출간된 건강 매뉴얼들은 자주 임신 상태에 있거나 젖을 먹이는 여성들에게 붉은 고기의 섭취를 줄이고 그것 대신에 여성의 여성성을 담고 있고 또 모성적 역할을 수행하는 사람들에게서 공격성이 유발되는 것을 막아주는 '부드럽고' '가벼운' 요리를 먹을 것을 권고한다(Twigg, 1983: 25~26). 유사하게 그 당시에 병약자와 어린 아이들에게는 붉은 고기를 너무 많이 먹는 것이 금지되었다. 왜냐하면 그것이 과도한 흥분을 불러일으키고 소화시키기가 너무나도 어려운 것으로 간주되었기 때문이다.

동물을 죽이고 그것의 피와 접촉하는 것은 남자의 일로 간주된다. 프링글과 콜링스(Pringle and Collings, 1993: 30)가 "'여성 도살자'를 하나의 문화적 범주로 설정하는 것은 거의 상상할 수조차 없다"고 지적한 것도 바로 이러한 이유 때문이다. 일단 고기가 가정 영역으로 들어오고 나면 여성이 그것을 다루는 것이 허용되지만(그리고 실제로 그것이 기대되지만), 고기가 여전히 어떤 동물의 일부로 인지될 때에는 남자가 그것을 다루어야만 한다(Pringle and Collings, 1993: 41). 죽은 동물을 다루는 일은 그것이 힘, 피, 잔인한 행위, 죽음과 연계되어 있기 때문에 남성적인 그리고 단연코 비여성적인 직업으로 간주된다. "도살자는 남성적 존재일 뿐만 아니라 사악한 존재이다. 즉 그들은 삶과 죽음, 인간과 동물, 몸과 시체의 경계에서 일한다"(Pringle and Collings, 1993: 30). 따라서 이 직업의 경계성liminality은 매력과 공포 모두의 원천이다. 유사하게 여성의 생리 피도 하나의 경계적 물질이다. 왜냐하면 그 피는 상처를 상징하지 않기 때문이다. 그것은 혐오와 공포뿐만 아니라 즐거움과 욕망을 유발하는 성차性差의 표지이다(Pringle and Collings, 1993: 30). 따라서 프링글과 콜링스는 생리를 하는 여성 도살자는 혐오스러운 것으로 이론화한다. 왜냐하면 그녀의 몸은 피의 상징성을 통해 동물의 시체와 동등한 것이 되기 때문이다(Pringle and Collings, 1993: 41). 여성 도살자에게 묻은 피 얼룩은 애매하다. 그것은 죽은 짐승의 피일 수도 있고, 여성 자신의 불결한 생리 피일 수도 있다. 피와 여성성은 또한 출산 시에 흘린 피에 의해서도 무시된다. 이와 같이 여성의 몸과 연관된 피는 생식력과 모성, 생명 부여를 의미하는 반면, 피의 남성적 의미들은 폭력 및 죽음과 강력하게 연계되어 있다. 따라서 피로 더럽혀진 여성 도살자는 문화적으로 애매한 인물이다.

인터뷰에서 남성성은 또한 다른 사람들이 요리한 음식을 먹고, 음식에 대해 그리 관심이 없고, 다른 사람들을 위해서가 아니라 자신의 몸에 연료를 공급하기 위해 요리를 하는 것으로 특징지어진다고 주장되었다. 또한 여성은 음식물의 건강 측면을 더 많이 의식하고 그것에 더 많이 관심을 가지는 경향이 있고 그리하여 남성보다 더 '건강에 좋은' 음식물을 먹고자 할 가능성이 크다고 주장되었다. 일부 참여자들은 남성과 여성의 서로 다른 욕구에는 '생물학적' 토대가 자리하고 있다고 지적했다. 그들은 남성이 식욕이 더 왕성하기 때문에 여성보다 더 많은 음식을 필요로 하며 따라서 특히 그들이 고된 일을 할 때 신체적으로 더 많은 음식을 필요로 한다고 주장했다. 남성들은 '적절한' 음식을 필요로 하지만 여성보다 그렇게 까다롭지 않아 패스트푸드를 포함하여 가용한 것은 무엇이든 먹을 가능성이 더 크다고 언급되었다. "남자들은 배를 채워주기만 한다면, 그것이 무엇인지는 실제로 신경 쓰지 않지 않아요"(토니). 카렌은 자신이 냉동식품을 '남성 음식'이라고 생각한다고 말했다. 왜냐하면 그것은 미리 조리되어 있어 신경 쓰거나 생각할 필요가 거의 없기 때문이다.

> 냉장고에서 냉동식품을 꺼내 오븐 안에 집어던지죠. 그건 아무런 주의도 필요로 하지 않아요. 좀 더 구체적으로 말하면 자신에 대해서조차 아무런 주의도 기울이지 않고 그냥 거기에 앉아서 플라스틱 용기에서 음식을 꺼내 먹어요. 따라서 나는 대체로 그것이 남성 물품으로 광고될 것이라고 생각해요. 왜냐하면 남성들이 그렇게 하는 경향이 있기 때문이죠. 남성들은 여성들보다 자신들의 몸으로부터 분리되어 있고, 따라서 그들은 패스트푸드에 빠질 거예요. 그들은 자신들의 몸에서 어떤 일이 일어나고 있는지를 전혀 알지 못해요. 나는 여성의 몸은 남성의 몸보다 뭔가 몸에 문제가 있다는 것을 더 자주 그들에게 말해준다고 생각해요.

이와 대조적으로 여성성은 다른 사람들을 위해 요리하고 사랑으로서의 음식을 제공하고 자신의 몸과 자신들이 돌볼 책임이 있는 다른 사람들의 몸의 요구를 잘 인식하는 것으로 특징지어진다. "내가 생각하기에, 여자들은 건강에 유의하고 균형 잡힌 건강한 몸 및 그러한 상태를 항상 유지하고자 하지만, 남자들은 실제로 그러한 것에 별로 신경 쓰지 않고 단지 먹기를 원하고 계속해서 먹어요. 그래요. 스테이크와 파이 그리고 빨리 먹을 수 있는 것들, 남자들을 위한 빨리 먹을 수 있는 스낵들, 그런 거 말예요"(코스타스).

음식 그 자체는 서로 다른 문화들에서 나타나는 여성과 음식 준비 간의 강력한 관계 때문에 그리고 임신과 수유 동안에 그들 자신의 몸으로 음식을 생산하기 때문에 여성적인 것으로 부호화된다(Counihan, 1989: 360). 그러므로 여성의 몸과 음식, 즉 생명을 주기 위한 자기 희생과 음식 희생은 상징적으로 결합되어 있다. 이러한 상징적 결합은 부분적으로는 인류를 위한 음식으로서의 그리스도의 몸의 역할에 대한 기독교 사상에서 유래한다. 바이넘은 다음과 같이 지적한다. "몸처럼 음식은 생명을 주기 위해 부서지고 으깨져야만 한다. 이빨로 잘게 부수어져야 그것은 생명을 유지하기 위해 흡수될 수 있다. 음식은 고통과 생식 능력 모두를 반영하고 요약한다(Bynum, 1987: 30)." 아기 예수에게 생명을 주고 자양분을 공급하는 성모 마리아의 몸이 최고의 실례이다. 중세의 성스러운 여성들은 그들의 몸의 신비한 부산물을 통해 다른 사람들에게 힘을 북돋아주는 것으로, 그들의 가슴이나 손가락 끝에서 성스러운 액체가 흘러나오는 것으로, 그리고 그들의 몸으로부터 배출된 젖, 타액 또는 오일을 가지고 병자를 치료하는 것으로 자주 묘사되었다(Bynum, 1987: 273).

가볍고 앙증맞은 음식이 여성성과 연계되는 이유는 무엇인가? 민츠(Mintz, 1986: 87)는 흰색은 전통적으로 순수성과 연관된다고 지적한다. 즉 흰색 자당(설탕)은 하얗고, 17세기경에는 그러한 이유에서 장식 물질과 의약 물질로서 높은 평가를 받았다. 순백은 가벼움, 온순함, 마음을 달래는 무구함을 상징한다(Visser, 1986: 150). 흰 살코기는 영리한 포유동물이 아니라 지능이 떨어지는 동물 — 닭, 칠면조, 생선 — 에서 얻어진다. 앞서 지적했듯이, 설탕과 단 음식은 탐닉적인 식품, 먹기에 편하고 소화가 잘 되는 음식, 장식적이고 예쁘고 연한 색깔을 하고 있는 음식, 그리고 어린 시절의 음식으로 묘사된다. 여성 역시 자주 장식적이고 위안을 주고 우아하고 남성보다 덜 지적이고 어린 아이 같은 것으로 묘사된다. 하지만 설탕과 단 음식에는 좀 더 어두운 측면이 있다. 즉 그것들이 주는 쾌락은 중독, 죄, 남모르게 하는 행동, 자신의 욕망에 대한 통제력 상실, 그리고 심지어는 단 음식을 먹는 것으로부터 유발되는 '과다 당분'으로 인한 비합리적 행동과도 연계지어진다.

이것은 서구 사회에서 나타나는, 여성성과 관련한 모순적인 문화적 의미와 결부되어 있을 수도 있다. 한편에서 여성은 남성보다 더 약하고 수동적이고 더 세련되고 덜 열정적인 것으로 이해된다. 까다로운 먹기와 '문명화된' 몸의 역사적 연계 관계를 전제로 하여 여성을 남성보다 더 절제적이고 더 매너가 좋은 것으로 보는 관념은, 여성은 덜 먹고 정제된 음식을 더 좋아한다는 가정과 일치한다. 여성들 자신은 우아함과 상냥함의 속성을 입증할 것을 기대받는다. 다른 한편 여성들은 자주 남성보다 더 육체화되고 더 예측할 수 없는 존재로 묘사된다. 즉 여성성은 육체성corporeality으로 부호화된다(Grosz, 1994: 14). 그 결과 여성은 흔히 유혹에 더 잘 넘어가고 감정에 대한 통제력을 상실하기 쉬운 것으로 묘사된다. 남성은 합리성의 힘을 이용하여 육체의 욕망을 더 잘 초월할 수 있다고 믿어진다. 이와 대조적으로 여성은 의지가 약하고 육체적 욕망에 쉽게 '굴복'한다고 생각된다. 단 음식은 고기와 같은 실속 있는 음식에 비해 가외의 것으로 간주되기 때문에, 그것의 소비는 더 많은 통제의 대상으로 인식된다. 즉 개인들은 살아남기 위해서나 건강을 위해 그러한 음식을 '필요'로 하는 것이 아니라 순전히 자기 탐닉적인 이유에서 그것을 '원하거'나 '욕망한다'는 것이다. 그러므로 여성들이 감정 상태에 보다 취약하다고 간주되는 것과 마찬가지로, 여성들은 단 음식이 제공하는 자기 탐닉의 유혹에 '약한' 것으로 간주된다. 카일리Kylie는 이러한 현상을 '팀탐 상황Tim Tam thing'(팀탐은 리치 초콜릿 비스킷의 하나이다)으로 묘사하고, 계속해서 그러한 생각을 이렇게 설명한다.

"알다시피 여자들은 팀탐을 아주 좋아하고 아무 때나 그것을 먹을 거예요. 내가 말하려는 것은, 사람들은 남자들이 단 것을 좋아한다고 생각하지 않는다는 거예요, 그렇지 않나요? 알다시피 사람들은 오 여자들, 여자들은 초콜릿과 사탕을 좋아하고 초콜릿 비스킷과 그와 같은 것들을 몰래 마구 먹는다고 생각하는 경향이 있어요."

여성들이 빈번히 일반적으로 '폭식과 구토'의 반복 — 음식을 과도하게 갈망하고 탐닉하고 나서 곧바로 다이어트나 구토의 욕구를 느끼는 것을 포함하여 — 의 희생자로 묘사되는 것도 역시 이로부터 연유한다. 인터뷰 응답자들은 여자들과 달리 남자들은 자신들의 몸매를 좀처럼 식생활과 관련지어 걱정하지 않는다고 말했다. 여성성 — 그러나 남성성은 아니다 — 은 건강뿐만 아니라 매력적인 몸(날씬함)에 지대한 관심을 가진다는 것을 중심축으로 하고 있다. "여자들은 그들의 음식에 집착하거나, 아니면 그러니까 칼로리 계산이나 그와 같은 것에 사로잡혀 있다고 간주되곤 해요"(카일리). 음식과 다이어트에 대한 여성의 집착에 관한 이러한 담론은 대중문화, 특히 신경성 무식욕증, 강박적 먹기, 폭식증과 같은 섭식 장애를 가진 여성에 대한 뉴스 보도, 텔레비전 다큐멘터리, 잡지 기사에서 끊임없이 표명된다. 최근 그러한 토론의 장에 보고되어온 것 중의 하나가 '준임상적 섭식 장애' 상태이다. 이 상태는 반영구적 다이어트 하기, 운동하기, 굶기, 칼로리 계산하기와 같은 행동에서 분명하게 드러나는, 체중을 둘러싼 걱정으로 정의되며, 80% 이상의 여성들이 그러한 상태에 놓여 있는 것으로 추정된다(Bray, 1994: 4). 섭식 장애(임상적 섭식 장애와 '준임상적' 섭식 장애 모두)에 대한 대중적 설명은 계속해서 여성의 그로테스크한 히스테리적 몸에 초점을 맞추고 있다. 굶어 죽기로 작정한 빼빼 마른 신경성 무식욕증 소녀, 음식을 미친 듯이 자신의 입속으로 밀어 넣고 난 다음 그것을 토해내기 위해 달려가는 여성, 강박적으로 운동하는 사람이 그러한 섭식 장애의 가장 극단에 속한다(Bray, 1994: 4). 의학적 문헌을 포함하여 섭식 장애 전반에 대한 문헌들 속에서 언제나 등장하는 설명 중의 하나가 여성들이 날씬한 여성을 매력적으로 제시하는 매스미디어의 이미지에 민감하게 반응한다는 것이다. 이러한 표현들 속에서 여성성은 취약함과 수동성과 연계되어진다. 백지 상태로 묘사되는 여성들은 유혹 매체에 의해 '세뇌되고' 조작되며, 자신들의 외모에만 나르시시즘적으로 집착하는 것으로 제시된다. 간단하게 말해 여성들은 남성들과 달리 "미디어 이미지에 병적으로 민감하게 반응한다" (Probyn, 1988: 203).

참여자들은 자신들이 남성적 음식과 여성적 음식의 특징을 쉽게 식별할 수 있었지만, 일부 참여자들은 그러한 고정관념이 '실생활'에서 반드시 그대로 실행되는 것은 아니라고 말했다. 이를테면 마가렛은 다음과 같이 말했다. "스테이크는 보통 남성의 이미지와 연결되고, 음, 남자들이 스테이크를 먹지만, 내가 말하고 싶은 것은 **나**도 스테이크 먹기를 즐긴다는 것이죠." 그녀는 계속해서 자신은 늘 자기 남편보다 훨씬 더 작은 스테이크 조각을 먹고 또 그보다 야채를 더 많이 먹었다고 말했다. 하지만 사람들은 남자와 여자의 먹기 유형은 다른 것 같다고 지적했다. 카일리는 자신의 사무실에 함께 근무하는 남자들은 항상 매점으로 가서 핫칩과 같은 "실제로 소화가 잘 안 되는 기름진 것들"을 먹고자 하는 반면 여자들은 도시락으로 샐러드를 싸와서 먹는 경향이 많다고 진술했다. 소니아는 자신이 샐러드, 닭고기, 돼지고기, 생선을 좋아하고, 붉은 고기는 별로 좋아하지 않는다고 말했다. 그녀는 자신이 그녀의 아들들에게 샐러드를 주면 그들은 매우 더

운 여름날에도 불평하지만 스테이크라면 매일 밤 행복해한다고 지적했다. 코스타스는 자신이 키시와 같은 '여성적' 음식을 먹을 때 그것이 너무나 '소프트한' 음식이기 때문에 충분한 영양분을 섭취하지 못한 것처럼 느끼지만 스테이크와 감자를 먹을 때에는 "영양분을 공급받은" 것으로 느낀다고 말했다.

대규모 사회 조사로부터 도출해낸 행동 유형들도 남자와 여자의 먹기 습관과 먹기 선호에 대한 이러한 가정을 뒷받침한다. 호주축산공사Australian Meat and Livestock Corporation와 뉴 사우스 웨일즈 제빵산업 고용주 협회Baking Industry Employers Association of New South Wales가 1994년에 1200명의 호주 사람을 대상으로 수행한 두 조사는 남자가 여자보다 미트파이를 두 배 더 소비한다는 것을 발견했다(≪Sydney Morning Herald≫, 1995. 1. 20). 1990년에 영국에서 실시한 갤럽조사는 여성 응답자들이 남성보다 고기 기피자일 가능성이 더 많다는 것을 발견했다(Beardsworth and Keil, 1992: 256). 그리고 영국 젊은이들의 먹기 습관에 관한 한 연구는 젊은 여성들이 젊은 남성들보다 완전한 채식주의자일 가능성이 두 배 더 많다는 것을 발견했다(Brannen et al., 1994: 107). 1983년에 호주 성인들을 대상으로 하여 실시한 한 전국 조사는 여성이 남성보다 설탕과 지방을 덜 소비하고 고기의 거의 절반만큼만을 소비하지만 과일과 잎이 많은 녹색 채소의 경우 여성이 남성보다 두 배 더 많이 소비한다는 것을 발견했다(Walker and Roberts, 1988: 168). 하지만 이러한 통계 수치가 남자와 여자가 반드시 '태어날 때부터' 서로 다른 음식 성향 또는 욕구를 가지고 있다는 점을 지적하는 것으로 받아들여져서는 안 된다. 하나의 대안적 설명은 '남성적' 음식과 '여성적' 음식을 둘러싼 지배적인 문화적 가정들 — 가정과 여타 장소들에서 유아기부터 재생산되는 —

이 영양학적 담론과 '좋은 취향'과 '나쁜 취향' 관념과 마찬가지의 방식으로 개인들의 음식 습관과 음식 선호를 구성하는 데 기여한다는 것이다.

음식과 혐오감

> 옐로우 밸리 커스터드, 펴런 콧물 파이
> 그것들을 죽은 개의 눈과 섞어서
> 그것을 묽게 섞어서, 그것을 걸쭉하게 섞어서
> 따뜻한 구토 물 한 컵과 함께 꿀꺽 삼켜버리자.
> — 영국 어린이 동요(James, 1982: 304에서 인용함)

사회생물학적 관점은 일반적으로 물질에 대한 혐오감이 유독할 수도 있는 음식에 대해 인간이 갖는 생득적 불신에서 생긴다고 설명한다. 그러한 연유에서 맛이 쓰고 악취를 풍기고 눈에 보이게 부패한 물질은 (비록 때로는 학습된 행동과 함께 일어나기도 하지만) 구역질과 메스꺼움이라는 신체적 반응을 통해 거부된다고 주장된다. 이러한 설명은 '수긍할' 수도 있어 보이지만, 사람들이 미덥지 않은 맛, 냄새 또는 외양을 가진 물질에 대해 처음에 가졌던 불신을 극복하는 방식에 관한 많은 사례들을 설명하지 못한다. 많은 사람이 커피, 고추, 알코올을 처음 맛볼 때 그것들이 쓰다고 느끼지만, 참고 나면 그 맛에 익숙해지고, 드디어 그것들이 강렬한 즐거움을 준다는 것을 깨닫는다. 또 다른 사람들은 블루베인드 치즈의 분명한 썩은 냄새와 외양에도 불구하고 그것을 즐기고, 사냥해서 수일 동안 '매달아' 둔 고기를 먹는다. 실제로 그러한 것들을 좋아하는 것은 어른의 취향 또는 '세련된' 미각의 증거로 문화적으로 높이 평가된다. 사회생물학적 관점은 또한 그것과 전혀 다른 현상, 즉 영양상으로는 전혀 문제가 없으나 문화적으로 역겨워하는 식재료가 유발하는 혐오감을 인지하지 못한다.

만약 어떤 잠재적 음식이 문화적으로 식용에 적합하지 않은 것이나 오염된 것으로 분류될 경우, 그 음식은 그것의 영양학적 속성과는 전혀 무관하게 혐오를 유발한다. 왜냐하면 그것이 도덕적 또는 개념적으로 '불결한' 것이 되기 때문이다(Fischler, 1988: 285). 오염은 순전히 상징적일 수 있다. 심지어는 오염을 암시하는 것조차도 충분히 혐오감을 유발할 수 있다. 왜냐하면 그것이 탐나는 음식이었을 수도 있는 것을 탐탁지 않은 것으로 만들기 때문이다. 이를테면 한 연구는 대부분의 사람들이 가장 좋아하는 스프도 새로운 파리채라는 이름이 붙어 있는 물건으로 휘저었을 경우 그것을 먹지 않는다는 것을 발견했다(Rozin et al., 1986: 100). 하지만 혐오감의 근원에 관계없이 생리적 반응과 감정적 반응은 동일한 감정을 유발한다. 그것은 구역질 나고 메스껍다고 느끼게 한다. 이를테면 종교적 신념 때문에(유대교와 이슬람교 신앙을 가진 사람들에게서 돼지고기처럼) 어떤 음식을 '불결한' 것으로 표현하는 사람들의 경우, 비록 그러한 신앙을 공유하지 않은 사람들이 돼지고기와 베이컨 조각을 행복하게 먹고 그것이 맛있다고 느낄 때조차, 그것이 야기한 혐오 때문에 그 금기된 음식을 먹는 것은 감정적으로 그리고 물리적으로도 불가능하다. 종교적 근거에 기반을 둔 이러한 반응은 인터뷰 참여자 중의 한 사람인 코스타스에 의해 생생하게 입증되었다. 그는 자신이 가장 혐오하는 음식이 돼지고기, 베이컨, 햄인 까닭은 종교적 이유 때문이라고 말했다(그는 이슬람교도이다). 코스타스는 "[그런 음식을 먹는다는] 생각은 나의 머리를 쭈뼛하게 한다"고 말했다. 그는 한때 우연히 돼지갈비를 주문하고 그것을 먹기 시작하고 즐겼다. 하지만 그 음식이 무엇인지에 대한 말을 들었을 때, 즉각 그는 구역질이 나고 메스꺼움을 느꼈다. "나는 실제로 곧 토할 것 같았고 또 토하고 싶었어요." 그러한 음식을 요리하는 냄새조차 그러한 혐오감을 촉발할 수 있다. 코스타스는 그러한 음식이 관념적으로 오염되어 있기 때문에 심지어는 그러한 음식 가까이에서 요리된 음식을 먹는 것조차 좋아하지 않는다. "만약 내가 테이크아웃 상점에서 나를 위해 요리한 햄버거나 그와 같은 것을 먹고 있을 때 가까이에 베이컨에 있다면, 나는 우선 그 베이컨이 없어지기를 기다렸다가 접시를 치워버리고 다시 주문해요." 그러한 음식은 분명 먹을 수 있는 것이지만 그에게는 생각조차 할 수 없는 것이다.

내가 제2장에서 지적했듯이, 감정과 음식 관행을 둘러싼 의미들은 어린 시절까지 거슬러 올라가고 의식뿐만 아니라 무의식 속에도 자리 잡고 있다. 생식 분비액처럼 음식은 인간 몸의 침투성을 증명하는 데서 경계적 지위를 차지하고 있다. 올리버(Oliver, 1992: 71)는 크리스테바의 저술에 의지하여, 음식 자체가 아브젝트라고 주장한다.

> 음식, 즉 우리 몸으로 흡수되는 것은 배설물, 즉 몸으로부터 배출되는 것과 마찬가지로 몸의 경계에 의문을 제기한다. 우리가 먹는 것이 어머니의 몸일 때, 우리는 어떻게 우리의 어머니로부터 분리된 몸일 수 있는가? 그녀의 분비액이 우리의 몸이 된다. 우리가 우리가 아닌 것not-us을 먹고 그것이 다시 우리가 될 때 우리는 어떻게 우리 자신을 분리된 몸으로 생각할 수 있는가? 우리가 우리의 일부를 배출하고 그것이 다시 우리가 아닌 것이 될 때 우리는

우리 자신을 어떻게 분리된 몸으로 생각할 수 있는가?

음식이 잠재적으로 오염되어 있는 까닭은 그것이 "청결하고 적절한 몸"의 입이라는 경계를 통과하기 때문이다. 즉 음식은 그것의 본성이 모호해질 때 아브젝트가 된다. 줄리아 크리스테바는 "모든 음식은 더러워지기 쉽다"고 주장한다. 왜냐하면 그것은 문화화된 몸으로 들어오는 자연적인 것을 의미하기 때문이다(Kristeva, 1982: 75). 음식은 자기인 동시에 자기가 아닌 것 non-self이다. 크리스테바는 아브젝시옹에 관한 그녀의 책 『공포의 권력 Powers of Horror』(1982)에서 '음식 혐오'를 "아마도 아브젝시옹의 가장 기본적이고 오래된 형태일 것"이라고 묘사한다. 그녀는 우유 위의 엷은 막에 대한 그녀 자신의 내장의 반응을 다음과 같이 표현한다.

> 그 우유 표면 위의 엷은 막 — 무해하고 한 장의 담배 마는 종이처럼 얇고 깎고 있는 손톱처럼 애처로운 — 을 눈으로 보고 그것이 나의 입술에 닿을 때, 나는 메스꺼운 느낌을 받고, 더욱 심하면 위경련을 겪는다. 그리고 모든 장기들이 몸을 뒤틀리게 하고, 눈물과 담즙을 분비시키고, 심장박동을 증가시키고, 이마와 손에 땀이 나게 한다. 시력을 흐리게 하는 현기증과 함께 메스꺼움이 나로 하여금 그 밀크크림에 머뭇거리게 하고, 나와 그것을 제공한 엄마와 아빠를 갈라놓는다(Kristeva, 1982: 2~3).

이것이 암시하듯이, 크리스테바에게서 그러한 혐오감은 부모와의 관계와 뗄 수 없게 연결되어 있다. 우유는 그녀가 배출하고자 하는 "그들의 욕망의 표지"이다. 그러한 물질을 처음 마주할 때 그녀가 경험하는 감정과 느낌은 아브젝시옹으로부터 그녀를 보호하는 것처럼 보이지만, 사실은 그녀로 하여금 그녀가 매도한 그 물질에 더 가까이 다가가게 한다. 왜냐하면 아브젝트는 "버린 것이지만 그것은 일반적인 대상과는 달리 우리가 그것으로부터 분리될 수도 없고 또 그것으로부터 스스로를 보호할 수 없는 어떤 것"이기 때문이다(Kristeva, 1982: 4).

우유 위의 엷은 막에 대한 크리스테바의 혐오감에 견주어볼 때, 프랑스 사람들의 음식 선호에 대한 피슐러의 연구는 주목할 만하다. 그는 프랑스 사람들 사이에서 우유가 자주 "통제할 수 없는 메스꺼움과 극도의 혐오감의 한 원천"으로, 그리고 가열한 우유 위에 형성된 '엷은 막'이 가장 빈번한 음식 혐오의 대상으로 자주 언급된다는 것을 발견했다(Fischler, 1986: 958). 그가 인터뷰한 프랑스 어머니들은 아이들에게 우유가 갖는 가치를 놓고 의견이 갈리었다. 일부는 분명한 '우유 혐오' 태도를 드러냈다. 피슐러는 프랑스 문화에서 우유가 갖는 함의는 애매하다고 주장한다(Fischler, 1986: 959). 그것은 음식의 개념과 음료의 개념 사이를 왔다 갔다 하기 때문에 분명하게 이것 또는 저것으로 분류할 수 없다. 우유를 둘러싼 이러한 의미들을 이해하고자 할 때, 다시 경계성의 문제가 뚜렷하게 부상한다. 분류하기 어려운 그러한 물질들은 개념적으로 다루기가 어렵고, 그것은 다시 혐오감이라는 감정적 반응으로 이어질 수 있다.

내가 제2장에서 지적했듯이, 경계성과 아브젝시옹에 대한 반응은 '깨끗한'과 '더러운'이라는 관념을 둘러싼 문화적 범주를 구성한다. 근대적 자아는 위생, 순수함 그리고 개인적 청결의 관념에 사로잡혀 있다. 이러한 강박관념이 출현한 것은 단지 지난 두 세기에 불과하다. 그것은 미생물을 발견한 빅토리아 시대에 특히 격심했다(Corbin, 1986; Vigarello, 1988). 그 시기 동안에 청결은 몸뿐만 아니라 영혼, 정신, 도덕의 깨끗함을 주창하는 도덕 개혁 운동의 성격을 띠고 있었다(Wohl, 1983). 그리고 이러한 의미는 여전히 통용되고 있다. '세균'에 대한 공포는 특히 오늘날의 사회에서 분명하게 드러난다. 그러한 불안은 세균의 비가시성을 축으로 한다. 코빈(Corbin, 1986: 5)이 지적하듯이, 청결, 더러움, 악취의 관념에는 하나의 강력한 이데올로기적 요소가 존재한다. 이를테면 고약한 냄새는 썩음과 불결함을 함의할 뿐만 아니라 사회질서에 대한 위협을 함의하기도 한다. 반면 위생적인 것과 달콤한 냄새는 사회질서의 안정성을 뒷받침한다. 메리 더글라스는 『순수와 위험Purity and Danger』(1980/1966)에서 엔젠베르거Enzensberger가 그의 『더러움: 오물의 해부Smut: An Anatomy of Dirt』(1972)에서 그랬던 것처럼 오물은 단지 제자리를 벗어나 있는 물질이라고 지적했다. 이 개념화에서 몸은 보다 광범한 사회 관계의 상징으로 기능한다. 몸은 보호되어야만 하는 취약한 출입 지점들을 가진 하나의 체계로, 의식 수준보다는 잠재의식 수준에서 이해된다. 이것이 함의하듯이, 음식 — 어떤 종류의 음식이든 — 을 섭취하는 것은 위협적인 오염에 의해 자아의 고결성을 위험에 처하게 할 수 있다. "무분별하게 체내화된 물체는 그[원문 그대로]를 오염시키고 그를 내부로부터 변화시켜 그를 지배한다, 아니 더 정확히 말하면 그 자신으로부터 그를 내쫓는다"(Fischler, 1988: 281). 이것은 음식이 알지 못하는 것이거나 이전에 경험하지 않은 것일 때, 또는 그것이 '의심스러운' 매우 강한 또는 친숙하지 않은 냄새를 풍길 때 특히 사실이다. 미지의 것과 마주하는 데서 발생하는 혐오는 메스꺼움과 그 음식을 토하고 싶은 충동 같은 생리적 반응과 함께 불안과 불쾌감 같은 감정적 반응을 수반한다(Fischler, 1988: 284).

끈적거리는 것과 미끈거리는 것이 특히 신체의 고결성을 위협하는 물질

/느낌들인 까닭은 그것들이 애매모호한 것, 즉 고체와 액체 중간의 반반의 상태이고 그것들이 자아를 구체화하고 경계를 해체할 우려가 있기 때문이다(Falk, 1991: 781). 비서(Visser, 1991: 311)는 다음과 같이 논평했다. "우리는 액체가 흐르고 미끈미끈하고 흐물흐물하는 것은 무엇이든 몹시 싫어한다. 왜냐하면 그것은 너무나도 불확정적이어서 안심할 수 없기 때문이다. 그러한 농도의 물질들은 또한 침, 정액, 배설물, 고름, 가래, 구토 물같이 오염되어 있는 것으로 간주되는 체액들을 연상시킨다. 그러한 체액들이 불안을 유발하는 까닭은 자아의 고결성과 자율성에 위협을 가하기 때문이다. 체액은 잘못해서 삼키거나 우리 몸을 더럽힐 우려가 있다. 그것은 제거하기 힘들다. 그것은 스며나왔다가 다시 스며든다. 그것은 자기 억제적·자기 통제적이고자 하는 우리의 욕망에 도전한다(Grosz, 1994: 194). 사르트르Sartre는 『존재와 무Being and Nothingness』에서 끈적끈적한 물질과 미끈미끈한 물질이 일으키는 혐오에 대해 다음과 같이 기술했다.

> 끈적거리는 것이 본질적으로 애매한 것으로 현시되는 까닭은 그 유동체가 느리게 움직이는 존재이기 때문이다. 끈적거리는 것은 무거운 날개를 가지고 날아서 달아난다. 그것은 처음에는 우리에게 그것이 **소유**할 수 있는 존재라는 인상을 준다. 내가 그것을 소유한다고 믿는 바로 그 순간에 기묘한 전도가 일어나며 **그것**이 나를 소유한다. …… 그것은 거머리처럼 나에게 들러붙는다. 그러나 그와 동시에 나는 끈적끈적한 것이 된다. …… 끈적끈적한 것을 만지는 것은 끈적끈적한 것으로 용해되어버리는 위험을 무릅쓰는 것이다(Enzensberger, 1972: 17~18에서 인용함, 강조는 원저자).

마찬가지로 애매한 질감이나 외양을 지닌 음식들도 혐오감을 불러일으킨다. 원래의 구성물로부터 끈적끈적한 연한 덩어리로 부서진, 씹은 음식이 그것의 한 예이다. 일단 음식이 입으로 들어가서 씹혀서 타액과 혼합되면, 그것은 오염되게 된다(Visser, 1991: 312). 그러한 이유에서 입을 벌리고 음식을 씹거나 음식을 뱉거나 아니면 입에서 음식을 꺼내는 것은 서구 사회에서 극히 나쁜 매너이다.

나의 조사에서는 우유가 문제 있는 식품으로 언급되지 않았지만, 몇몇 인터뷰들에서 망고, 파파야, 계란, 굴, 아보카도 같은 식품들은 몹시 싫어하는 음식으로 지명되었다. 사람들이 이러한 음식들에 대해 느끼는 반감은 그것들의 맛보다는 그것들의 질감이나 외양과 더 관련되어 있는 것으로 보였다. 왜 그러한 음식을 싫어하는지를 설명할 때, 참여자들은 '미끈미끈한', '물컹한', '끈끈한', '흐물흐물한'과 같은 단어를 사용했다. 이러한 형용사들은 고체도 그리고 액체도 아닌, 즉 체액의 질감을 갖는 경계 음식에 적용된다. 이를테면 라지는 그가 가장 혐오하는 음식 중의 하나인 산라탕Chinese hot sour soup에 대해 다음과 같이 묘사했다. 그것은 "나를 불편하게 만들어요. 그것은 뭐랄까 젤라틴 모양을 하고 있고 끈적끈적해요. …… 그게 그것의 주요 질감이죠." 라지가 그러한 요리를 혐오함에도 불구하고, 때때로 그의 중국 고객들을 데리고 나와 점심을 대접할 때, 그들은 그것을 주문할 것을 고집한다. 그리고 라지는 그들이 기분 상하지 않게 하기 위해 그것을 억지로 삼켜야만 했다. "나는 제발 나의 미뢰가 반응하지 않기를 바라고 더 좋은 것에 대해 생각해요. …… 나는 때때로 토할 것 같았어요." 계란은 많은 사람에게 유사한 어려운 문제에 부딪치게 한다. 계란이 충분히 오래 요리되지 않을 경우, 흰자위는 여전히 투명하고 미끈거리며, 그 외양과 질감은 가래나 침과 매우 유사하다. 슈는 자신이 계란을 좋아하지 않던 아이였을 때 그것을 억지로 먹었던 것을 기억한다. "나는 정말 그것이 그러니까 역겨운 흐물흐물한 누런, 그리고 끈적거리고 혐오스러운 것이라고 생각했어요. 내 생각에는 그것이 계란의 질감이었어요. 정말 모든 게 —**윽**—, 정말 실제로 혐오스러웠어요." 그러한 농도로 '물컹물컹'하거나 '미끈미끈'한 음식들은 '파삭파삭'하고 서로 분리되어 있는 음식들과 대비되었다. 사라는 그 질감 때문에 방울양배추를 싫어한다고 말한다. "그것의 질감은 깔끔하고 파삭파삭한 그런 것이 아니에요. 그것은 거의 털북숭이 형태의 질감을 가지고 있는 것처럼 보여요." 네일은 자신이 요리된 야채를 싫어하고 샐러드를 더 좋아하는 이유 중의 하나가 질감의 차이라고 언급했다. "나는 물컹물컹한 음식을 좋아하지 않아요. 나는 단단하고 파삭파삭한 것들을 좋아해요."

몇몇 인터뷰 응답자의 경우, 음식의 질감과 외양 때문에 그것을 맛보지조차 못했다. 데이비드David는 자신이 아보카도를 입에 대본 적이 전혀 없지만 어쨌든 그것을 몹시 싫어한다고 말했다. "왜냐면 그것의 겉모양과 촉감 때문이에요." 그는 굴을 결코 먹어본 적이 없음에도 불구하고 굴을 먹는 것을 생각조차 할 수 없다. "굴은 미끈거려요. …… 나는 굴을 먹는 것을 볼 수조차 없어요. 사람들은 씹지도 못하는 것에 돈을 죄다 지불해요. …… 마찬가지로 그 이유는 좋지 않은 촉감과 겉모양 때문이에요." 데이비드는 또한 자신이 망고의 '미끈미끈한' 질감 때문에 그 주스를 좋아함에도 불구하고 그것을 먹지 않는다고 말했다. 그리고 그는 버섯에 대해서도 마찬가지로 느꼈다. 유르겐에게 망고의 맛은 '이상하고' '기묘하며', 그는 그것의 질감을 '흐물흐물하다'고 기술했다. 카렌 또한 자신이 망고와 아스파

라거스를 흐물흐물하다고 느낀다고 말했다. 그녀는 굴에 대해서도 말했다. "그것은 입에 들어간 콧물 같아요." 이 강력한 직유적 표현은 가래와 같은 '더러운' 끈적거리는 체액에 대해, 그리고 굴과 같은 미끈거리는 질감의 음식에 대해 느끼는 혐오감과 나란히 등장한다.

하지만 다른 인터뷰 응답자들은 망고의 강하고 독특한 맛과 그것의 질감을 매우 즐겼다. 안나Anna는 망고가 "정말로, 정말로 즙이 많고 향기가 좋고 아주 강렬하기 때문에 자신이 망고를 좋아한다고 말했다. 그녀는 망고와 같은 과일을 먹을 때 많은 즙이 주는 '즐거움'을 즐긴다. 폴Paul은 성인이 되어 처음으로 망고를 맛보았고, 그것은 곧 그가 좋아하는 음식 중의 하나가 되었다. 그는 자신이 특히 망고를 먹는 감각적인 경험을 즐긴다고 말했다.

> 그것은 매우 감각적인 과일이에요. 그것은 전적인 주의를 기울여야 하는 종류의 과일이죠. 망고를 먹기 위해서는 그것에 얼마간 집중해야 해요. 왜냐면 그것은 매우 강한 냄새, 그러니까 열대 과일 종류의 냄새가 나고, 매우 신체적인 반응을 유발하는 물질이고, 얼굴과 손 등에 온통 그것을 묻힐 수 있기 때문이죠. 망고를 먹는다는 것 자체가 바로 일종의 온갖 신경을 써야 하는 활동이죠.

굴은 이중의 의미를 가지고 있다. 굴은 그 질감과 겉모양 때문에 혐오감의 대상이자 그 가격과 희소성 때문에 사치의 대상이다. 로스Ross는 자신이 굴을 먹는 것을 좋아하는 까닭은 그것이 자신이 탐닉할 수 있는 하나의 사치품이고 자신이 그것의 강한 향을 즐기기 때문이라고 말했다. 마가렛은 성인이 되어 한 레스토랑에서 굴을 처음으로 먹어본 경험을 자세하게 이야기했다. 그녀는 오이스터스 킬패트릭oysters Kilpatrick[베이컨과 우스터소스와 함께 만든 굴 요리 - 옮긴이]으로 조리된 굴을 시식했다. 그리고 그녀는 처음의 불안이 사라진 후 자신이 그것을 좋아한다고 느꼈다.

> 오우, 그것은 훌륭했어요. …… 그중 일부는 그러니까 내가 대단한 일을 해냈다는 사실이었어요. 사실 나는 굴을 입에 실제로 넣었을 때 그것을 삼키지 못하지나 않을까 두려웠어요. …… 분명 그것을 씹으면 안 될 것 같았지만, 어쩔 수가 없었어요. 그것 위에 베이컨이 놓여 있으니까요. …… 그리고 그것을 맛보고 나서 나는 생각했어요. "오우, 이거 괜찮은데!" …… 그리고 그것은 아주 매력적이었어요!

이것이 시사하듯이, 음식의 질감, 맛, 냄새, 겉모양과 같은 요소에 의해 유발된 혐오는 만약 그 음식이 또 다른 보다 긍정적 속성을 가질 경우 극복될 수 있다. 모든 문화에서 미끈미끈함 또는 물컹물컹한 질감을 혐오하는 것은 아니다. 일본인들은 미끈거리는 질감의 음식이나 끈적끈적한 음식을 특히 좋아한다(Ashkenazi, 1991: 291). 서구 문화에서도 자주 먹고 즐기는 음식, 특히 어린 아이와 환자에게 제공되는 음식 중에서 끈적끈적한 것, 물컹물컹한 것, 미끈미끈한 것이 공히 발견된다. 이러한 음식의 경우에 그러한 음식의 명성이나 인지된 영양가 또는 단순한 습관, 그리고 어린 시절부터 그것들이 야기한 기분 좋은 맛이나 즐거운 감정과 감각이 혐오를 압도할 수도 있다. 꿀, 젤리, 쌀이나 사고 푸딩, 캐비아, 달팽이, 굴과 같은 식재료들이 그러한 범주에 속할 수 있다.

동물의 살과 혐오

내가 제1장에서 지적했듯이, 서구 사회에는 동물의 살과 관련하여 뿌리 깊은 양가감정이 존재한다. 이 양가감정의 근원 중의 하나는 최근 동물의 지방이 나쁜 건강과 연관지어진 것이다. 보다 심층적이고 지속되어온 수준에서 고기가 고도의 불쾌감과 혐오감을 불러일으키는 것은 그것이 음식을 제공할 목적에서 의도적으로 살해된 살아 있던 동물로부터 나온다는 것이다. 음식을 위한 온혈동물의 살해는 살인 및 인간의 살 먹기와 동떨어져 있는 것이 아니다. "먹기에 적합하다는 것은 인류와 반비례하는 관계에 있다"(Sahlins, 1976: 175). 현대 서구 사회에서 고양이, 개, 말, 기니피그처럼 그것의 반려동물로서의 지위 때문에 전통적으로 유사 인간pseudo-human으로 간주되어온 동물을 먹는 것을 금지하는 것도 여기에서 유래한다. 우리는 우리가 이름을 붙여주고 가족 성원의 일원으로 간주하는 동물은 먹지 않는 경향이 있다(Sahlins, 1976: 174). 영국채식주의자협회는 사람들에게 그들이 먹는 동물이 살아 있는 매력적인 피조물이라는 관념을 직접적으로 제기하기 위해 한 포스터에서 실제로 그러한 감정적 연계 관계를 이용했다. 그 포스터에는 나이프와 포크가 옆에 놓여 있는 대형 접시 위에 슬픈 표정을 하고 있는 귀여운 강아지가 앉아 있다. 이러한 혐오의 유력한 원천을 감안할 때, 호주의 한 잡지에 실린 붉은 살코기 광고가 실제로 고기와 인간의 살의 융합에 주목하게 했다는 것은 놀라운 일이다. 그 광고는 커다란 조각의 엉덩이 살 생 스테이크를 보여준다. 그것은 그 옆에 놓여 있는 정육점 주인의 큰 칼로 얇게 자른 고기의 절반이다. 거기에는 다음과 같은 표제가 쓰여 있다. "이 새롭게 '특별히 잘라낸 부분'으로 우리는 엉덩이 살

몇 센티미터를 뺄 수 있을 것이다."

동물의 살에 대한 혐오는 수천 년 전으로 거슬러 올라간다. 그것은 고대 그리스의 저술에서도 분명하게 드러난다. 이를테면 플루타르크Plutarch는 「살 먹기Flesh-eating」라는 제목의 글을 썼다. 그 글에서 그는 "가죽이 벗겨지고 절단된 사지의 기이한 모습 …… 곪은 상처 …… 부패된 피와 분비물의 불결함"과 같은 표현을 이용하여 고기와 연관된 폭력에 대해 격정적인 우려를 드러냈다. 플루타르크는 계속해서 요리된 고기와 방부 처리한 인간의 시체를 비교했다(Spencer, 1994: 99~100에서 인용함). 고기는 폭력, 공격성, 피 흘림, 고통과 연관지어진다. 그것은 항상 자신/타자, 순수함/오염됨 간의 경계 위에 있다. 고기는 동물의 죽음의 산물이기 때문에, 그것은 다른 어떤 음식보다도 부패 및 오염과 강력하게 연결되어 있다. 채식주의자들은 자주 곡물, 견과류, 채소의 '살아 있는' 자양분과 비교하여 고기를 '죽은' 부패하고 있는 물질로 묘사한다(Twigg, 1983: 29). 메넬(Mennell, 1985: 304~306)은 고기 먹기와 채식주의의 경우를 도덕적 이유에 근거한 음식 혐오 — 또한 사회적 지위와도 관련되어 있는 — 의 하나의 사례로 이용한다. 고기는 한때 부와 풍요의 기호였지만, 르네상스 시대에 이르러 고기에 대한 태도는 음식을 위한 동물 살해에 관한 도덕적 우려에 의해 영향받기 시작했다. 따라서 현대 서구 사회에서 고기를 먹는 사람들 사이에서조차 음식을 위한 동물 살해와 관련해서는 그것의 '비문명화된' 성격에 기초한 강한 반감이 존재한다. "배변, 배뇨, 성교와 같은 친숙한 행위와 함께 동물 살해는 '동물적' 활동으로 간주된다"(Mennell, 1985: 307). 트위그(Twigg, 1983: 26)는 이러한 주장의 발전을 산업혁명의 결과로 발생한 도시화와 연계시키며, 동물 살해에 대한 감상적인 생각이 생겨나기 시작한 것은 18세기에 도시에서 동물들이 대부분 치워지고 나서부터였다고 주장한다. 하지만 그것은 자연을 인간 감상의 자각과 강화의 원천으로 보는 낭만주의적 인식의 증대와 고통과 고문을 도덕적 악으로 보는 인식의 고양과 맞물려 계몽주의 시대에 출현한 인간주의의 일부로 이해될 수도 있다(Taylor, 1989).

비알레스(Vialles, 1994: 31)는 관례화된 체계적인 동물 도살을 위해 설계된 산업적 도살장과 인간의 대량 학살 간의 유사성이 초래하는 불안에 대해 지적한다. 그녀는 그러한 환경에서 일어나는 동물의 무차별적 대량 도살이 도살장 관념을 둘러싸고 불안을 야기한다고 주장한다. 한때 도살장이 도시의 중심에 있었고, 동물 도살이 자주 완전히 공개된 상태로 이루어졌다. 19세기 이래로 도살장은 도시의 변두리로 이전되었고, 도살은 눈에 띄지 않도록 추방된 거의 비밀 활동이 되었다(Vialles, 1994: 5). 동물 도살과 관련한 활동들은 문화적으로 '불결하고' '금기시되는' 것으로 재평가되었다. 비알레스에 따르면, 도살장과 관련한 수치심과 비밀주의는 "(인간 또는 동물의) 죽음, 고통, 폭력, 쇠약과 질병, '살기殺氣', 그리고 마지막으로 동물 그 자체 – 점점 더 '소小 형제'로 인식되게 된 – 의 실태와 관련한 감성이 크게 변화했음"을 보여주는 증거이다(Vialles, 1994: 19). 비알레스(Vialles, 1994: 65~66)는 근대 도살장이 동물의 인간적 취급과 관련한 감성과 살해 없이 고기를 얻고자 하는 우리의 욕망을 고려하여 설계된 것이라고 지적한다. 그 결과 도살장은 공장처럼 설계되었다. 프랑스어 동사 abattre에서 파생된 또는 흔히 '벌목'과 관련하여 사용하는 '베어내다'에서 파생한 '도살장abattoir'이라는 용어 자체는 한때 흔히 사용되던 대안적 용어 'slaughterhouse'와 달리 그 활동이 지닌 죽임의 성격을 덮어 감추고자 하는 하나의 인상적인 완곡어법이다(Vialles, 1994: 22~23).

고기의 원천을 눈에 띄지 않게 하려는 이러한 추세를 보여주는 또 다른 증거가 오늘날의 정육점이 이제 더 이상 동물을 통째로, 또는 그것의 머리나 다리를 공개적으로 진열하지 않는다는 것이다. 고기는 오늘날 대부분 절단되어 판매되고, 슈퍼마켓에서는 플라스틱 포장지에 산뜻하게 '위생적으로' 포장되어 있다. 그러한 제공 방식은 살과 그것이 떼어내진 동물의 몸을 효과적으로 분리시키도록 작동하면서 그것에 개념적으로 '청결함'을 부여한다. 피데스는 『브리티시 미트British Meat』라는 업계 출판물로부터 다음과 같은 주장을 인용하고 있다. "새로운 소매 철학이 긴급히 요구되고 있다. 우리는 더 이상 생육을 부위 별로 판매를 하지 않을 작정이다. 우리는 우리의 고객이 들판에 있는 동물을 회고적으로 생각하기보다는 그들이 먹을 것을 전향적으로 생각하게 해야만 한다"(Fiddes, 1991: 96).

고기에 대한 양가감정은 인터뷰에서도 분명하게 드러났다. 몇몇 사람들은 자신이 고기 먹기를 즐기고 그것을 윤리적으로 반대하지 않는다고 말하면서도 고기의 겉모양, 질감 또는 감각에 대해 양가적이었고, 그것은 고기를 먹고 난 후 그것의 '자양분'에 대해 의문을 가지게 했다. 이를테면 소니아는 붉은 고기가 '잘 씹히지 않고' '소화가 잘 되지 않기' 때문에 그것을 싫어하고, '더 청결한' 흰 살코기(닭고기, 생선, 돼지고기)를 더 좋아한다. 현재 사람들이 동물의 살에 대해 가지고 있는 사고방식에는 건강에 대한 함의 역시 강하게 드러난다. 내가 제3장에서 지적했듯이, 현재 특히 붉은 고기에서 발견되는 동물 지방에 대한 불안이 널리 퍼져 있다. 대부분의 연구 참여자들은 지방이 많은 붉은 고기를 '건강에 좋지 않은' 음식으로 묘사했다. 마이크는 다음과 같은 이유 때문에 자신이 고기 먹기를 건강에 나쁜 것으로 간주한다고 말했다.

그것이 몸을 통과하는 데에는 너무나 많은 시간이 걸리죠. 내가 생각하기에, 그것은 위에 남아서 썩어 암을 유발할 수도 있어요. 따라서 나는 그 생각을 하지 말아야만 맛있는 어린양 고기 한 조각을 즐길 수 있어요. 이해되죠. 알다시피 살 한 조각이 썩어 없어지는 데에는 시간이 많이 걸려요. 그렇지만 사람들은 고기 냄새를 맡을 때 그런 사실을 잊어버리죠(Beardsworth and Keil, 1992: 273과 비교해보라).

동물의 살이 살아 있는 동물에 가까울수록 그것이 혐오를 불러일으킬 가능성은 더 커진다. 나의 인터뷰 응답자의 한 사람인 마리아는 자신이 어린 시절과 청소년기 동안에 고기 만지는 것을 좋아하지 않았고 따라서 음식 준비를 도울 수 없었다고 말했다. "나는 죽은 어떤 것을 만질 수 없었어요. 심지어 결혼했을 때조차 나는 닭을 손질하지도 못했어요. 그것은 나를 곧 토할 것 같게 만들곤 했어요. 나는 죽은 닭을 만질 수 없었어요. 그게 고기든, 다른 어떤 죽은 것이든 간에 말예요." 마리아는 고기 만지는 것에 대한 자신의 두려움이 자신이 어려서 포르투갈에 살던 때부터 시작되었다고 생각한다. 그 당시에 그녀는 토끼, 염소, 돼지, 닭을 포함하여 온갖 종류의 동물들이 고기를 위해 살해되는 것을 보곤 했다. 그녀의 아버지는 매년 크리스마스 전에 돼지를 잡았다. 그리고 그녀와 그녀의 형제들은 비명소리를 듣지 않기 위해 가능한 한 멀리 달아났다. 그녀의 어머니는 항상 수프에 돼지고기 조각을 넣었고, 마리아는 고기의 원천과 돼지의 고통에 대한 지식 때문에 그것을 먹기를 거부했다.

붉은 고기 소비에 대한 증대하는 불안에 대처하기 위해 고기 판매 회사들은 '고기와 남성성'을 직접적으로 결합시키기를 포기하고, 고기의 '여성화'를 시도해왔다. 이를테면 1993년에 호주에서 호주축산공사가 전개한 매스미디어 캠페인은 전적으로 여성을 표적으로 한 것이었다. 텔레비전 광고는 자신들이 얼마나 바쁘고 피곤하고 지쳐 있는지에 대해 이야기하는 모든 연령의 여성 집단을 클로즈업 하여 크게 다루었다. 그 광고들은 흑백을 이용하여 여성들을 아주 창백해 보이게 표현하고 얼굴선과 그들의 눈 밑의 다크서클을 부각시키기 위해 위에서 조명을 비추었다. 정육점과 병원에 배포된 한 캠페인 팸플릿은 그 표지에서 "10명 중 7명의 여성이 철을 충분히 섭취하지 않고 있다. 당신도 그들 중의 한 명이 아닌가요?"라고 주장하고, 계속해서 철과 고기에 대한 '과학적' 사실들을 제시했다. 1994년 초에 광고의 또 다른 국면에서 나온 텔레비전과 잡지의 광고들은 소량의 기름기가 없는 소고기와 대량의 시금치, 생선, 또는 돼지 갈비살과 같은 다른 종류의 고기를 비교하고 나섰다. 광고는 상대적으로 소량의 소고기가 대량의 다른 음식과 동일한 철분을 제공한다고 주장했다. 그러므로 광고는 소고기 분량의 심미성을 강조하기 위해 지방이나 피의 흔적이 전혀 없는 핑크빛 붉은 고기를 보여주고자 했다. '청결한/불결한', '작은/큰', '맛있는/맛없는'의 이원 대립 모두는 소량의 고기의 앙증맞은 여성성 대 대량의 다른 음식의 괴물 같은 남성성을 함의하는 데 기여했다.

'뉴에이지NewAge' 음식의 옹호자들은 동물의 살이나 정치적으로 옳지 않은 수단을 이용하여 기른 음식을 먹는 것에 대한 죄의식, 불안, 혐오를 떨쳐버리고자 시도한다. 따라서 그들은 이를테면 놓아기른 닭의 계란과 고기 및 유기농 채소를 더 선호하고 방부제와 화학 물질이 들어간 음식을 피한다. 식품 생산자들은 고기의 출처에 점점 더 민감해지고 있는 일반인들에게 자신들의 제품을 팔기 위해 재빨리 '뉴에이지' 음식의 담론을 채택해왔다. 이를테면 호주축산공사는 '뉴에이지'를 위한 고기 식사 레시피를 개발하고, 그것을 '대립을 유발하지 않는' 고기 요리로 묘사했다. 즉 그 요리들에는 동물의 살이 들어가지만, 그것은 뼈를 포함하는 덩어리 고기의 형태를 취하는 것이 아니라 '스테이크와 견과류를 다져 만든 빵'이나 무사카처럼 다져지거나 다른 재료들과 섞여져서 감추어진다(Ripe, 1993: 155). 유사하게 1994년 영국 잡지에 등장한 두 쪽짜리 '프리덤 푸드Freedom food' 광고는 자신의 고기를 다음과 같이 광고했다. "농장 동물들에게 다섯 가지 기본적 자유를 주기 위한 RSPCA(영국 왕립동물학대방지협회Royal Society for the Prevention of Cruelty to Animals)의 계획: 1) 두려움과 고통으로부터의 자유, 2) 아픔, 상해, 질병으로부터의 자유, 3) 배고픔과 갈증으로부터의 자유, 4) 불편함으로부터의 자유, 5) 자연스럽게 행동할 자유." 광고는 그러한 고기 생산 방법은 아파트식 양계장에서의 닭 사육과 구속 틀 내에서의 돼지 사육을 피하고 "도살장으로의 트라우마 없는 이동과 인도적인 죽음"을 보장한다고 주장했다. 그 광고는 플라스틱 용기에 '안전하고' '청결하게' 포장된 판매용 붉은 고기 한 조각을 찍은 커다란 사진을 같이 싣고 있었다. 그것에는 다음과 같이 쓰여 있었다. "그것은 당신의 입속에 더 좋은 뒷맛을 남겨줄 것이다."

내장과 피

비알레스(Vialles, 1994: 127~128)는 고기와 관련한 두 가지 논리를 규명한다. 하나가 "자신들이 생명체를 먹는다는 것을 기꺼이 인정하고 그리하여 내장을 먹는 것을 즐기는 사람들이 지지하는" '내장 애호 육식주의zoophagan' 논리이고, 다른 하나는 생명체 원래의 출처로부터 추출되어 분리되어 있는 상태의 고기를 선호하고 그리하여 내장을 비위에 거슬리는 것으로 생각하는 사람들이 계발한 '내장 혐오 육식주의sarcophagan' 논리이다. 내장고기는 그 이름 자체 — 심장, 혀, 콩팥, 허파, 간 — 가 인간과 전혀 다르지 않은 살아 있는 짐승에서 나온 것이라는 점을 알려준다(Sahlins, 1976: 175). 메넬(Mennell, 1985: 310)은 내장을 반감 대상이 변화할 수 있음을 보여주는 일례로 언급한다. 비튼Beeton 여사의 『가정관리Household Management』라는 책의 1861년도 판까지도 삶은 송아지 머리와 같은 레시피가 포함되어 있었지만, 오늘날 특히 앵글로-셀트 문화와 젊은 사람들 사이에는 내장에 대한 혐오감이 널리 퍼져 있다. 메넬은 특정 동물의 신체 부위를 싫어하는 데에는 하나의 위계가 존재한다고 지적한다. "내장에 대한 감정 척도를 구성하는 것이 가능해 보인다. 그 대상들을 혐오스러움에 따라 오름차순으로 나열하면, 간, 콩팥, 혀, 췌장, 뇌, 위, 고환, 눈의 순서이다"(Mennell, 1985: 311). 이 싫어함의 위계는 어떤 기관이 내장인 정도(눈과 비교하여 간)와 동물의 일부로 식별 가능한 정도(고환과 비교하여 위)를 비롯하여 여러 요소들에 기초한 것으로 보인다.

그러므로 인터뷰에서 빈번하게 매도되는 음식 범주의 하나가 내장이었다는 점은 놀랄 일이 아니다. 사람들이 그것을 싫어하는 이유로 제시하는 것들에는 질감, 맛, 냄새, 겉모양, 그리고 내장이 동물의 '창자'라는 사실과 같은 여러 요인들이 결합되어 있었다. 콘스탄스는 자신이 뇌와 위를 싫어하는 이유는 그것들의 질감 때문이라고 말했다. "그것들에는 얼마간 미끈거린다는 느낌이 있어요. 나는 그런 느낌을 정말로 좋아하지 않아요." 폴은 자신이 내장과 같은 종류의 것을 아주 싫어하는 까닭은 그 맛을 좋아하지 않기 때문이라고 말했다. 그의 아버지는 위를 좋아했고, 따라서 그들은 때때로 집에서 그것을 먹곤 했다. 폴은 어린 시절에 그것을 먹었을 때 극도로 불쾌한 느낌이 강하게 들었던 것을 회상한다. "너무 역겹다고나 할까, 그것에는 아주 불쾌한 무언가가 있어요. '어떤 것을 억지로 먹는다'는 것과 같은 느낌이랄까." 에드워드는 5살인가 6살 때에 화이트소스를 뿌린 위를 억지로 먹었던 것을 포함하는 하나의 사건에 대한 기억을 기술했다. "에드워드는 여전히 그때의 느낌 — 인간의 소비에 적합한 것으로 제공된 그러한 음식에 대한 단호한 저항과 먹기 거부 그리고 극심한 혐오감 — 을 확실하게 기억한다. 에드워드는 위를 먹을 것을 강요당할 때 고함을 치거나 비명을 지르지는 않았지만, 극도의 불쾌감을 드러냈다." 안나는 자신이 간, 콩팥, 위 및 여타 기관을 (구역질 소리를 내며) 몹시 싫어하는 까닭은 그것의 출처가 '내부' 장기이며, 그것의 일부는 배설물을 제거하기 위해 이용되는 것이기 때문이라고 말했다.

그것은 내부 장기죠. …… 나는 심장을 먹는 것을 견딜 수 없어요. 심장의 질감은 딱딱하고 정말 거칠어요. 그것은 구역질이 나요. 그리고 내장을 먹는다는 생각만으로도 그래요. 내가 말하고자 하는 것은, 그러니까 간과 콩팥은 콩팥을 통과하는 물질과 같은 것이라는 거예요. 그 물질은 콩팥을 통과한 후에 소변으로 배출돼요. 그것은 정말 구역질 나요. 콩팥의 냄새를 맡을 때 심지어 소변 냄새를 맡을 수도 있어요. 그리고 간의 냄새조차 …… [그런 음식을 억지로 먹을 때] 나는 토할 것만 같아요. 나는 그것들을 먹는 것을 피하기 위해 그것들을 주머니에 처넣곤 했어요.

라지는 차이니스 레스토랑에서 그의 중국 고객들이 사업상의 점심식사에서 고집스럽게 주문해온 젤리 형태로 조리한 내장을 그것의 질감과 냄새 그리고 내장이라는 그것의 지위 때문에 역겨워했다. "그것이 더욱 혐오스러운 까닭은 그것이 내장이고 얼마간 고약한 냄새가 나기 때문이었어요. …… 나는 내장을 먹는다는 생각을 정말로 증오했어요. 나는 그것이 역겹고 구역질 나요." 그의 고객들을 기분 상하게 하지 말아야 할 사회적 필요성에도 불구하고, 그는 불가항력적인 신체적 구역질 때문에 그 요리를 먹을 수 없었다.

피는 그것이 삶과 죽음 모두와 갖는 연계성 때문에 특히 감정을 유발하는 물질이다. 그 물질 자체는 특히 남성에게서 열정, 격분, 공격성, 육욕의 소재지로 인식된다(Twigg, 1983: 22~24). 피는 전통적으로 생명의 담지자일 뿐만 아니라 영혼의 심장이다. 인간의 피는 고사하고 다른 피조물의 피를 먹거나 마신다는 관념은 자주 혐오스러운 것으로 제시된다. 돼지의 피로 만든 블랙푸딩과 같은 음식들은 오늘날 (비록 그러한 식재료들이 영국 북부와 스코틀랜드에서는 여전히 인기가 있지만) 미국과 호주 같은 나라들에서는 아주 소수의 사람들만이 먹고 있다. 하지만 요리된 동물의 살에서 불가피하게 발견되는 '요리된' 피는, 비록 설익은 고기가 '피가 전혀 흐르지 않는' 고기를 좋아하는 사람들에게 잠시 머뭇거리게 하기는 하지만, 살을 먹는 사람들에 의해 일반적으로 별다른 고민 없이 소비된다. 잘 요리된 고기로부터 나오는 갈색의 액체나 '즙'보다도 붉은 빛으로 남아 있는 피의 표시는 그 고기가 온혈동물로부터 나왔다는 것을 보여주는 강력한 표지이다.

인간의 피는 특히 혐오감을 주는, 그리고 극도로 불쾌하고 무서운 물질로 고려된다. 비록 인간의 피에 영양분이 있을 수 있지만, 그것은 서구 사회에서 가장 분명하게 비음식으로 간주된다. 이 범주를 전복시키고자 하는 어떤 사람은 반대와 비난에 봉착한다. 대단히 존경받는 호주 셰프이자 음식 저술가인 게이 빌슨Gay Bilson — 그녀는 요리에 혁신적으로 접근하는 것으로 유명하다 — 은 한 잡지의 컬러 부록의 음식 섹션에 인간의 몸을 중심 테마로 한 저녁식사를 위해 그녀 자신의 피로 소시지를 만들고자 하는 자신의 노력에 대해 기술했다. 빌슨은 그 절차에 대해 병리학자와 변호사의 의견을 구할 필요가 있음을 발견했고, 그것을 이룰 수 있는 방법에 대한 계획을 발전시켰다.

> 나는 [나의 피에 대해 AIDS 바이러스 검사와 다른 혈액 매개 질병 검사를 받음으로써 추정상] 나의 피가 안전하다는 것을 입증하고 약 3리터의 피를 얻는 데 필요한 기간 동안 그것을 냉동한 다음에 개인적으로 소시지를 만들 것이다. 우리의 피는 돼지의 피와 유사한 속성을 가지고 있다. 따라서 내가 아는 '음식'으로서 그 소시지는 맛이 있을 것이다. 그것을 데치는 것은 안전을 보장해줄 것이다. 그것을 제공하는 것 — 소비자들은 피의 출처를 잘 알고 있을 것이고, 따라서 그것을 거부할 수도 있다 — 은 후한 마음의 표시의 극치일 것이다(Bilson, 1994: 68).

이처럼 빌슨은 사람 피 소시지라는 관념을 탈낙인화하기 위해 면밀한 노력을 기울였다. 그는 그 피가 특권을 위해 살해된 죽은 사람으로부터 나온 것이 아니며, 셰프 자신이 자진해서 아낌없는 베풂의 정신에서 제공될 것이며, 소시지는 위생적으로 만들어질 것이고, 고급 요리의 수준으로 요리될 것이라고 주장했다. 그럼에도 불구하고 빌슨의 생각은 그녀가 자신의 계획에 포함시키고자 했던 사람들 중 일부의 저항에 직면했고, 그녀는 그것을 진행시키지 못했다. 그 잡지의 독자들 역시 경악했다. 이는 그 잡지의 다음 호의 오피니언 페이지에 실린 두 편의 편지에서 증명된다(≪Good Weekend≫, 1994. 6. 11). 그중 한 편지는 다음과 같이 논평했다.

> 게이 빌슨과 요리 저술의 관계는 피터 그리너웨이와 영화의 관계와 같다. 훌륭한 고기, 과일, 야채, 유제품을 가지고 있는 나라에서 …… 정말로 속이 뒤집히는 피 소시지에 관한 글을 쓰는 어떤 사람을 요리의 권위자로 초빙해왔다는 것이 얼마나 잘못되고 얼마나 방종한 일인가. 자신의 피로 소시지를 만들고 싶다는 것에 우려를 금치 못한다. 빌슨 여사가 다시 집필로 돌아가게, 다시 말해 그 자신의 일부로 먹을 수 있는 즐거운 것을 만들고자 하는 그녀의 계획을 재고하게 하자. 제발 그녀가 독자들에게 상처를 주지 말게 하자. 우리는 고무받기를 원하지 우리를 욕지기나게 하거나 격노하게 하길 원치 않는다.

편지를 쓴 또 다른 사람은 이렇게 말했다.

> 나는 자신의 피 3리터를 냉동하여 피 소시지를 만들겠다는 게이 빌슨의 소름끼치는 생각에 정말로 어안이 벙벙했다. 그녀는 그것이 "후한 마음의 표시의 극치"일 것이라고 주장했다. 헌혈로 생명을 구한 한 아이의 어머니로서 나는 적십자 혈액은행이 그녀의 후한 마음을 훨씬 더 항구적인 곳에 쓸 수 있었으면 한다.

이러한 반응은 피, 그리고 사람의 피를 먹는다는 생각이 불러일으키는 강력한 감정을 입증한다. '잘못된', '방종한', '속이 뒤집히는', '상처를 주는', '욕지기나게 하는', '격노하게 하는', '어안이 벙벙한', '소름끼치는'과 같은 단어들은 감정적 반응을 암시한다. 그러한 단어들이 시사하듯이, 우리는 사람의 피는 단지 의학적 목적에만 사용될 수 있는 것으로 생각하지 그것이 요리의 즐거움을 위해서는 절대로 사용되어서는 안 된다고 생각하고 싶어 한다. 인간의 몸 조각들 ― 그것이 어떤 사람에 의해 기꺼이 기증될 경우에도 ― 은 결단코 음식으로 간주될 수 없다. 모유는 하나의 예외이다. 왜냐하면 그것이 유아를 위한 음식으로서 갖는 근본적인 지위 때문이다. 하지만 대부분의 사람들은 모유를 나이 든 아이나 성인을 위한 적절한 음식으로 간주하지 않는다.

채식주의

서구 사회에서 오늘날 채식주의의 인기가 증대하고 있는 것으로 보인다. 비어즈워스와 케일(Beardsworth and Keil, 1992: 256)은 영국에서 백만 명이 넘는 성인들이 채식주의를 실천하고 있는 것으로 추정한다. 채식주의는 자연/문화, 좋은/나쁜, 건강에 좋은/건강에 나쁜, 정상 상태/이상 상태, 도덕적/사악한 등의 대립을 둘러싼 많은 관련 담론들을 결합하고 있다. 채식주의의 철학은 고기에 대한 두 가지 주요한 반감에 기초하고 있다. 첫째는 고기가 건강에 좋지 않고 인간의 몸에 불필요하다는 것이고, 다른 하나는 그것이 도덕적으로 혐오스럽다는 것이다. 이러한 반감 모두는 (제3장에서 상세하게 분석한) '자연'과 '영성'과 연계되어 있다. 채식주의는 음식을 동물의 힘이 갖는 의미가 아니라 그 음식에 포함되어 있다고 믿는 '완전성', 생기, '생명력'이라는 속성에 토대하여 평가하며 전통적인 음식 위계를 전도한다. 이 개념화에서 활력은 식물과 연계되는 반면, 동물의 살은 활기 없는 것으로 인식된다. 채식주의는 또한 요리를 통해 음식을 가공하는 과정에 부여된 평가를 뒤집어, 날 식물 음식을 자연에 더 가까운 것으로 인식한다(Twigg, 1983).

내가 앞서 지적했듯이, 동물의 살을 먹는 것에 대한 기피와 관련하여 도덕적 또는 윤리적 주장이 지배하게 된 것은 비교적 최근의 일이다. 그러한 주장이 고대의 저술에서도 분명하게 드러났지만, 그것은 계몽주의 시대 이후에 이르기까지 하나의 주변적인 견해였다. 윤리적 채식주의는 음식과 먹기를 둘러싼 지배적인 의미들에 널리 퍼져 있는 '종種차별주의speciesism' — 다시 말해 지구상의 다른 종에 비해 하나의 종으로서의 인간의 특권화 — 에 비판적 입장을 견지한다(Singer, 1992; Curtin, 1992b: 130). 많은 채식주의자는 인간이 다른 종들, 특히 동물을 음식으로 이용하는 방식에 대해 자신들이 취하는 도의적인 입장 때문에 고기와 유제품을 기피해왔다. "우리가 고기 그리고 동물 공장의 다른 모든 제품을 보이콧 하지 않는 한, 우리는 그리고 우리 각자는 음식을 위해 동물을 사육하는 공장형 농장과 여타 잔인한 관행들 모두의 온존, 번영, 성장에 한몫을 하고 있다"(Singer, 1992: 174). 채식주의의 또 다른 공통의 도덕적 이유 중 하나는 개발도상국에서 도살용 동물을 사육하기 위해 식물군을 파괴하고 주민이 이용할 수 있는 곡물을 감소시키는 데 기여하는 소비 관행에 참여하지 않고자 하는 욕망이다. 따라서 고기 먹기는 하나의 환경 문제가 되고, 윤리적 채식주의는 하나의 저항, 즉 지배적 규범에 저항하는 정치적 자기 역량 강화 행위가 된다(이를테면 Curtin, 1992b: 133을 보라).

비록 먹을거리 생산과 소비에 대한 비판적 접근 방식에 전형적인 서술, 즉 억압에 대한 합리주의적 서술에 의해 때때로 모호해지기는 하지만, 감정은 채식주의의 입장에서 중요한 위치를 차지하고 있다. 이것은 다음의 진술에서 드러나듯이 동물이 의인화될 때 특히 사실이다. "하루에 자기 새끼에게 단 5리터의 우유를 줄 수 있을 뿐이지만 집약적 착유 시스템하에서 하루에 25리터에서 40리터의 무언가를 내주다가 6년에서 7년 후에 쇠약한 가축이 되어 자신의 수명에 비해 훨씬 빨리 햄버거의 다진 고기가 되기 위해 도살장으로 끌려가는 젖소를 보라"(Spencer, 1994: 348). 널리 알려진 윤리학자이자 동물 권리 운동가인 피터 싱어Peter Singer가 고기의 '활기 없음'과 '오염되고 있음'을 중심으로 서술한 다음과 같은 진술은 또 다른 예를 보여준다. "살은 우리의 식사를 오염시킨다. 우리가 그것을 숨길 수 있을지는 모르지만, 우리의 저녁식사의 중심 품목이 피가 떨어지는 도살장에서 우리에게 왔다는 것은 여전히 사실이다. 그것은 방부 처리되지 않거나 냉동되지 않을 경우 곧 썩어 악취를 내기 시작한다"(Singer, 1992: 186). 영국 채식주의자들에 대한 한 연구는 흥미롭게도 몇몇 사람들이 격한 감정을 유발하는 극적인 '전환 경험'을 한 후에 채식주의자가 되었다는 것을 발견했다(Beardsworth and Keil, 1992: 267). 응답자들은 이 뜻밖의 사실을 깨달은 순간에 자신이 고통, 혐오, 충격에 휩싸였던 것으로 기억했다. 한 남자는 붉은 고기에 대한 그의 반응을 다음과 같이 자세히 이야기했다. "나는 내가 먹고 있는 것이 무엇인지를 인식하기 시작하고 있었다. 그리고 그것은 살이었다. …… 그것은 살아 있었던 어떤 것이었다. 그리고 그 속에는 피가 흐르고 있었다. 그리고 심장이 피를 펴 올렸다"(Beardsworth and Keil, 1992: 267). 이러한 반응에서 살이 그것의 부재하는 지시 대상 또는 그 고기의 원래의 출처인 살아 있는 동물을 떠올리게 했고, 이것은 "인터뷰 응답자들의 몸이라는 물질과 그의 저녁식사의 내용물 간에 충격적인 그리고 이전에는 인식하지 못했던 친족 관계"를 만들어냈다(Beardsworth and Keil, 1992: 267~268). 그 연구에서 다른 채식주의자들은 고기에 대한 자신들의 감정적 반발을 "살육", "고통", "죽은 육신", "신체를 토막 내는 큰 칼", "시체", "난도질당한 죽은 동물의 일부"와 같은 용어들을 이용하여 묘사했다.

한 남자는 자신이 의과대학생으로서 실습을 하고 해부학 수업을 들으면서 채식주의자가 되었다고 설명했다. 인체의 해부학적 구조와 고기 간의 가시적인 밀접한 관계가 갑자기 그의 뇌리를 쳤다.

> 흉벽을 절개하여 흉근을 면밀히 살펴보는 수업이 진행되고 있었다. 나는 긴 근육섬유 다발들의 조직에 관심을 가지고 있었고, 내가 전에 우연히 그것을 발견했던 곳을 생각해내려고 노력했다. 기억이 났다. 그것은 나의 접시 위에 있었고 그레이비소스로 덮여 있었다. 고기가 근육이라는 깨달음은 실로 단순하지만 끔찍한 것이었다(Morris, 1995: 880).

이 남자가 채식주의를 채택한 것에 의문을 제기하기 시작한 것은 그가 정신병원에서 의사로 일을 하면서 정신적 장애를 가진 환자들이 고기를 식재료로 사용하는 것을 반대하는 것을 관찰하고 나서였다. 그는 그다음에 채식주의자를 "가벼운 신경성 섭식 장애의 특정 유형", 즉 모든 사람들이 먹는 음식에 대해 가지고 있는 결벽성의 극단적 표현으로 보기 시작했다.

그는 채식주의 잡지들이 동물의 도살과 관련한 폭력과 살해를 세밀하게 묘사하고 표현하는 데 집착하고 있다고 논평했다. 그리고 그가 보기에 그것은 그러한 폭력에 비정상적으로 사로잡혀 있다는 것을 그대로 보여주는 것이었다.

나의 인터뷰 연구에서 채식주의를 채택해온 사람은 단 두 명이 있었는데, 그 둘은 모두 여성이었다. 그 여성들 중의 한 명인 카렌은 자신이 때로는 철저한 채식주의자였던 적이 있었다고 말했다. 인터뷰를 했던 시점에 그녀는 다시 고기를 먹고 있었지만, 고기에 대해 매우 양가적이었다. 카렌은 고기를 먹는 것이 "정말로 힘을 돋아준다"고 생각하지 않기 때문에 사람들이 고기를 먹을 때 비위가 거슬린다고 말했다. 그녀는 사람은 고기를 먹을 '필요'가 없으며 그것은 동물들에게 잔인한 것이라고 주장했다. 그러한 생각 때문에 카렌은 자신이 "죽은 동물의 일부"를 먹을 때 "기분이 좋지" 않다. 그러나 그녀는 최근 유럽 여행을 하면서 고기를 다시 먹기 시작했다. 왜냐하면 그녀가 여행하는 동안에 채식주의자로 남아 있기가 어렵다는 발견했기 때문이었다. 여행에서 돌아와서는 카렌은 철저한 채식주의적 방식을 지속하지 않았다. 왜냐하면 그녀가 자신의 몸과 자아에 대해 내린 개념화 때문이었다.

> 나는 지금 나의 몸을 전혀 고려하지 않는 정말로 나태한 시기를 보내고 있어요. 나는 내가 금하고 있는 음식물을 많이 먹어왔고, 고기는 최고의 먹을 것이죠. 그것은 위에서 정말 소화가 잘 되지 않고 처리하는 데 너무나도 많은 시간이 걸려서 그 밖의 다른 어떤 것을 할 수 없게 만들지요. …… 나는 마음 속으로는 그게 내게 좋지 않다는 것을 알아요. 나는 지금 내가 그만 멈추어

야만 하는 지점까지 와 있어요. 그건 옳지 않아요.

채식주의를 채택해온 또 다른 사람인 슈는 그녀가 집을 떠났을 때 그 단계에서는 윤리적 이유 때문에 고기를 포기했지만, 그녀에게 "지금 그것은 단지 습관일 뿐이다." 그녀는 어린 시절에 그녀의 부모가 돼지의 족을 억지로 먹이고자 했던 것을 기억한다. 그것에 대해 그녀가 느낀 혐오감은 나중에 그녀가 채식주의자가 되기로 선택하는 데 영향을 미쳤을는지도 모른다. "돼지의 족은 요리할 때 매우 구역질 나는 냄새가 났어요. 그것은 정말 연분홍색이고 살 같았어요. 그리고 그것은 정말로 돼지의 발처럼 보였어요. 불쑥 올라와 있는 작은 발들, 알죠. 나는 그것이 발이었다는 것을 생각조차 할 수 없어요. 아마도 그것이 내가 고기를 먹지 않는 이유일 거예요. 오우, 그것은 정말로 **혐오스러워요**." 카렌처럼 슈는 채식주의에 대한 믿음을 육체화 개념과 연관시켜 언급했다. 그녀는 자신이 채식주의를 선택한 것이 자신의 몸에 더 좋다고 생각한다고 말했다. 그리고 그것이 도덕적 반감이 약해졌음에도 불구하고 그녀가 계속해서 그러한 관행을 유지하는 이유이다. "나는 내 몸이 실제로 [고기]를 원한다고 생각하지 않았어요. 나의 신진대사 활동은 아주 활발했고, 나는 야채와 과일 그리고 견과류와 파스타를 먹는 것을 좋아했어요." 카렌이 고기를 "죽은 동물의 일부"로 지칭했다면, 슈는 동물의 부위 – 돼지의 족 – 와 살아 있는 동물의 관계를 그녀의 혐오감의 원천의 일부로 언급했다.

음식 선호의 변화

> 내가 처음으로 올리브를 정확하게 찾아낼 수 있었던 것은 대학교 프랑스어 학과에서 다른 사람들과 함께한 한 파티에서였다. 그때 나는 17살이었다. 나는 내가 그것을 얼마나 의식적으로 그리고 신중하게 먹었는지를 기억한다. 나는 그때 내게 제공된 것이 문명이라는 것, 즉 내가 바라던 그리고 아마도 획득할 수 있는 삶의 방식이라는 것을 알았다. 그렇다고 내가 그것을 나중에 깨달은 것은 아니다. 나는 어떤 의식에 참여해서 나와 나의 여자 친구가 큰 녹색 눈알을 집어서 그것을 조금씩 뜯어먹었던 일을 기억한다. 우리는 그것을 좋아하지 않았지만, 그것도 역시 그곳에서는 적절한 것이라고 생각되었다. 문명을 습득할 필요가 있다는 것은 지당한 것이었다(Halligan, 1990: 27~28).

부르디외의 취향의 사회적 재생산 모델이 소비 활동과 소비 양식을 재생산하는 방식을 논의하는 데 유용하지만, 그 모델은 (제1장에서 논의한) 음식과 먹기에 대한 레비-스트로스와 더글라스의 분석처럼 너무나도 정적이라고 비판받아왔다. 비판가들은 부르디외의 저작이 모순적 행위, 변화, 몸의 살아 있는 경험을 고려하지 않은 채 사회적 위치와 젠더가 개인들의 선호에 결정론적으로 영향을 미치는 것으로 넌지시 제시한다고 주장해왔다(이를테면 Shilling, 1993: 146~147을 보라). 하지만 내가 제3장의 초입에서 살펴보았듯이, 지난 몇 십 년 동안만 보더라도 서구 국가와 개발도상국들에서 먹기 습관은 분명하게 변화해왔다. 그러한 변화는 단지 식품 공급이나 가격과 같은 구조적 특징들만이 아니라 사회집단들 내에서 그리고 사회집단들 간에 일어난 취향과 선호의 변화와도 관련되어 있다. 그렇다면 취향은 어떻게 변화하고 새로운 음식이 어떻게 개인들의 식생활에 통합되고 있는가? 나는 제3장에서 '건강에 좋은' 식생활을 하는 것과 식이요법과 같은 먹기의 중요성에 대한 인식의 변화와 관련하여 하나의 설명을 제시한 바 있다. 내가 이 장에서 보여주었듯이, 개인들은 단지 영양 당국이 '건강에 좋은' 것으로 간주하기 때문에 새로운 음식 또는 이전에는 싫어했던 음식을 받아들일 수도 있다.

하지만 음식 선호에서 발생한 모든 변화가 좋은 건강에 관한 정명에서 기인하는 것은 아니다. 금기가 변화하는 것과 마찬가지로 음식 분류가 변화하는 경향이 있는 것은 문화가 정적이지 않기 때문이다. 이는 "집적된 신화들이 끊임없이 재해석되어 우주론적 도식을 다시 만들어내는 데서 기인한다"(Falk, 1991: 771). (제1장에서 개관한) 피슐러(Fischler, 1986)가 말하는 잡식동물의 역설이 중요한 까닭도 여기에 있다. 왜냐하면 그것이 왜 개인들이 끊임없이 다양성을 추구하는 과정에서 일정 정도 신중을 기하면서도 기꺼이 새로운 음식을 먹어보고자 하는지를 설명해주기 때문이다. 음식과 먹기 관행을 상징적 상품으로 인식하는 것은 또한 개인들의 다양성 추구를 이해하는 데서도 필수적이다. 인간은 단지 허기를 채우기 위해서만이 아니라 감각적 즐거움과 음식이 갖는 지위지향적·감정적 의미를 포함한 일련의 이유들에서 음식을 먹기 때문에, 그들은 음식을 먹을 때 새로운 감각과 경험을 추구한다. 20세기 말에 서구 사회의 맥락에서 음식 선택의 다양성이 그 이전보다 더 중요한 것으로 간주되고 있고 또 보다 많은 사람이 다양한 음식을 선택할 수 있다고 주장되었다. 오늘날 사람들은 분화와 혁신을 문화적으로 매우 가치 있는 것으로 평가한다. 음식이 풍부하게 존재하는 상황에서는 새로운 취향이 주는 감동과 새로운 먹기 경험의 추구는 스스로를 향상시키는, 즉 생활에 '가치'와 흥분감을 더해주는 수단으로 간주된다. 서구 사회에서는 다른 제품 및 상품과 마찬가지로 음식 관행에서도 다양성과 혁신이 기대되고 높은 가치를 부여받는다. 이것은 음식 준비와 먹기를 하찮은 일이라기보다는 오히려 미학화된 여가로 보는 사람들의 경우에서 특히 더 그러하다(제5장을 보라).

변화가 일어나기 위해서는 새로운 음식 또는 이전에는 정말 이상하고 못 먹는 것으로 규정되었던 음식이 부정적이기보다는 긍정적으로 평가되어야만 한다. 그러한 변화는 개인들이 이전에는 자신들에게 금지되었던 음식을 먹을 수 있게 해주는 통과 의례를 거칠 때, 또는 음식이 일상 음식이라기보다는 축제 음식으로 범주화될 때 발생하기도 한다. 따라서 음식은 이중의 속성을 띤다. 즉 "어떤 것은 지금은 회피되지만 미래에는 환영받는다"(Falk, 1991: 774). 그리하여 음식에는 흥분과 기대감이 존재한다. 어떤 음식은 그것이 제한되어 있기 때문에 좋은 음식이 된다. 어떤 음식이 특권 있는 음식으로, 즉 특권 집단에 속하는 음식으로 명시될 경우, 그 음식은 하나의 가치 있는 취향이 되어 그것을 좋아하는 방법을 '배우게' 할 수 있다(Falk, 1991: 776). 어떤 음식이 만약 전적으로 부정적인 의미만을 가지고 있다면, 그것이 먹을 수 있는 것으로 고려될 가능성은 전혀 없다. "음식과 금기위반의 부정적 결과 간의 지표적 (물질적·인과적) 연계가 깨지는 것은 그것의 긍정적 표상이 그 효력을 발휘할 때이다. 그 음식이 단지 '좋은 것' — 더 고급스러운 것, 유명한 것 등등 — 이기 때문에 그 음식을 욕망할 수 있게 된 것은 현재에 들어와서뿐이다(Falk, 1991: 777). 오늘날 음식의 맛이 '좋은' 까닭은 그 음식의 물질적 성질이 변화해왔기 때문이 아니라 그 음식이 상징적으로 '좋은' 것이기 때문이다.

인터뷰 연구에서 20세 이상의 대부분의 사람들은 자신들이 어린 시절 이후로 음식 습관에서 변화를 경험해왔다고 말했다. 그들은 호주에서 지난 20년 동안 보다 다양한 음식들을 이용할 수 있게 되었다고 언급했다. 그 결과 이제 특히 이탈리아 파스타 요리는 나이 든 사람들을 포함하여 많은 가정에서 주요 식품이 되었다. 인터뷰 참여자들 중 몇몇은 가족을 떠나는 것이 어떻게 자신들에게 음식 습관을 바꾸는 시간이 되었는지를 기술했다. 그것은 특히 표준적인 앵글로-셀틱식의 '고기와 세 가지 야채' 식사를 먹고 자라서 레스토랑에서 보다 이국적인 요리를 먹은 경험이 거의 없는 사람들의 경우에 특히 사실이었다. 사람들은 청소년기 후반과 성인기의 초기에 카페와 레스토랑에 갔던 것이 어떻게 그들이 새로운 종류의 음식을 맛볼 수 있게 했는지에 대해 기술했다(앞서 이 장에서 논의한 외식에 관한 부분을 보라). 반면 일부 사람들에게서는 해외여행이 그와 유사한 결과를 낳았다. 이를테면 안나는 집을 떠나 조제식품점에서 일하기 시작했을 때, 아시아 음식과 채식주의 음식을 더 많이 먹기 시작했고, 쿠스쿠스[밀을 쪄서 고기·야채 등을 곁들인 북아프리카 요리 - 옮긴이]와 폴렌타[이탈리아 요리의 일종으로 옥수수·보리 가루 따위로 만든 죽 - 옮긴이]를 알게 되었고, 생강과 고수풀 같은 양념에 대해 배웠다. 다른 사람들의 경우에 상이한 종류의 요리들을 실험할 수 있다는 것은 부모의 습관과 규범을 거부하는 반란을 상징하는 제스처였거나 또는 단지 어린 시절에는 할 수 없던 방식으로 자신들의 선호를 탐닉하는 하나의 방식이었다(제2장을 보라).

대부분의 인터뷰 응답자들은 자신들이 새로운 음식을 먹어보는 것을 즐긴다고 말했다. 그들은 다른 나라를 여행하는 것과 마찬가지로 새로운 음식을 먹어보는 것은 흥분, 모험, 다양성의 수단이고, 또한 삶과 다른 문화를 다른 관점에서 볼 수 있게 해준다고 주장했다. 새로운 음식과 요리를 먹어보는 것은 또한 세련화와 구별짓기의 신호, 즉 기꺼이 혁신적이 되어 일반 대중과 달라지고자 함을 드러내는 신호이다. 안나는 처음으로 포카치아[올리브유·소금·야채를 뿌려 구운 크고 둥근 이탈리아 빵 - 옮긴이]를 먹었던 것과 자신이 그것의 이름과 발음법을 알고 있다는 것을 자랑스러워했던 것을 기억한다. 카렌은 새로운 음식을 먹어볼 때 심지어 그 음식을 좋아하지 않을 때조차 새로운 음식을 먹는 것이 그녀로 하여금 그 음식에 더 '적응할' 수 있게 해주기 때문에 그녀의 지평을 넓혀준다는 점을 좋아한다고 말했다. 비슷하게 패트리시아도 새로운 음식을 먹어보는 것은 사람들의 삶을 '풍부하게' 해준다고 지적했다. 제임스는 어린 시절에 음식을 가지고 실험했던 것, 즉 홍합, 굴, 올리브, 안초비 같은 음식들을 먹어보고자 했던 것을 기억한다. 그와 같은 그가 기꺼이 했던 실험들이 그로 하여금 "나는 그러한 이상한 식재료에 익숙하다"고 뽐낼 수 있게 해주었다. 이것이 암시하듯이, 개인들이 새로운 음식을 맛보는 데 더 '모험적'일수록 그들은 더 자주 세련된 것으로 간주된다. 새것 애호증적인 혁신을 추구하며 어떤 것이든 아주 기꺼이 맛보고자 하는 사람이 '진정한 미식가'이다(Falk, 1991: 784). 할리건(Halligan, 1990: 196~197)은 제3회 호주 식도락심포지엄에서 호주의 선도적 셰프들 중의 한 명이 내놓은 '애송이, 달팽이, 꼬리'라고 불린 메뉴에 대해 기술했다. 내장으로 이루어진 메인 요리 — 레몬과 오렌지색 금잔화를 곁들인 데친 어린 양 뇌, 시금치와 쐐기풀과 양송이를 곁들인 정원의 달팽이, 오렌지와 마늘 파스타와 곁들여진, 송로로 맛을 낸 국물 속에 돼지 귀와 꼬리와 함께 담긴 소꼬리 — 는 미식적으로 최고로 우아한 수준에서 요리되었다. 이 장에서 앞서 지적했듯이, 많은 사람에게서 그러한 살 조각을 먹는다는 생각(그리고 그 메뉴의 이름)은 혐오감을 불러일으킬 수도 있다. 이 경우에 그 음식이 식도락 심포지엄이라는 맥락에서 전문 셰프에 의해 준비되었기 때문에, 미식가들에게 그 메뉴는 이상한 요리를 기꺼이 맛보고 즐기는 것과 관련하여 자신들의 식견을 내보일 수 있는 좋은 기회였다.

실제로 어떤 요리의 혐오스러울 수 있는 속성이, 다른 사람들이 그러한 물질을 먹는다는 생각조차 하지 못할 때 때때로 스스로를 '모험적'이라고 생각하는 사람들을 매혹하여 그것을 먹어보게 할 수 있다. 폴은 자신이 자주 차림표에서 아주 색다르거나 기이한 음식을 발견하면 단지 그 음식을 먹어볼 목적으로 그것을 주문한다고 말했다. 이를테면 그와 그의 아내가 휴가 중에 바누아투를 방문했을 때, 그들은 그곳의 한 레스토랑에 갔다. 차림표에 큰박쥐를 주재료로 하는 요리가 있었고, 따라서 그는 그것을 주문하여 먹었다. 그는 약간은 내장 같은 맛 그리고 얼마간은 누린내를 느꼈지만, 그는 그것을 먹어보는 것과 다른 손님들과 웨이터가 그가 그것을 먹는 것을 지켜보는 것을 즐겼다. "그것은 아마도 새로운 도전을 하는 것, 즉 단지 뭔가 다른 것을 해볼 목적으로 다른 어떤 것을 행하는 것과 관련한 아욕我慾적인 것일 겁니다." 시몬도 비슷하게 자신이 참새우의 뇌를 빨아먹는 것 — 중국인 친구가 그에게 가르쳐준 관행 — 을 포함하여 새로운 음식을 먹어보기를 좋아한다고 말했다("나는 모든 것을 먹어볼 거예요"). 그는 자신이 닭발과 해파리를 먹어보았고 그것들을 좋아하며 "나는 중국에 있을 때 몇몇 뱀과 개를 먹고 싶어 했다"고 말했다. 그가 경험했던 가장 이색적인 것은 차이나타운에서 먹은, 해초와 함께 요리한 낙지 알이었다. "그건 삼키기 어려웠어요. …… 그 알들은 노란 눈알 같았고, 해초 위를 떠다녔어요." 이 언급은 사내다운 먹기, 즉 거의 전도된 음식 속물 근성을 시사한다. 그러한 먹기에서는 음식이 역겨우면 역겨울수록, 식도락적으로 용감하고 모험적이라는 이유로 더 많은 점수를 얻는다. 어쨌든 그러한 음식을 주문하여 먹을 수 있는 능력은 자기 통제의 극단을 상징하며, 그가 일반적으로 받아들여지는 규범과 자기 자신의 몸을 지배하고 있다는 것을 그것의 매우 관례 위반적인 성격을 통해 입증한다. 새로운 이상스러운 음식을 일부러 찾아다는 것은 육욕적 충동을 이겨내고 억누르고 새것 혐오증이라는 본능적 반응을 극복하는 수단이다.

그러므로 금지된 물질의 소비는 쾌락의 한 잠재적 원천이다. 폴크(Falk, 1991: 780)는 두려운 것과 혐오스러운 것을 규정하는 것과 관련하여 작동하는 '위반 쾌락의 논리'에 대해 기술한다. 그는 새것 애호증 경향 또는 새로운 음식, 풍미, 미각을 찾아내고자 하는 욕망은 부분적으로는 잠재적으로 통제할 수 없는 것이 가져다주는 위반 쾌락에 의해 설명될 수 있다고 주장한다. 새것 애호증이 새것 혐오증 또는 새로운 음식에 대한 두려움과 반대되는 것으로 주장될 수도 있지만, 그것들은 순환 관계에 있다고 말해질 수도 있다. 그러한 관계 속에서 "가장 높은 수준의 구강적 쾌락은 혐오스러운 것과 가장 가까운 위험 지대에 위치한다"(Falk, 1991: 784). 폴크는 경계를 넘어서는 것은 경계를 무효화하는 것이 아니라 오히려 그 경계를 재확립하고 그리하여 질서를 재확인한다. 쾌락은 내부와 외부 간의 경계의 교차, 즉 구강적 쾌락뿐만 아니라 에로틱한 쾌락의 관행에서 유의미하게 발생하는 교차로부터 파생한다. 따라서 체내화, 먹는다는 것, 자기 차별화의 상실에 대한 두려움과 관련한 양가감정이 에로틱한 쾌락과 자아와 '정반대되는' 먹기가 주는 쾌락의 토대가 되기도 한다(Falk, 1991: 780~781).

이러한 논평들은 사람들이 새로운 음식을 먹어보고자 하는 데에는 몇 가지 이유가 있음을 암시한다. 어린 시절과 본가本家의 음식 습관이 너무나 도 '지겨워서' 또는 음식 선택에서 부모의 권위에 대한 직접적인 반항 행위로(제2장을 보라) 그러한 음식 습관을 버리고자 하는 욕망은 새로운 음식을 먹어보고자 하는 이유들 중의 하나이다. 또 다른 이유는 항상 새로운 맛을 경험하고자 하고 기존의 '먹을 수 있는 것'과 '먹을 수 없는 것'의 범주를 위반하는 '미식가' 모델을 하나의 자아 관행으로 삼아 스스로를 혁신적이고 모험적으로 보이고자 하는 욕망이다. 음식에 대한 이러한 접근 방식은 중간계급 전문직 아비투스와 밀접하게 연관되어 있다(또한 제5장도 보라).

결론적 논평

나는 이 장에서 음식에 대한 호오가 구성되어 자아 구성과 자아 표현 프로젝트의 일부로 표현되고 이용되는 방식을 탐구해왔다. 대부분의 사람들이 아주 다양한 식재료를 선택할 수 있는 사회의 맥락에서, 개인들의 선택과 그들의 호오는 그들 자신 및 다른 사람들에게 그들의 젠더, 민족성, 생애주기상의 위치, 경제·문화 자본의 소유, 즉 문화에서 그들이 차지하는 지위와 같은 주체성의 측면들을 알려준다. 그러한 선택 중의 많은 것이 아주 어린 시절부터 분명하게 드러나고 표현되지만 개인의 일부로 그리 인식되지 않는 반면, 다른 선택들은 의식적으로 결정되기도 한다. 그러한 소비들은 상징적으로 구별짓기의 관행으로 작동할 뿐만 아니라, 몸에 각인되어 몸매, 체구, 몸의 유기적 구성에 영향을 미친다. 다음 장에서는 음식을 둘러싼 또 다른 의미들을 주체성 및 육체화와 관련하여 탐구한다. 거기서 나는 또한 음식 섭취 통제의 영적 성질, 음식/건강/신체적 매력의 관계와 그것에 동반하는 도덕적 함의, 그리고 오늘날 음식을 금욕적 규율 관행에 참여하게 하는 데 이용하는 것과 쾌락과 해방의 한 원천으로서의 음식 간의 긴장도 다룬다.

5

금욕주의와 소비의 변증법

내가 이 책의 도처에서 주장해왔듯이, 서구 국가들에서 음식과 먹기를 둘러싼 담론들은 특정한 측면들에 특권을 부여하는 경향이 있다. 그러한 측면들 중에서도 자기 통제는 가장 눈에 띠는 것 중의 하나로, '문명화된' 몸과 '건강한' 몸의 관념이 그것을 뒷받침하고 있었다. 먹기는 일반적으로 '동물적인' 행동을 피하고 사회의 규범을 따르기 위해 계속해서 자기 규율을 행사할 것이 요구되는, 고도로 육체화된 경험으로 이해된다. 하지만 음식 소비를 둘러싼 또 다른 의미들이 존재한다. 그러한 의미들은 음식이 주는 쾌락주의적 즐거움, 즉 그것이 신체적·감정적 해방에서 수행하는 역할에 가치를 부여한다. 이 장은 서구 사회에 존재하는 금욕주의와 소비 간의 변증법을 탐구한다. 나는 먼저 단식 관행을 상세하게 논의하는 것으로부터 시작한다. 왜냐하면 그것이 주체성과 육체화에 기여하기 때문이다. 이어서 나는 음식/건강/아름다움의 삼각 관계와 그와 관련된 몸의 관행과 도덕적 의미를 분석한다. 그다음으로 나는 음식과 먹기에 대한 사람들의 반응과 양자 간의 관계에서 근간을 이루는 연료로서의 음식/창조물로서의 음식이라는 연속체를 다룬다. 그리고 나는 사람들이 음식의 쾌락주의적 의미에 특권을 부여함으로써 먹기와 관련한 통제 및 자기 규율 담론에 반대하거나 저항하거나 또는 무시하고자 하는 방식을 논의하는 것으로 이 장을 끝맺는다.

단식, 영성 그리고 자기 통제

종교, 영성, 금욕주의, 식이요법 간에는 강력한 역사적 연계가 존재한다. 서구 사회에서 유대교와 기독교 윤리의 기저에는 먹기와 단식의 관행이 깔려 있고, 그러한 관행 자체는 식이요법에 대한 고대의 저술들에서 분명하게 드러나는 규율과 위생의 교의를 기반으로 하고 있다. 식생활의 통제 ― 특히 필수불가결한 것을 줄이고, 고기와 단 음식과 같은 사치스러운 식품을 피하고, 강한 향미료와 양념을 줄이는 것을 포함하여 ― 는 (식욕과 성욕 모두를 포함하는) 살에 대한 유혹을 이겨낼 수 있는 능력을 증명하고 싶어 하는 열성적 종교신도들이 즐겨 이용한 전형적인 금욕 관행이다. 식욕을 극복한다는 것은 그리스도에 대한 헌신을 증명하는 것이었다. 왜냐하면 사람들은 "단식을 통해 자기 자신을 부정하는 것은 그리스도의 몸에 자신을 바치는" 것이라고 믿었기 때문이다(Bynum, 1987: 33). 구약성서는 동물의 피와 갈라진 발굽을 가진 동물의 살을 먹는 것을 금지하는 것을 포함하여 사람이 먹어야 하는 음식의 종류와 관련한 수많은 명령을 구체화하고 있다. 신약성서에서 십자가에서 죽은 그리스도의 몸은 사람들의 영혼을 위한 영적 음식으로 개념화되고 성찬식 의례에서 성체 — 그리스도의 몸을 대신한 빵 또는 면병, 그리스도의 피를 대신한 적포도주 또는 포도주스 — 로 찬양된다. 빵은 여성적인 것, 세속적인 것, 지상의 것을 상징하고, 강력한 영적 물질로서의 포도주는 남성적인 것을 의미하며, 그리스도의 영원한 몸으로 하나로 결합된다(Iossifides, 1992: 91).

음식이 희소하던, 그리고 풍부한 음식이 부와 귀족의 표시였던 중세 시대에, 대식은 욕망의 주요한 형태로 간주되었고, 남과 빈약한 음식 창고를 나누는 것은 영웅적 아량의 표시였다. 빈번하고 강렬한 배고픔 때문에, 의도적으로 스스로 음식을 끊는 것은 성적 욕망이나 허세를 통제하는 것보다도 더 어려운 것으로 고려되는 최고의 자기 규율 테스트로 간주되었다(Bynum, 1987: 2). 진정한 신성과 신앙심을 획득하고자 시도한 초기 기독교인들은 육욕을 초월하고 영혼을 정화하기 위한 노력 속에서 매우 검소하게 먹었다(Spencer, 1994: 118). 초기 기독교 사상에서 대식을 하는 것은 '죄를 범하는' 것으로 여겨졌다. 대식을 하는 것은 또 다른 죄와 악에 수문을 열어놓아 몸속에 악마가 살게 하는 것으로 간주되었다. 음식에 대한 욕망과 육욕에 대한 욕망 모두는 인간의 본질적 타락을 보여주는 것이라고 생각되었다(Cosman, 1976: 116~120). 5세기에 수도사를 위해 쓰인 한 문건은 다음과 같이 주장했다. "위의 욕망을 억제함이 없이 육욕의 불을 끄는 것은 불가능하다"(Bynum, 1987: 37에서 인용함). 중세의 종교 텍스트에서는 성인들이 음식으로 유혹당하거나 고문당하는 것 또는 그들에게 고기를 다지고 삶고 구워 요리를 제공하게 하는 것을 그들의 수난의 일부로 크게 다루었다(Cosman, 1976: 114). 이와 대조적으로 악마, 사탄, 마녀는 음식과 관련한 기괴한 의례를 사랑했다. 그리고 중세의 텍스트에서 그들의 사악함은 썩은 고기, 목맨 남자와 세례 받지 않은 아이의 살과 같은 기괴한 음식을 놓고 벌이는 축제에 의해 증명되었다(Cosman, 1976: 114). 식욕의 유혹을 참는 것에 대한 이러한 강조는 여전히 기독교 사상의 강력한 일부를 이루고 있다. 존 웨슬리John Wesley는 1774년에 한 성직자에게 쓴 편지에서 "만약 당신 앞에 두 접시의 요리가 차려져 있다면, 극기의 규율을 따라 당신은 당신이 가장 덜 좋아하는 것을 먹어야만 한다"고 지시했다(Spencer, 1994: 227에서 인용함).

근대의 세속화된 사상 속에서도 성적 유혹과 대식 간의 연계는 여전히 등장한다. 둘은 문화를 통해 매개되는 육체적 욕망을 포함하는 것으로 인식된다. 그리고 둘은 동물적인 것이자 자기 통제의 결여의 증거로 간주된다. 둘은 육체의 죄악들이다. 라틴어의 고기라는 말에서 파생한 '육욕'이라는 단어 자체는 인간의 몸, 색욕, 고기를 연계시키고 있다. 먹기 과정 속에는 또한 에로티시즘과 쾌락이 뒤얽혀 있다. 16세기 저술가 루이지 코르나로Luigi Cornaro는 그의 건전한 삶에 대한 종교-의학적 논고에서 특히 고기와 술의 과도한 소비를 피하는 것 등의 엄격한 식생활 통제가 육체적 건강뿐만 아니라 정신적 안정, 그리고 (우울증과 증오를 포함한) 격렬한 열정의 통제 능력을 낳는다고 지적했다(Turner, 1991: 161). 오늘날에도 기독교 식생활 서적들은 독자들 — 주로 여성을 대상으로 하여 — 에게 몸과 체중을 통제하기 위해 음식 섭취를 제한하라고 조언한다. 뱅스(Banks, 1992: 877~878)는 다음과 같이 지적한다. "그러한 식생활 책에서 제시하는 이미지는 몸, 비만, 음식이라는 한편과 정신과 가벼움이라는 다른 한편을 대비시킨다. …… 전자는 죄가 있고 더럽혀진 것으로 간주되고, 후자는 아름답고 순수하고 훌륭한 것으로 고려된다."

이와 같이 오늘날 흔히 신경성 무식욕증이라는 섭식 장애로 기술되고 진단되는 절식 또는 단식은 수백 년 동안 자아의 관행, 즉 주체성을 구성하는 수단으로 존재해왔다. 단식과 관련한 의미들은 수세기에 걸쳐 변화해왔고, 그러한 관행이 이루어지는 특정한 문화적 국면마다 그것의 의미 또한 다르다(Probyn, 1988: 210). 하지만 단식을 뒷받침하는 담론에서 여전히 두드러지게 나타나는 것이 몸의 욕망에 대한 자기 통제 담론이다. 글자 뜻 그대로 퍼스낼리티 장애로 인한 식욕의 상실을 의미하는 '신경성 무식욕증'이라는 용어는 다소 오해를 불러일으키기 쉽다. 왜냐하면 무식욕증 진단을 받은 대부분의 사람들은 식욕의 상실을 경험하는 것이 아니라 실제로 그들이 음식에 대해 느끼는 어떠한 배고픔과 무관하게 자발적으로 스스로 굶기 때문이다(Bell, 1985: 1~2). 실제로 자기 통제와 정화의 하나의 기술로서의 절식의 주요한 목적은 개인들이 자신의 배고픔과 음식에 대한 욕망을 인식하고 그다음에 그것들을 극복하는 것이다. 왜냐하면 "고통, 피로, 성적 욕망, 배고픔에 대한 인간의 모든 감정을 잊는 것은 자기 자신을 지배하는 것"이기 때문이다(Bell, 1985: 20).

특히 여성들이 이러한 자기 규율 수단에 매혹되어온 것으로 보인다. 중세 시대와 르네상스 시대에 자신들의 종교적 신앙심과 헌신을 보여주기 위해 극단적 절식을 채택한 것은 남성보다는 여성이었다. 루돌프 벨Rudolph Bell은 절식하는 여성들에 대해 역사적 설명을 하고 있는 책 『성스러운 무식욕증Holy Anorexia』(1985)에서 로마 가톨릭 교회가 1200년에서 17세기까지의 성인, 독실한 여성, 하느님의 종으로 공식적으로 인정한 이탈리아 여성들의 사례를 검토했다. 벨이 볼 때, 그러한 여성들이 보여준 '성스러운 무식욕증'은 오늘날의 절식하는 여성들과 특정한 행동 특성을 공유하고 있다(또한 Bynum, 1987도 보라). 이를테면 14세기 중반에 태어난 시에나의 성녀 가타리나Saint Catherine of Sienna는 약 16살 때부터 빵, 물, 생야채로 연명했다. 그녀는 거친 모직 옷을 입었고, 그녀의 허리에 단단하게 묶여 있는 쇠사슬이 그녀의 피부를 붉게 물들였다. 가타리나는 가족과 함께 살던 3년 동안 스스로에게 침묵의 서약을 강요했고, 목판 위에 누워 잠을 잠으로써 가능한 한 잠을 줄였다. 그녀는 하루에 세 번씩 한 번에 한 시간 이상 동안 쇠사슬로 자신을 매질했다(Bell, 1985: 43). 가타리나에게 이러한 행동은 자율성을 획득하기 위한 수단이 종교적 수단 이외에는 존재하지 않는 사회에서 하나의 반항이자, 자아의식을 수립하고자 하는 시도였다(Bell, 1985: 55). 일부 성스러운 무식욕증 환자들은 고행, 자기 통제, 신성함의 표시로 상처의 고름이나 나병 환자의 몸을 씻기 위해 사용한 물 ― 인간의 썩은 살 조각이 떠다니는 ― 을 마시기까지 했다(Bell, 1985: 108). 또한 독신 상태를 유지하거나 독신자가 되기로 맹세해온 시에나의 가타리아 같은 여성들에게 음식은 그들 자신의 의지에 의해 통제할 수 있는, 그들의 몸에 '침입하는' 외부의 사물일 뿐이었다.

절식하는 성스러운 여성들은 고행의 삶을 시작했고, 그것은 그들의 삶을 조건 짓고 있던 가부장제에 의해 조장된 것이었다. 나중에 그들의 굶음은 하늘의 은혜 또는 악마에의 홀림의 신호로 해석되는 징표가 되었다(Bell, 1985: 14). 대부분의 초기 기독교 저술들은 음식의 과도한 절제에 대해 경고했다. 왜냐하면 그것이 과시로 이어지고 기도와 같은 영적 활동에 집중할 수 없게 할 수도 있기 때문이었다. 성스러운 무식욕증 환자들은 다른 종교적 단식자들과 달랐다. 다른 종교적 단식자들도 한때 종교 당국에 의해 단식할 것을 명령받아 분명 극단적으로 단식했지만, 결국에는 자신들은 그렇게 할 수 없다고 주장했다. 성스러운 무식욕증 환자들의 절식은 다른 종교적 단식자들처럼 제한이 있는 것이 아니라, 자기 정화 의례의 일부로 무기한 계속되었다. 15세기 후반의 절식가인 리에티의 골룸바Columba da Rieti는 교회의 남자들에게서 과도한 단식을 하지 말라는 주의를 받았고, 교회 측의 조사를 받고 마술이라는 비난을 받았으며, 그녀가 교회의 망신거리이고 결국 지옥에 갈 것이라는 말을 들었다(Bell, 1985: 156~157; 또한 Bynum, 1987: 196~197도 보라). 따라서 그러한 여성들이 과도한 단식 행동을 계속하는 것은 기존의 규범을 따르는 것이기보다는 그것에 반항하는 것이었다(Bell, 1985: 117~121). 벨(Bell, 1985: 20)과 바이넘(Bynum, 1987: 201~202)은 몸의 건강, 날씬함, 자기 통제와 같은 가치 있는 사회적 목표를 채택한 20세기 후반의 절식하는 여성과 극기를 통해 영적 건강을 획득하기 위해 절식하는 중세의 여성들 간의 유사성을 밝히고 있다. 둘 모두는 스스로 음식을 거부하여 육체적 특징을 조작함으로써 육체적/정치적 완전성을 추구하고자 한다. 목표가 달성되고 유지될 때(음식의 결핍과 그로 인한 신체적 소진이 이를 입증한다), 불안이 자기 확신으로 바뀐다. 두 경우 모두에서 그들의 극기가 도를 넘은 것으로 보일 때 개인들이 드러내는 '신성함'과 자기 통제에 대한 다른 사람들의 반응은 초기의 승인에서 경악 그리고 비정상성과 일탈에 대한 비난으로 바뀐다.

앞서 지적했듯이, 유대교와 기독교 사상은 역사적으로 음식의 욕구와 성적 쾌락의 욕구를 결부지어왔다. 무식욕증을 가진 사람들은 음식에 대한 욕망만이 아니라 성적 욕망을 포함하여 모든 육욕적인 욕망을 거부하거나 억압하고자 하는 경향이 있다(Banks, 1992: 878). 이것은 현대의 절식가들에게서 그러한 것처럼 중세의 절식하는 여성들에게서도 사실이었다(Bynum, 1987: 214). 그러한 욕망을 두려워한 까닭은 그것이 자기 통제를 무력화할, 즉 합리성을 압도할 우려가 있기 때문이다. 절식에 사로잡힌 현대의 개인들이 자아의식을 표현하는 방식 속에서도 데카르트적 이원론 — 고대 이래로 서구 문헌에서 제시되어온, 합리성을 이용하여 몸을 통제하고자 하는 투쟁 — 이 아주 분명하게 드러난다. 정신/몸의 분할은 절식에 대한 설명에서 되풀이되고 있다. 이를테면 무식욕증이 있는 한 여성은 다음과 같이 언급한다. "나의 몸은 나의 뇌와 분리되어 있는 어떤 것이다. 나는 샤워를 할 때, 내가 나를 통제하고 있다는 느낌이 든다. 그리고 내가 다이어트 중일 때, 나는 나의 몸의 기관에 어떤 일을 하고 있는 중이다. 나의 정신이 나의 몸을 관장하고 있다. 나의 몸과 나의 정신은 전적으로 별개의 것이다"(Garrett, 1993: 204~205에서 인용함). 대부분의 사람들은 특히 아프거나 고통스러울 때 '자아'와 '몸' 간의 이러한 존재론적 분할을 경험한다. 그러나 무식욕증 환자들은 몸이 자아를 지배하는 것에 대한 일정한 두려움과 불안 속에서 몸으로부터 자아를 분리시키고자 한다는 점에서 다르다. 한 여성은 무식욕증일 때 자신이 자신의 몸에 대해 어떻게 느끼는지를 다음과 같이 말했다. "나는 나의 몸을 증오하지 않았다. 나는 내가 내 몸을 통제하고 싶어 했다는 것 말고는 내가 내 몸에 대해 어떻게 느꼈는지를 기억하지 못한다. 그러나 그것은 몸에 대한 신체적 통제만이 아닌 보다 전반적인 통제였다"(Garrett, 1993: 205에서 인용함). 그녀가 자신의 회복에 관해 언급할 때, 몸에 대한 그녀의 관념은 변해 있었다. "지금에 이르러 보면, 나의 몸은 내가 통제해야만 하는 그런 어떤 것이 아니다. 나는 내가 일정한 몸무게여야만 한다고, 즉 체중을 감량해야만 한다고 생각하지 않는다. 나는 지금은 전혀 그렇게 생각하지 않는다. …… 나의 몸은 그러한 방식으로 지배되어야만 하는 어떤 것이 아니다"(Garrett, 1993: 206에서 인용함).

오늘날의 무식욕증 환자들에게 배고픔은 "자아의 다소 용납할 수 없는 부분에서 파생하는 위험한 분출"로 경험되고, 따라서 그들은 그러한 분출을 통제하는 데 집착하게 된다(Bordo, 1992: 31). 즉 배고픔은 통제력을 상실하게끔 유혹하는 것으로, 즉 육체의 욕망에 굴복하여 영혼을 함정에 빠뜨리는 것으로 경험된다. 배고픔의 부정과 그것의 신체적 대응물, 즉 극단적 야윔은 신체에 대한 의지의 승리, 즉 순수함의 달성을 보여주는 표시가 된다(Bordo, 1992: 35). 이와 대조적으로 먹기는 통제력을 상실하고 육욕적 육체화를 통해 불결해지는 것이다. 한 절식하는 여성은 다음과 같이 말했다. "나는 음식을 내 몸에서 공간을 차지하고 또 나의 몸의 더 많은 공간을 차지하여 뭐랄까 더 뚱뚱해 보이게 만드는 것이라고 생각한다. 나는 고기 덩어리가 그것의 지방 함유량 때문에 더 많은 공간을 차지하게 될 것이라고 생각한다"(Garrett, 1993: 251에서 인용함). 이와 같이 음식은 몸에 침입하는 것으로 개념화된다. 즉 음식은 자아가 아닌 몸 내부에 존재하는 이질적 대상이다. 보르도(Bordo, 1992: 35)는 한 여성이 설탕을 먹은 후에 느낀 감정을 기술한 것을 인용한다. 즉 그녀는 "마치 어떤 나쁜 것이 내부로 들어온 것처럼 …… 오염되고 역겹다"고 느꼈다. 먹기가 혐오감과 극도의 불쾌감과 연결된다면, 배고픔에 대한 통제력을 획득하는 것은 상쾌함, 즉 도취적인 성취감의 한 원천이다(Bordo, 1992: 36). 굶기를 통한 극기는 쾌락의 한 원천이 된다.

실제로 절식은 자아가 스스로를 확고히 하고자 하는 것으로 해석되기도 한다. 무식욕증은 진정한 자아라는 이상 추구의 한 형태, 즉 불필요한 살들을 제거하여 자아를 드러내고자 하는 욕구로 간주되기도 한다. 무식욕증 환자는 무식욕증이라는 꼬리표에 의해 탈근대적 주체성을 둘러싼 모호성에 직면하여 자신의 진정성 속에서 위안을 찾고자 하는 것으로 정의된다. 가레트(Garrett, 1993: 210)는 자신의 인터뷰 응답자들이 "'내적인' '진정한' 자아를 찾아 다른 사람들의 비판적 응시의 두려움으로부터 해방될 수 있기를 갈망했다"고 지적한다. 이러한 맥락에서 배고픔은 자아에 용납할 수 없는 것이 되고, 따라서 부정되어야만 한다. 보르도(Bordo, 1992: 44)는 무식욕증 환자들에게서 배고픔은 여성적인 것으로 경험되고 여성의 원형原型은 "배고파하고 게걸스럽게 먹고 모든 것을 욕망하고 바라는" 것으로 개념화된다고 주장한다. 즉 여성은 너무나도 많은 관심, 애정, 안심시킴을 필요로 하고 너무나도 많은 감정을 드러낸다. 무식욕증은 그러한 의존적이고 과도하게 감정적이고 통제할 수 없는 원형을 극복하는 전략으로 채택된다. 따라서 그것은 단순하게 음식 섭취를 통제하고자 하는 욕망이 아니라 여성적이고 감정적인 자아를 통제하고자 하는 전략으로 보다 광범하게 해석될 수 있다. 절식은 또한 감정억제책이기도 하다.

아이러니하게도 섭식 장애를 경험한 개인들은 분명 먹기 행위의 감정적 측면에 과도한 의미를 부여하는 경향이 있다. 킴 셔닌Kim Chernin은 무식욕증을 극복하기 위한 자신의 노력을 설명하면서 절식 동안에 자신이 음식에 대해 가지고 있던 강박관념의 감정적 차원을 솔직히 털어놓고 있다. "내가 음식에서 원한 것은 내가 나 자신의 삶에서, 심지어 나 자신의 집에서조차 발견할 수 없었던 교우 관계, 위안, 안도감, 온정, 웰빙이었다. …… 나는 배가 고팠고, 그것은 사실이었다. 그러나 음식은 분명 내가 갈망하고 있던 것이 아니었다"(Chernin, 1992: 62). 셔닌은 자신의 음식에 대한 강박성이 몸을 타자로 구성한다는 것을 깨닫게 되었다. 거기에는 데카르트적 이원론이 아주 분명하게 드러난다. 셔닌에게 그녀의 몸, 음식, 배고픔 모두는 그녀의 진정한 자아의 외부에 존재하는 것으로 경험되었다. 그것들은 "나에게 적들이었다"(Chernin, 1992: 59). 그녀는 정신/의지와 몸/배고픔이 더 이상 별개의 것이 아니라 하나가 되는 보다 '자연스러운' 관계가 발전하는 것은 몸과 음식과 배고픔이 '친구'가 될 때뿐이라고 주장한다. 셔닌은 자신의 강박관념에 대한 해결책은 그녀 자신이 쾌락을 위해 먹도록 내버려두어 기쁨과 풍족함을 경험하고 삶의 즐거움을 인식하고 어린 시절의 즐거운 음식에 대한 기억을 불러낼 수 있게 하는 것이었다고 주장했다(Chernin, 1992: 65). 그러므로 그녀의 해결책은 음식이 그녀에게 갖는 감정적 의미들 중 많은 것을 제거하는 것이었다.

절식하는 사람들 중 많은 사람이 자신들의 경험을 명백히 영적인 것으로 해석하지는 않지만, 일부 사람들은 육신의 부정이 지닌 영적 요소와 관련한 아주 오래된 의미를 상기시키며 자신들의 행위를 그러한 방식으로 이해하기도 한다.

> 내가 무식욕증 상태에 있을 때, 음식은 내가 바라는 동시에 지독하게 거부한 신성한 것을 표상했다. 내가 회복되었을 때에도 음식은 여전히 나의 가장 강력한 상징으로 남아 있었다. 즉 완전한 음식은 여전히 영성체와 같은 것이고 대체로 성배만큼이나 얻기 어려운 것이었다. 먹기가 물화되었다. 그것은 참을 수 있는 것 이상의 어떤 것이 되었다(Garrett, 1993: 250).

개인들이 절식을 하나의 영적 관행으로 결론짓게 하는 분명한 종교적 믿음이 존재한다는 점을 지적할 필요는 없다. 왜냐하면 가장 의식 있는 무신론자조차 자기 규율의 잠재 능력과 더 큰 도덕적 덕성이 음식 섭취의 통제 속에서 성취된다고 생각하기 때문이다. 무식욕증 환자들이 자신이 회복되었다고 기술할 때조차도 음식은 여전히 성스러운 속성을 지니고 있다. "음식이 생명이지 않은가? 음식은 생명의 상징이다. 그리고 나는 점점 더 음식의 그러한 상징성을 본다. 그것은 하나의 영적 상징 — 영적 영양물 — 이다"(Garrett, 1993: 252에서 인용함). 음식과 먹기를 둘러싼 이러한 의미들이 서구 사회 도처에서 흔히 발견되기는 하지만, 개인들이 그것들을 취하여 주체성을 구성하는 데 이용하는 정도는 다르다. 신경성 거식증이나 신경성 과식증이 있는 사람들에게는 자신들이 먹기 관행에 참여하는 것이 아마도 그들의 삶을 지배하리만큼 그들의 자아의식의 가장 중심적 측면을 이루고 있을 것이다. 다른 사람들에게도 음식과 먹기에 대한 통제가 주체성의 구성과 유지에 중요하지만, 그것이 그들이 획득할 수 있는 자아의 또 다른 원천들을 압도하지는 않는다.

음식/건강/아름다움의 삼각 관계

유대교와 기독교에서 신을 따르기 위한 극기 윤리는 자신에게 유익한 것으로 확증된 어떤 것을 포기하고 그럼으로써 자신이 종교적 원리를 위해 희생하고 있음을 입증하는 것과 관련되어 있다(Taylor, 1989: 219). 육신의 유혹에 저항하는 희생, 즉 자기 규율은 궁극적으로 보상받을 것이라고 인식된다. 종교적 믿음이 사람들의 삶을 훨씬 더 공개적으로 지배하며 그들의 주체성과 육체화를 틀 지었던 과거 수세기 동안에, 자기 규율은 대체로 영적 축복 — 독실하고 고결하며 궁극적으로 사후에 천국에 가게 될 것이라는 의식 — 에 의해 보상받았다. 비록 지금은 유대교와 기독교의 전통적인 종교적 믿음이 많은 사람에게 훨씬 적은 영향을 미치고 있지만, 금욕적 관행이 보상을 받으리라는 기대는 여전히 존속한다. 오늘날 식이요법은 영적 정화를 이루고자 하기보다는 이상화된 체중이나 몸매를 노골적으로 추구하는 경향이 있다. 즉 그것은 영혼 프로젝트라기보다는 몸 프로젝트이다. 그것에 대한 보상도 오늘날에는 좋은 건강, 장수와 날씬함, 젊음 그리고 매력적인 몸에 대한 약속이다.

이것이 시사하듯이, 현대 서구 사회에서 음식과 건강의 연계는 금욕주의적 관념과 심미적 관념 모두를 체내화하고 있다. '적절한' 음식은 피부의 주름과 허리둘레의 늘어남과 같은 미용 측면과 질병 모두를 포함한 노령 문제에 대한 하나의 해결책으로 제시된다. 외모가 그 소유자의 내적 훌륭함과 퍼스낼리티를 보여주는 것으로 인식되기 때문에, 사람들은 몸의 표현과 관리에 매우 집착하고 있다. 현재 성적 매력과 날씬한 몸이 등치되면서 많은 사람이 그러한 이상을 따르고자 노력한다. 오늘날 적절한 다이어트가 건강한 몸을 낳고 다시 건강한 몸은 날씬하고 매력적이고 젊고 섹시한 몸이라는 믿음이 널리 퍼져 있다. "몸은 쾌락과 자기 표현의 도구이다"(Featherstone, 1991: 170). 건강의 획득과 유지가 하나의 도덕적 성취로 인식되는 것과 마찬가지로, 날씬한 몸의 획득은 자기 통제와 극기라는 특권 있는 가치를 상징한다. 날씬한/매력적인 몸은 건강하고 정상적인 몸으로 해석되고, 엄격한 자기 규율을 행사하고 있음을 확실하게 보여주는 증거이다. 그와 대조적으로 뚱뚱한/추한 몸은 건강하지 못하고 비정상적이고 통제력을 결여하고 있는 것으로 인식되고, 도덕적 실패의 증거이다. 한 베스트셀러 다이어트 책은 다음과 같이 선언했다. "건강은 당신의 생득적 권리이고, 과체중은 건강한 상태가 아니다"(Diamond and Diamond, 1990: 19).

뚱뚱한 또는 '기괴한' 몸에 대한 문화적 혐오를 표현하고 있는 하나의 실례가 1995년 2월에 출간된 호주판 ≪타임≫의 커버스토리이다. 그 잡지의 컬러 표지는 줄자로 단단하게 압박한 (젠더를 식별할 수 없는) 사람의 몸통 주위에 불룩 솟아 나온 핑크색의 살집을 묘사하고 있다. 거기에는 커버를 가로질러 다음과 같이 말이 크게 쓰여 있었다. "지방에 대한 모든 것. 여기에 납득하기 힘든 뉴스가 실려 있다. 몸매 관리 열풍이 불고 있음에도 불구하고, 호주 사람들은 이전보다 더 뚱뚱하다." 그 잡지 속에서 8쪽짜리 특집 기사는 호주의 '배불뚝이화'를 한탄했다. 그것은 음식을 게걸스럽게 먹는 뚱뚱한 사람들의 이미지들, 즉 카메라 렌즈로 왜곡한 그들의 몸 사진을 싣고 있었다. 그 이야기가 말하고자 하는 것은 도덕적 패닉이었다. "10년간의 숨어 있던 스캔들", "놀라운"(두 번 사용), "앞으로 기력이 없고 건강이 좋지 않게 할 우적우적 먹기", "체중이 긴급한 국가적 건강 문제가 되다", "비만 자체는 하나의 유행병이다", "국가적 섭식 장애"와 같은 단어와 표현들이 그것의 긴급성과 놀라움을 알리기 위해 사용되었다. 그 기사는 한 영양학자의 다음과 같은 주장을 인용했다. "사실은, 호주 사람들이 시시각각 더 뚱뚱해지고 있다는 것이다"(Elmer-DeWitt and O'Neill, 1995: 44). 그 기사는 다음과 같은 주장으로 끝을 맺었다. 호주 사람들은 스스로 내적 자제력을 키워야만 한다. 왜냐하면 그러한 행동 변화는 "내부 전쟁internal battles"이기 때문이다. "그들이 외적으로 승리할 수 있기 위해서는 그들은 꼴사납고 건강에 좋지 않은 불룩 나온 배와 내적으로 싸워야만 할 것이다"(Elmer-DeWitt and O'Neill, 1995: 49).

음식/건강/아름다움의 삼각 관계 중에서 음식이 수행하는 가장 중요한 역할은 그것의 칼로리량과 관련되어 있다. 즉 그것은 뚱뚱해지거나 날씬하게 만든다. 이러한 이유에서 식이지방 자체는 공포의 대상이다. 지방은 일단 체내화되면, 몸에 오래 머물면서 비만을 유발할 뿐만 아니라 몸의 청결함을 '오염시키는' 것으로 간주된다. "지방은 당신을 뚱보로 만들어요. 내가 어떤 생리 기능이 그런 일이 일어나게 하는지를 알지는 못하지만, 당신도 알다시피 기름기가 많은 지방질을 포함한 것은 당신의 몸에 머물면서 동맥 안에 막을 형성하여 동맥을 막아버리지요"(조나단). 이 언급이 암시하듯이, 음식 속의 지방과 뚱뚱한 몸은 서로 융합한다. 오늘날 서구 사회에 일고 있는 또 다른 강박관념은 콜레스테롤이 심장 질환에서 행하는 역할과 관련되어 있다. 몸이 뚱뚱하다는 것이 도덕적으로 비난받는 것과 마찬가지로, 혈류에 숨어 있는 '보이지 않는' 콜레스테롤도 사람들의 식생활 통제 능력의 한 지표로 작용하고 있다. 혈중 콜레스테롤 수치가 높다는 것과 연관된 부정적 의미들이 신체적 외모, 건강 상태, 자기 통제 간의 관계에 관한 문화적 가정과 연관되어 있다는 것은 포커스 그룹 참여자들의 설명에서도 분명하게 드러났다. 몸매와 콜레스테롤 수준 간에는 직접적인 연계 관계가 존재한다고 가정되었다. 한 여성(포커스 그룹 1)이 지적했듯이, 높은 혈중 콜레스테롤 수치는 "뚱뚱한 사람과 같은 종류의 이미지, 그러니까 빈둥거리며 크림 케이크로 배를 채우고 전혀 활동적이지 않은 사람을 연상시킨다." 그와 대조적으로 '양호한' (낮은) 콜레스테롤 수치는 자랑스러워하는 어떤 것이었다. 한 남자(포커스 그룹 10)가 그 그룹의 다른 참여자에 대해 다음과 같이 말했다. "존은 항상 자신의 콜레스트롤 수치가 낮다고 자랑해요." 같은 그룹의 또 다른 남자는 자신의 친구가 그의 외모만 보더라도(그가 과체중이기 때문에) 콜레스테롤 수치가 높을 것이 틀림없다고 농담했다. "나는 너를 보는 것만으로도 네가 콜레스테롤 수치가 높다고 생각해." 몸무게, 식생활, 콜레스테롤 수치와 관련된 부정적 의미들은 이러한 논평들에서 분명하게 드러난다. 고도비만인 사람은 '건강하지 않을' 가능성 또는 혈중 콜레스테롤 수치가 높을 가능성이 가장 큰 사람으로 간주되었다. 그러한 사람은 자신의 식생활과 체중을 통제하지 못한다는 사실로 인해 '손상된 정체성'을 가지고 있는 것으로, 그리고 심장질환에 걸릴 '가능성이 큰 사람'으로 간주된다(Crawford, 1984: 70~71; Davison et al., 1991; Watson, 1993: 248~249를 참조하라).

비만은 젠더에 따라 다소 다른 의미로 부호화된다. 특히 여성은 비만일 경우 낙인찍기와 사회적 비난의 대상이 된다. 비만인 여성은 지위가 높은 일자리에 고용될 가능성이 더 낮을 정도이다(Rothblum, 1992). 슈워츠Schwartz는 서구 사회에서 매우 뚱뚱한 남성이 대식가나 거대한 사람으로 활기차게 묘사되고 능력을 부여받아왔다면 매우 뚱뚱한 여성은 환자 또는 기형적 인간으로, 즉 두려움의 대상보다는 동정의 대상으로 훨씬 더 무력하게 묘사되는 경향이 있다고 지적한다. "뚱뚱한 남자가 영감을 주거나 두렵게 한다면, 뚱뚱한 여자는 동정심과 혐오감 — 그들이 스스로 어찌할 수 없기 때문에 동정심을, 그리고 그들이 성적으로 애매하고 감정적으로도 너절해 보이기 때문에 혐오감을 — 을 자극한다"(Schwartz, 1986: 18). 남성들에게 근육의 발달은 또한 남성적 몸의 이상형에서 중요하다. 오늘날 남성적 몸과 여성적 몸 모두는 군살이나 살집의 흔적이 전혀 없이 단단하고 탱탱할 것이 기대된다. "여기서 이상적인 몸은 정말로 짱짱하고 절제되고 '단련된' 단단한 몸

— 달리 표현하면 내적 과정의 통제를 통해 내부로부터의 분출을 막는 몸 — 이다"(Bordo, 1990: 90).

뚱뚱하고 통제되지 않고 절제되지 않은 몸에 대한 문화적 혐오는 비만을 목격하는 것만으로도 혐오감과 극도의 불쾌감을 불러일으킬 정도이다. 한 여성은 뚱뚱한 여자에 대한 자신의 반응을 다음과 같이 기술했다.

> 나의 몸은 그들의 육중함, 거대함, 물렁물렁함에 혐오감을 느낀다. 나는 그들이 교묘하게 통로의 폭, 의자의 사이즈, 가구의 강도를 계산하는 것을 지켜보며 역겨워한다. 턱, 팔, 배에 살이 접혀 축 늘어져 있다. 나는 지방으로 꽉 찬 물렁거리는 피부의 무게를 느낀다. 나는 그것을 볼 때 속이 울렁거리고 목에서 쓴맛이 올라온다. …… 단정치 못하고 돌보지 않은 것 같은 그들의 몸에 대한 이러한 견해는 항상 몸무게와 몸매를 유지할 것을 요구하는 나의 몸에 대한 나의 강력한 양가감정을 확실하게 보여준다(Shapiro, 1994: 71).

남성의 몸과 관련해서도, 그리고 날씬하고 잘 발달된 남성의 체격이 자기통제와 신체적 매력의 한 기호로서 갖는 중요성과 관련해서도 유사한 담론이 회자되고 있다. 일부 남성들은 몸매 만들기와 보디빌딩, 다이어트 하기와 같은 관행들을 그러한 헤게모니적인 남성 형태를 추구함으로써 자신들의 무기력감과 부적절성을 고치는 수단으로 파악한다(White and Gillet, 1994: 20). 영양은 보디빌딩에서 매우 중요한 부분이다. 왜냐하면 적절한 음식의 '과학적' 섭취를 위해서는 근육의 성장을 자극하여 체지방 대 근육 비율을 조정할 필요가 있기 때문이다. 그러므로 사람들의 식생활은 단련의 일부로, 똑같이 엄격한 자기 모니터링 과정의 대상이 된다(Mansfield and McGinn, 1993: 52). 식이보조제와 같은 제품들은 근육 형성을 도와주고 그럼으로써 남성들이 스스로에 대해 더 좋아졌다고 느끼게 해줌으로써 지나치게 마른 몸의 문제를 다소 해결해준다는 약속을 내걸고 판매된다. 한 광고는 다음과 같이 표현했다. "당신 몸에 숨어 있는 근육질을 드러내라. 그리고 새로운 당신을 내보여라"(White and Gillet, 1994: 30).

이러한 남성적인 이상적 몸이 전형적으로 여성성을 상징하는 가냘프고 연약한 몸에 특권을 부여하지는 않지만, 그것은 동시에 어떠한 비만의 암시도 피한다. 공중 보건 담론 또한 남성의 몸과 관련하여 '중년의 복부 비만'이나 '똥배'를 비난한다. (호주 남성을 대상으로 한) '갓버스터스GutBusters' [호주의 체중 감량 프로그램의 이름 - 옮긴이] 캠페인을 위한 한 공중 보건 광고가 조언했듯이, 남성들에게 복부 비만은 통제력, 젊음, 기품의 상실을 의미한다. 그 광고에 따르면, 그것은 "아빠 똥배 나왔다"는 비난을 유발하는 "아주 혐오스러운 군더더기 살이다." 스코틀랜드에 살고 있는 남성들에 대한 한 연구는 그들이 과체중을 둘러싼 부정적 의미들을 건강과 신체적 매력의 측면 모두에서 아주 잘 인식하고 있음을 발견했다. 인터뷰에서 한 응답자는 다른 남자들이 그에게 "야 뚱뚱보야, 너 살 좀 더 빼. 그렇지 않으면 넌 2년 안에 죽을 거야"라고 말했다고 언급했다(Watson, 1993: 248). 이러한 몸 관념은 몸을 상품으로 보는 담론을 채택하고 있다. 뚱뚱한 몸은 단지 건강하지 않은 것만이 아니라 추하다. 이러한 관점에서 볼 때, 자아의 외관적 상징으로서의 몸은 다른 사람들에게 판매되어야 하고, 따라서 그것의 교환 가치를 극대화하기 위해 가능한 한 양식화된 모습으로 매력적이 되어야만 한다. 소비문화에서 상품으로서의 몸은 그것의 유지와 보존을 위해 다른 많은 상품을 필요로 한다. 몸의 젊음, 활력, 근육, 날씬함을 유지하게 해주는 식품, 이를테면 저지방 식품, 슬리밍 제품, 보디빌딩용 조제식품이 그러한 것들이다.

소비문화의 맥락에서 먹기에 대한 자기 통제는 많은 사람이 열망하지만 달성하지 못하는 매우 불안정한 상태에 있다. 식이요법을 시도하는 많은 사람은 마치 자신들이 음식 욕망을 억누르는 데 도움이 필요한 것처럼 느낀다. 집단 압력과 집단 감시를 이용하여 사람들이 체중 감량을 위한 식이요법과 운동요법을 유지하도록 하는 것을 행동 원리로 하고 있는 '웨이트 워처스Weight Watchers' 같은 단체들이 산재해 있는 것도 바로 이러한 이유에서이다. 1995년 초에 호주의 한 여성 잡지는 "강박적인 음식 갈망을 멈추게 하는 것을 도와주기" 위해 설치된 '폭식상담전화Binge Line'의 전화번호를 발표했다. 그 아이디어는 특정 유형의 음식에 유혹을 받는 사람들이 그 번호로 전화를 걸어 녹음된 3분짜리 도움 메시지를 경청하게 하자는 것이었다. 거기서는 식이요법을 시도하는 사람들을 너무나도 유혹하는 것으로 입증되었을 수도 있는 '나쁜' 음식과 관련된 여섯 가지의 서로 다른 녹음된 메시지를 이용할 수 있었다. '초콜릿 갈망', '아이스크림 위기', '단 것과 쫄깃한 것', '자극적이고 향기로운 것', '기름진 것', '간식 충동'이 바로 그것들이다.

현재 날씬함을 유지하는 것에 부여된 중요성 때문에, 음식에 대해 생각할 때 사람들은 칼로리 양에 대해, 그리고 자신들이 좋아하는 음식을 탐닉하게 그냥 놔둘지에 대해 의식적으로 숙고한다. 길버트는 버터와 같은 다른 고에너지 식품과 단 것이 살찌게 할 것이기 때문에 그것들을 피한다고 말했다.

나는 자주 머릿속에 떠오르는 것을 머릿속으로 계산하기 시작해요. 그래요, 그것이 고지방 식품이거나 고에너지 음식이면, 나는 오늘 또는 오늘밤은 그것을 피하려고 하거나 그것을 먹는다고 해도 최소한으로만 먹어요. 그런데 만약 내가 어떤 것의 에너지양이 중간 정도이거나 낮다는 것을 안다면, 그리고 내가 더 만족하고 더 포만감을 느끼고 또 다른 양질의 것을 취할 수 있다면, 나는 그러한 무언가를 선택할 겁니다. 그래요, 나는 마음속으로 많은 시간을 체중에 대해 생각해요.

마이크는 자신이 과체중이라고 생각한다. "나는 내 몸무게를 고민해요, 나는 비만으로 죽고 싶지 않아요." 그는 빵과 감자가 단 것처럼 살을 찌게 한다는 것을 발견하고("빵이 정말로 나를 살찌게 하는 같아요"), 그러한 이유에서 그러한 음식들을 피한다. 만약 그가 몸무게를 줄이고자 한다면, 그는 저녁식사 후의 배고픔의 '고통'을 억누르기 위해 셀러리나 사과 같은 음식을 먹어야 한다. 하지만 마이크는 그러한 음식으로부터 거의 즐거움을 얻지 못한다. "알다시피 그것은 당신의 양심에 주는 하나의 뇌물일 뿐이에요. 그것은 당신이 실제로 원하는 것이 아니에요. 당신이 실제로 원하는 것은 맛있는 비스킷 한 봉지나 케이크 한 조각 또는 어떤 맛있는 사탕이죠." 시몬은 자신이 수 년 동안 살을 빼기 위해 개발한 먹기 유형이 "이제는 습관이 되었다"고 말했다. 케이크, 초콜릿, 유제품, 지방은 그를 살찌게 만들기 때문에 그는 그러한 식품을 피한다. 미셸Michelle은 살을 빼기 위해 심지어 아침식사로 (그녀의 어머니가 전날 밤에 요리한 식사를 데워서) 정찬을 먹고 저녁식사로는 단지 토스트만을 먹는 식이요법을 시도하기까지 했다. 그녀는 저녁식사 때 먹는 음식이 밤새 몸에 '저장되는' 반면 아침식사

때 그것을 먹을 경우 그것이 좋일 '연소된다'고 생각했다. 하지만 이 식이요법은 오래 지속되지 못했다. 왜냐하면 특히 주말에 미셸이 친구들과 저녁에 외식하고자 할 때 그것을 따르기가 어렵다는 것을 발견했기 때문이었다.

몸으로부터의 소외감과 분리감은 아마도 이 장에서 앞서 논의한 섭식장애를 가진 사람들에게서 가장 극단적으로 나타날 것이지만, 그것은 많은 다른 사람들이 자아와 육체화에 대한 그들의 의식 및 음식과 그들의 관계를 논의하는 방식에서도 분명하게 나타난다. 사람들이 좋아하는 음식에 대한 욕망을 통제하지 못한다고 느낄 때, 그리고 슬리밍 다이어트 요법에 순응하지 못한다고 느낄 때, 그들은 죄책감, 수치심, 자기 혐오, 좌절의 감정을 경험한다. 인터뷰와 포커스 그룹에서 여러 참여자가 잘못된 유형의 음식, 특히 기름기가 많은 음식이나 설탕이 든 음식을 먹는 것에 대해 죄책감과 불안감을 표현했다. "작은 지방 조각에도 나는 죄책감을 느끼며, 이렇게 생각해요. '오 이런, 얼마나 많이 살쪘을까?'"(여성, 포커스 그룹 6). 카일리는 그녀의 본가 성원들은 특별한 행사 때에만 초콜릿, 사탕 또는 케이크를 먹을 수 있었고 따라서 "나는 그러니까 감자튀김이나 그와 같은 것들 또는 단 과자[사탕]를 먹을 때 약간의 죄의식을 느끼는 경향이 있다"고 말했다.

그간 서구 사회에서 개인들, 특히 여성이 그들의 몸무게와 몸매에 집착하는 것에 관한 많은 연구가 있었다. 찰스와 커(Charles and Kerr, 1988: ch.7)는 자신들의 연구에서 여성 참여자들에게 그들의 식생활과 관련된 불만감과 죄책감이 존재하며, 그것들은 적절한 몸매와 섹슈얼리티 관념은 물론 집에서 아내이자 어린 아이들이 있는 어머니로서의 자신들의 역할과 보다 광범하게 연결되어 있다는 점을 발견했다. 찰스와 커는 "거의 모든 여성들이 음식과 극히 문제 있는 관계를 맺고 있다"고 주장한다(Charles and Kerr, 1986b: 538). 그들이 인터뷰한 200명의 여성 중에서 단지 23명만이 전혀 다이어트를 하지 않았다거나 체중에 대해 어떤 식으로든 걱정한 적이 없다고 말했다(Charles and Kerr, 1986b: 540~541). 찰스와 커는 그러한 불안이 대부분의 여성들에게 어머니와 아내로서 부여되는 모순적 요구로부터 파생한다고 주장한다. 음식 삼가기 전략과 위안으로서의 음식 먹기 전략 모두는 여성들이 일상생활에서 통제력을 결여하고 있는 것에 대한 반응이자 그러한 통제력을 재확립하고자 하는 그들의 시도이다. "만약 그들이 음식 섭취에 대한 엄격한 통제를 통해 자신들의 몸을 통제할 수 있다면, 아마도 그들이 경험하는 불만족은 사라질 것이다"(Charles and Kerr, 1988: 158). 제2장에서 기술했듯이, 여성들은 가족이 즐길 수 있는 풍부한 음식을 마련해야만 하지만, 그들은 또한 성적으로 매력적인 날씬한 몸이라는 관념에 충실할 것을 기대받는다. 가족 전부가 식이요법 — 이것 자체가 여성들에게 가족 성원들로부터 즐거운 음식을 '박탈한다'는 죄의식을 유발할 수도 있다 — 에 참여하지 않는 한, 여성들이 자기 규율을 유지하기 위한 음식을 구매하고 준비하기란 매우 어렵다. 여성들은 남성 파트너들이 자신들의 몸무게에 대해 내린 신랄한 논평을 의식하고 있고 또 그것에 의해 당혹해하며, 자주 그것에 대한 반응으로 다이어트를 시도하기도 한다. 맥키와 그의 동료들(McKie et al., 1993)은 자신들이 수행한 연구에서 그들이 인터뷰한 영국 여성들이 날씬함이라는 이상적인 몸 이미지에 순응하라는, 자신들이 받고 있는 압력에 분노를 표출하면서도 그러한 이상적인 몸매를 가지기 위해 노력한다는 점을 거리낌 없이 인정한다는 것을 발견했다.

일부 여성들에게 임신한다는 것은 그들을 자신의 둥글어지는 몸에 대한 괴로운 양가감정 상태에 빠뜨린다. 일부 여성들은 임신을 그들이 좋아하는 음식을 탐닉할 수 있는 드문 기회로 인식하는 반면(Charles and Kerr, 1986b: 548~549), 다른 여성들은 거기서 자기 통제력 상실과 탐욕에의 '굴복'에 대한 죄책감, 후회, 가책의 감정을 느낀다(Mcintyre, 1983: 68; Murcott, 1988: 751). 한 임신한 여성은 ≪브리티시 메디컬 저널British Medical Journal≫에 다음과 같이 썼다. "나는 내 속에서 새로운 생명이 성장하고 있다는 기쁨과 자기 파괴의 충동 사이에 끼어 있다고 느낀다. 나는 이 변하는 몸을 통제할 수 없는 무력한 상태에 빠져 있다. 항상 나의 몸무게를 통제해온 나는 지금 28주째의 배를 가진 나 자신을 경멸한다"(Anonymous, 1992: 126). 계속해서 이 여성은 체중 증가의 원인인 크고 있는 태아에 대해 자신이 느끼는 감정과는 상충하는, 먹기와 체중 증가에 대해 자신이 느끼는 죄책감, 즉 태아에 대해 자신이 느낀 책임감과 그녀의 '통제할 수 없는' 몸으로부터 생기는 자기 혐오, 그리고 자신의 몸에 대한 양가감정 때문에 자신이 엄마가 된다는 것과 관련하여 자신이 경험하는 수치심과 의구심 간의 충돌에 대해 기술한다.

그러므로 몸무게와 몸매에 대한 우려, 그리고 그 후 날씬한 몸을 가지기 위해 음식 섭취를 제한하고자 하는 노력은 일부 사람들에게 일정한 맥락에서 불안과 자기 혐오의 한 원인이 될 수 있다. 서구 사회에서 뚱뚱한 사람이 비난과 차별의 대상이 되고 또 어떤 사람이 날씬한 몸의 이상형으로부터 단지 조금 벗어날 때조차 매력적이지 않다고 느낄 수 있다는 것에는 의문의 여지가 없다. 하지만 이것이 식이요법을 하나의 자아 관행으로 채택하는 것을 반드시 억압적인 것으로 보아야 한다거나 항상 신체적 매력을 둘러싼 지배적 담론에 대한 하나의 부정적 반응으로 고려해야 한다고 주장하는 것은 아니다. 자신의 식생활에 대한 성공적인 통제력 행사는 또한 만족의 한 원천, 즉 자신의 몸을 지배하고 있다는 의식, 성취감 그리고 심지어는 영성을 획득하는 하나의 수단을 제공할 수도 있다. 중세 종교사상에도 금욕주의가 주는 쾌락이 분명하게 제시되어 있다. 거기에는 오늘날 일반적으로 설정되는 고통과 쾌락 간의 이분법이 존재하지 않는다. 이를테면 '굶주림'이 포식으로 기술되고 '맛있는' 것은 불쾌한 것으로 지칭된다. "한 중세 저술가가 볼 때, 세상에 대한 신체적 반응을 거부하는 것은 자주 신을 향해 육체적 에너지를 방출하는 것이다"(Bynum, 1987: 245). 그러므로 바이넘이 기술한 절식하는 여성들은 단식을 벌로 경험하는 것이 아니라 오히려 그리스도의 달콤한 모방으로, 영적인 환희, 그리고 심지어는 에로틱한 쾌락을 가져다주는 것으로 경험했다(Bynum, 1987: 246~248). 근대적 자아에게도 단식과 다이어트와 같은 음식과 관련한 규제 관행들이 강렬한 기쁨을 가져다줄 수도 있다.

연료로서의 음식, 창조물로서의 음식

사람들이 음식을 하나의 심미적인 창조적 물질로 보는 정도와 음식을 즐거움을 주는 하나의 물질로 보는 정도와 관련하여 볼 때, 거기에는 두 극단이 존재하는 것으로 보인다. 대부분의 사람들은 이 연속선을 따라 정렬된다. 나의 연구에서 일부 인터뷰 응답자들은 음식에 엄청난 관심을 드러내고 음식을 즐겼다. 반면 다른 사람들은 음식에 거의 관심이 없고, 음식을 쾌락의 한 원천이라기보다는 단지 하나의 생존 방식으로 바라보는 것처럼 보였다. 이것은 자주 인터뷰 응답자들이 먹기와 음식 준비에서 즐거움을 발견하는 정도와 관련하여 제시한 보다 명백한 진술에서뿐만 아니라 그들이 즐기는 음식과 싫어하는 음식과 관련하여 제시한 상세한 진술에서도 입증되었다.

길버트는 음식에 관심이 거의 없는 것으로 보이는 사람의 한 사례이다. 그는 음식과 먹기에 대한 자신의 접근 방식에 대해 많은 생각을 해왔다. 왜냐하면 그는 그의 심리치료요법사와 음식 그리고 그와 어머니의 관계와 관련한 몇 가지 문제에 대해 토론해왔기 때문이다(제2장을 보라). 길버트는 자신이 음식과 관련한 문제, 즉 일종의 음식 장애를 가지고 있을 수도 있다고 생각한다고 말했다. 왜냐하면 그가 음식에 대해 생각하거나 음식 먹기를 즐기기 않기 때문이다. 그는 자신의 식사 계획을 세우지 않으며 또 음식을 구입할 때 맛을 고려하지 않고 그것을 얼마나 빨리 쉽게 준비할 수 있는지에 더 많은 관심을 기울인다.

> 많은 시간 동안 음식은 내게 일종의 부수적인 거였어요. 그게 조금은 문제이기는 해요. 그리고 나는 종일 여러 번 배고프다는 것을 얼마간 인식하지만, 내가 그것을 무시하거나 부정하는 것 같아요. 그러고 나서 곧 나는 그와 관련된 무언가를 하려 하고, 나는 실제로 무언가를 빨리 준비하려고 해요, 그리고 나는 그것을 실제로 즐기지 않고 그냥 먹어요.

길버트는 자신이 "부정否定당한 입"을 가진 것으로 기술하고, 그것을 그의 어머니와 그 이후의 경험과 관련시킨다. 그는 어렸을 때 음식을 놓고 어머니와 아주 많은 갈등을 경험했기 때문에, 그에게 먹기 경험을 만족시키는 것은 음식의 맛이 아니라 그 내용물에 대한 그의 통제와 관련되어 있다. 그는 자신을 위해 "그런대로 건강에 좋고 균형 잡히고 적절한" 음식을 준비하여 "그것을 신속하게 먹어치우고 마는" 것을 좋아한다. 길버트는 자신이 그가 필요로 하거나 원하는 음식의 양을 제대로 가늠하지 못하고 또 식감을 제대로 예상하지 못하고 서로 다른 음식들이 결합하여 어떤 맛을 낼 수 있는지를 내다보지 못한다고 말했다. 그는 자신이 세상 일반에 대해, 그리고 특히 음식에 대해 감각적으로 접근하지 않는다고 말했다. 그는 레스토랑에서의 먹기에 대해 친구들과 언쟁을 벌여왔다. 왜냐하면 그는 값싸게 먹는 것을 좋아하고 또 값비싼 레스토랑에 가서 고급 음식을 먹는 것보다 대화에 더 관심을 가지기 때문이다. 길버트는 새로운 음식을 먹어보는 것을 피한다. 그의 먹기 습관은 아주 보수적이고, 그는 자신이 음식을 준비하는 스킬과 열의가 부족하다고 느낀다. 이것은 그가 요리할 때 실험하기를 좋아하지 않는다는 것을 의미한다. 사실 그는 자신이 요리하는 것을 좋아하지 않는다고 말했다. 그가 좋아하는 것은 식사에 너무 많은 시간을 소모하지 않고 음식을 신속하게 효과적으로 먹어치우는 것뿐이다. 길버트도 25살 때쯤 그의 동거인에게 요리를 해주기 위해 요리 수업을 받은 적이 있었다. 그는 그 수업을 듣는 것이 "이상하게도 괴로웠고" "감정적으로 화가 났다"고 말했다.

코스타스는 음식에 대한 관심을 극히 결여하고 있는 사람의 또 다른 실례이다. 코스타스는 자신이 어렸을 때조차 식욕이 왕성하지 않았고 음식에 대한 관심도 많지 않았다고 말했다. 그는 항상 저체중 아이였다. 그는 자신이 네 살 때에도 딱딱한 음식을 먹지 못했고, "그리하여 엄마가 집 밖으로 쫓아내곤 하는 등 큰 곤경에 처하곤 했던" 것을 기억한다. 길버트처럼 코스타스도 그의 몸에 연료를 공급하기 위해서만 먹었고, 음식을 준비하고 먹을 때 분노를 느꼈다.

나에게 먹기는 항상 생존을 위한 것이었어요. 그것이 실제로 즐거운 것이었던 적은 전혀 없어요. 나는 실제로 먹는 것을 좋아하지 않고 식탁에 앉아 있는 것을 즐기지 않아요. 그건 내게는 시간을 빼앗는 일이에요. 비록 음식이 맛이 있고 몸에 좋은 것이고 그것이 위의 작은 틈새를 메워준다고 하더라도, 만약 우리가 음식을 먹지 않도록 설계되었다면, 나는 그것 없이 지낸다고 해서 허전해하지 않고 그렇게 지낼 거예요. 아마도 만약 내가 내게 필요한 모든 것을 제공하는, 그리고 몸에 나쁘지 않은 알약이나 그와 같은 것을 가질 수만 있다면, 나는 아마도 그걸 먹고 살 거예요. 왜냐하면 그것이 편리하기 때문이죠. 그것이 신체 체계의 건강에 좋은 한에서 말이죠. 나는 항상 그런 식으로 생각해왔어요. 나는 지금도 여전히 그렇게 생각해요. 나는 내가 태어난 이후로 그랬다고 생각해요. 나는 먹는 것에 전혀 연연해하지 않았어요.

코스타스는 자신이 매우 빨리 먹는다고 말했다. 그는 일반적으로 "아주 배가 고파질" 때까지 먹는 것을 미루었다가 게걸스럽게 먹어치운다. 그는 레스토랑에서조차 매우 빨리 먹고 다른 어떤 사람보다도 먼저 식사를 마친다. 길버트처럼 코스타스도 어머니로부터 먹으라는 압력을 받았고, 그는 그것에 분개했었다. 그는 아이들이 먹고 싶어 하지 않을 때 그들에게 먹기를 강요하는 것은 잘못이라고 생각한다. 또한 길버트와 마찬가지로 코스타스의 음식 습관과 음식 선호는 매우 보수적이다. 그는 자신의 식생활이

나 그의 삶의 다른 측면들을 변화시키기를 좋아하지 않는다. 그는 매일 같은 것을 먹는 것을 좋아하고, 수년 동안 동일한 일상을 유지해왔다. 이를테면 그는 매일 점심에 동일한 종류의 샌드위치를 먹는다. 그는 좀처럼 새로운 음식을 먹으려고 하지 않는다. "나는 잠깐 생각해보고, '오 그것 좀 생소한데요'라고 말하고, 나의 생각을 바꾸어 항상 내가 먹어온 것으로 되돌아가요." 때때로 코스타스가 식사하러 외출할 때, 그는 자신이 먹어본 적이 없는 다른 것을 주문할까 생각하기는 하지만 그것을 관철시키는 못한다. 왜냐하면 그가 아는 것을 먹기를 좋아하기 때문이다. 코스타스는 샌드위치를 만들고 계란 프라이를 하는 것 말고는 어떠한 요리도 하지 못한다. 그는 편리함 때문에 하루 동안 많은 테이크아웃 음식을 먹는다. 그는 자신이 맥도날드 같은 곳에서 돈을 주고 산 음식을 그 질 때문에 혐오한다고 말했다. 그러나 그는 "그냥 틈새를 메우는 거죠, 내가 집에 갈 때까지 그 작은 틈새를 막는 거죠"라고 말한다.

길버트와 코스타스 같은 사람들의 정반대 쪽에, 음식 준비와 음식 먹기에 아주 많은 시간과 돈을 쓰고 많은 생각을 하고 먹기를 고도로 미학화된 그리고 만족스러운 여가 활동으로 간주하는 사람들이 있다. 현대 서구 사회에는 경제적으로 특권 있는 사람들 사이에 미식 문화가 존재한다. 그러한 문화에서는 값비싼 고급 레스토랑에서 외식할 때, 그리고 집에서 특별 식사를 준비할 때에도 '예술적이고' '세련되고' '혁신적인' 요리에 가치를 부여한다(이를테면 DeVault, 1991: 210~214; 이 책 제4장의 외식과 음식 선호의 변화에 대한 논의를 보라). 그러므로 식사의 준비와 소비는 오락, 즉 강화된 감각적·사회적 즐김, 다시 말해 노동보다는 쾌락의 한 원천이 된다. 헬드케는 다음과 같이 논평한다.

그러한 요리사들에게 음식 만들기는 자주 일상적 활동이 아니라 특별한 여가 활동이다. 따라서 그것은 몸과 영혼을 유지하는 것을 목적으로 하는 것으로 기술될 수 없다. 오히려 그것은 자주 고도로 지성화된 고도의 이론적 작업이다. 어떤 점에서 그것은 조각 — 비록 손을 포함하지만 확실히 손노동이 아닌 활동 — 을 모방하는 것처럼 보인다(Heldke, 1992a: 213).

인터뷰 연구에서 몇몇 참여자들은 이처럼 음식에 대해 고도로 미학화된 방식으로 접근했다. 그들 모두는 경제적으로 특권 있고 전문직에 종사하고 있었으며, 대부분은 남성이었다. 음식에 대해 토론할 때, 이들 참여자들은 자신들이 즐기는 음식 유형을 정교하게 묘사하는 경향이 있었다. 개업의사인 로스는 그러한 사람들 중의 한 명이다. 그는 자신이 갑각류, 치즈, 좋은 빵을 좋아한다고 말했다. 로즈가 그러한 음식을 기술할 때, 그는 그것들의 미각적 속성들을 다소 상세하게 설명했다.

치즈, 나는 치즈를 고체 형태의 와인이라고 봐요. 알다시피 그것은 배양된 것이고, 복잡하고, 아주 아주 독특해요. 당신도 알다시피, 치즈는 그 맛이 어떤지와 그 질감이 어떤지는 몰라도 그것의 원산지가 어디인지는 거의 정확히 아는 어떤 것이죠. 그건 와인과 같아요. 만약 당신이 그것에 대한 충분한 지식을 가지고 있다면, 어떤 치즈의 맛을 보고 그것의 원산지가 어디인지, 누가 만들었는지, 그리고 무엇으로 만들었는지를 거의 정확하게 말할 수 있어요. …… 좋은 치즈들을 마구 섞어놓은 것은 정말 나를 짜증나게 해요. 그건 가지각색의 아주 복잡한 맛을 내죠.

몇 년 동안 로스와 그의 아내는 최고급 레스토랑에서 외식을 하곤 해왔다. 로스는 어떤 경우에는 자신이 그때 한 사회적 경험보다 맛 경험을 더 생생하게 기억한다고 말했다. "나는 내가 처음으로 햇볕에 말린 토마토를 맛본 것을 기억해요. …… 그것은 아마도 그 나라에서 처음으로 햇볕에 말린 토마토 중의 하나였을 거예요." 그는 몇 년 전에 동일한 유명 레스토랑에서 먹었던 샤프란 아이스크림을 똑같이 명료하게 기억한다. 로스는 한 주말 여행에서 자신이 아내와 공동 소유한 농장에서 가족과 친구들과 함께 식사를 준비하여 먹었던 것이 이제는 하나의 의례가 되었다고 말했다. 그는 요리하기를 즐기고 또 거의 매주 토요일에는 농장에서 성대한 저녁식사를 준비하는 데 보낼 것이다. 로스는 서로 다른 요리를 하는 데 요구되는 상이한 요리 방식에 대해 매우 까다로움을 피운다. 그리고 그는 아내가 요리하면서 세부 사항들을 그렇게 중시하지 않는 것처럼 보일 경우 화를 낸다.

변호사이자 혼자 사는 사라는 집에서 좀처럼 자신을 위해 요리하지 않으며, 거의 밤마다 시내 레스토랑에서 외식하는 것을 좋아한다. 그녀는 힘든 하루 일과를 마친 후에 시간과 기력이 거의 없기 때문에, 그리고 자신이 먹는 음식의 종류에 대해 매우 까다롭고 집에서 양질의 요리를 만드는 데 너무나도 많은 노력이 요구된다고 생각하기 때문에 요리하는 것을 피한다. 사라는 자신이 '흥미로운 음식'을 주문하기를 좋아한다고 말했다. 이를테면 그녀는 "아주 단 초콜릿 케이크, 또는 그러니까 속이 느글거리도록 단 스펀지케이크나 그와 같은 것"을 좋아하는 것이 아니라 "보다 흥미로운 디저트, 즉 '현대 호주'식 디저트"를 좋아한다. 사라는 접시에 음식을 담는 방식에 대해 매우 까다로움을 피운다. 그녀는 "끔찍해 보이는" 음식을 혐오한다고 말했다. "나는 음식은 물론 맛도 그 외형과 많은 관련이 있다고 생각해요. 따라서 나는 정말로 볼품없게 내놓은 음식을 몹시 싫어해요." 또한 변호사이자 지금은 이혼 후 혼자 사는 시몬은 요리가 자신이 직장에서 수행하는 활동과 아주 다르기 때문에 요리하는 것을 좋아한다. 시몬은 요리 과정이 '창조적'이고 마음을 느긋하게 해주는 경험이라는 것을 발견한다. 그는 자신이 음식을 좋아하고 다른 사람들을 위해 요리를 함으로써 그들에게 즐거움을 주기를 좋아한다고 말했다. 그리고 그는 자신이 요리를 잘하고 요리에 대해 거의 직관적인 능력을 가지고 있다고 믿는다. "나는 어떤 종류의 질감과 향이 나는지를 느끼는 능력은 그리 없어요. 나의 요리 또는 내가 가장 즐기는 요리의 대부분은 내가 방을 둘러보고 거기에 무엇이 있는지를 확인한 다음 그것으로 그냥 느낀 대로 어떤 것을 만든 거예요." 또 다른 변호사인 라지는 비즈니스 고객을 접대하기 위해 값비싼 고급 레스토랑에 자주 간다. 그는 자신이 혁신적인 요리를 먹어보기를 즐기고 따라서 보다 '아방가르드적인' 레스토랑을 자주 방문한다고 말했다. 라지가 비록 주중에 일하는 동안에는 그리 자주 요리를 하지는 않지만, 주말에 시간이 많이 있을 때에는 "보다 복잡하고 까다로운 요리"를 하려고 노력하기를 좋아한다. 그가 요리를 좋아하는 까닭은 "요리가 나중에 먹을 어떤 맛있는 것을 예상하고 흥분하게 하는 하나의 방식"이기 때문이다. "나는 요리 과정 전체 ― 신선한 고품질의 재료를 획득하는 것과 실제로 맛있는 먹을 것을 만드는 것 ― 에 아주 관심이 많아요." 라지는 음식을 준비하는 것에서 느끼는 자신의 즐거움은 주로 훌륭한 요리를 만들고 먹는 데서 느끼는 자기 자신의 만족에서 나온다고 말했다. 그에게는 음식의 질이 매우 중요하다. 그는 그 비용은 괘념치 않는다. 이를테면 그는 이렇게 말한다. "나는 붉은 고기를 살 때마다 거기에 있는 붉은 고기 중 최고의 부위를 사는 경향이 있어요."

요리에 대한 이러한 접근 방식은 거의 대부분의 식사준비를 일상의 진부성 및 틀에 박힌 노동과 연관시키기를 피하고, 또 훌륭한 음식을 사치스러운 도락으로 삼기를 좋아한다. 가족을 위해서든 아니면 지불 노동의 일부로서든 매일 식사를 준비하는 일을 맡고 있는 대부분의 사람들에게 요리는 분명한 심미적 또는 지적 경험이기보다는 진부한 허드렛일이다. 패터슨(Paterson, 1981)이 병원에서 음식을 준비하는 일을 하는 사람들에 대한 자신의 연구에서 발견했듯이, 그들에게 음식은 거대한 컨테이너 속에서 대량생산되는 공장 제품처럼 단지 일의 또 다른 요소일 뿐이다. 그러한 상황에서 음식은 그것이 일의 소재로서 갖는 속성에 의거하여 '좋은' 것 또는 '나쁜' 것이 된다. 이를테면 그녀의 연구에서 상추는 요리사 보조에게 '나쁜' 것으로 간주되었다. 왜냐하면 주방의 요구 사항에 상추의 각각의 잎을 개별적으로 씻도록 명시되어 있어서, 그것은 준비하는 데 오래 걸리고 육체적으로 힘들게 하는 음식이기 때문이었다. 또한 닭의 내장을 제거하는 것도 '나쁜' 귀찮은 일로 범주화되었다(Paterson, 1981: 155). 음식에 대한 고도로 미학화된 접근 방식은 경제적 특권과 문화 자본 모두와 강력하게 연계되어 있다. 왜냐하면 그렇게 접근하기 위해서는 세련되고 흥미로운 음식으로 고려되는 것들을 많이 알고 있어야 하고 그것에 지불할 돈을 가지고 있어야 하기 때문이다. 부르디외(Bourdieu, 1984)는 자신이 연구한 프랑스 중간계급 사람들에게서 음식에 대한 이러한 접근 방식을 발견했다. 드볼트(DeVault, 1991) 역시 미국 가족에 대한 연구에서 전문직 종사자들이 그러한 접근 방식을 드러내고 있음을 목격했다. 그들은 음식 준비에서 창조성, 외형, 실험, 혁신을 강조했다. 이러한 접근 방식을 취하는 사람들은 빈번히 값비싼 레스토랑에서 정기적으로 외식하고, 광택지로 화려하게 만든 와인·요리 잡지(≪보그 엔터테이닝Vogue Entertaining≫과 같은)와 요리책을 구입한다. 식사는 사회적 지위와 구별짓기의 표시물, 즉 고급 와인, 문학, 미술에 대한 지식과 유사한 방식으로 소비자를 '정통한' 사람으로 규정하는 하나의 고급 상품이 된다(또한 제4장도 보라).

쾌락으로 돌아가자: 해방의 욕구

건강이라는 이름하에 계속되고 있는 식생활 통제와 관련한 강박관념에 대응하여 많은 반대 세력들이 '음식 파시스트들'에 대해 공개적으로 격노와 좌절을 표출해왔다. 이를테면 호주의 저술가 프랭크 무어하우스Frank Moorhouse는 그가 '새로운 건강 중심 하위문화'라고 부른 것의 성원들이 "더 이상 음식을 보지 않는다"고 주장했다. "그들은 콜레스테롤, 나트륨, 지방을 본다. 그들에게 음식 접시는 즐거움을 주는 어떤 것이 아니다. 그것은 칼로리와 첨가물 그리고 화학적 위험물의 유독한 혼합물이다"(Moorhouse, 1994: 7). 음식 저술가 질 듀플렉스Jill Dupleix도 자신이 쓴 한 기사에서 유사하게 체중 감량에 대한 사람들의 집착을 한탄하고 대신에 사람들에게 모든 한 입 한 입을 죄의식을 가지고 계산하기보다는 음식을 즐기라고 주장한다.

> 먹기의 단순한 즐거움으로 돌아가자. 우리의 음식에서 가능한 한 최대한의 맛을 느끼고 우리의 요리와 먹기에서 최대한의 즐거움을 얻도록 가능한 한 이기적이고 탐욕적이 되자. 그리고 오른손 손가락을 목에 집어넣으면서 왼

손으로는 음식을 집어 먹는 음식 위선자가 되지 말자(Dupleix, 1994: 29).

상업광고는 호사로운 음식을 금욕적인 식생활 통제 요법에 대한 하나의 대응물로 내세움으로써 도전에 대응해왔다. "세상에서 가장 매혹적인 초콜릿"이라는 스위스 초콜릿 브랜드를 위한 한 호주 광고는 그것을 "저알코올 와인, 살코기, 에어로빅을 위한 완벽한 해독제"라고 제시한다. 영국 신문에 게재된 한 버터 광고는 "당신은 누구에게 귀 기울이는가, 빅 브라더인가 대자연인가?"라는 표제를 달고 있었다. 그리고 그 광고는 계속해서 다음과 같이 주장한다. "'좋은' 음식 또는 '나쁜' 음식 같은 것은 없다. …… 기본적으로 당신은 그저 음식에 대해 상식적 접근 방식을 취할 필요가 있다." 그 주장의 취지는 버터가 "전적으로 자연적"이기 때문에, 그리고 또한 "전적으로 그것이 맛있기 때문에" 마가린보다 버터를 먹어야 한다는 것이었다. 그 광고는 독자들에게 '빅 브라더'를 거부하고 독립을 추구하라는 제안으로 끝을 맺었다. "그런데 왜 그렇지 하지 못하는가? 당신의 토스트에 버터를 발라라. 여긴 자유 국가 아닌가?" 이러한 유형의 광고는 쾌락과 즐김에 특권에 부여함으로써 금욕주의적 정명에 '반발'한다.

이러한 반발은 또한 포커스 그룹의 토론과 인터뷰에서도 분명하게 표출되었다. 참여자들이 식생활과 관련한 건강 증진 정설들을 아주 잘 알고 있었고 또 그들 중 많은 사람이 자신들이 그러한 충고를 따르고자 시도한다고 말했지만(제3장을 보라), 식생활에 관한 공중 보건 정명과 의학적 충고에 대해 분명하게 저항하기도 했다. 참여자들은 건강과 매력적인 (즉 날씬한) 외모에 대한 관심 속에서 자신의 삶을 규율하는 것이 중요하다고 주장했지만, 또한 '부적당한' 유형의 음식을 먹는 것을 포함하여 '그냥 내버려두고' 인생을 즐기는 것도 필요하다고 생각한다. 왜냐하면 "당신이 얼마간 끌리는 것은 당신에게 좋은 것"이기 때문이다(Backett, 1992: 267; 또한 Backett et al., 1994: 279도 보라). 인생의 압박감과 스트레스는 음식이 '해방'의 한 원천으로 기여하게 한다. 이를테면 알코올은 긴장과 스트레스를 완화하는 하나의 수단이 될 수 있다. 때때로 자신의 긴장을 풀고 스스로 즐기지 못하고 너무나도 극단적으로 다이어트를 하는 것은 너무나도 자신을 규율하지 못하는 것만큼이나 똑같이 '나쁜' 것으로 제시되었다. 사람들은 자신들이 "스스로를 내버려두는" 사람들에 대해 검열관적 태도를 거리낌 없이 드러낼 때조차도 엄격한 식생활과 체중 통제를 계속하는 데에 따르는 어려움에 대해 토로했다(Backett, 1992: 264; Davison et al., 1992: 679을 참조하라).

참여자들은 변덕스러운 운 및 우연과 관련된, 그리고 사람들의 삶과 건강에서 운명이 수행하는 역할과 관련된 다소 운명론적인 담론도 제시했다. 어떤 사람들이 '활동적'이고 여분의 칼로리를 '연소'시키기 때문에 또는 단지 신진대사 활동이 활발하기 때문에 그들이 과식을 할 수 있다는 것은 그들이 운이 좋기 때문이라고 지적되었다. 다른 사람들은 동일한 종류의 음식을 먹어도 쉽게 살이 찌고 또 그러한 이유 때문에 다이어트를 하기가 어렵다는 것을 발견한다. 이런 일은 같은 가족 내에서 일어나기도 한다. "나의 형은 그가 좋아하는 것을 먹지만 부지깽이처럼 말랐어요. 나는 그럴 수가 없어요. 내가 부적절한 것을 먹자마자, 나는 살이 찌기 시작해요"(남성, 포커스 그룹 10). 몸무게와 식생활에 관련된 운과 우연의 관념을 이용하는 이러한 레퍼토리들은 개인들의 혈중 콜레스테롤 수치로 다시 표현되기도 했다. 흔히 지적되듯이, 어떤 사람들은 식이성 콜레스테롤과 지방의 섭취와 무관하게 높은 콜레스테롤 수준을 보이는 반면, 다른 사람들은 그들의 '건강에 좋지 않은' 식생활에도 불구하고 혈중 콜레스테롤 수치가 낮다. 한 여성(포커스 그룹 8)은 다음과 같이 지적했다. "아니 정반대로 정말로 마른 사람이 실제로 높은 콜레스테롤 수치를 가지고 있기도 해요, 어쩜 그럴 수가 있죠?" 이것은 공적 담론과 사적 담론 모두에서 비만, 기름진 식생활, 나쁜 건강 간에, 그리고 날씬함과 좋은 건강 간에 설정한 연관성 때문에 하나의 역설로 인식된다. 몇몇 참여자들은 개인들이 심장 질환이나 높은 콜레스테롤 수준으로 고통받을 가능성이 반드시 그들의 외형이나 선택된 라이프스타일과 관련되어 있는 것이 아니라 '유전자 속에' 내재되어 있어 통제나 예측이 어려울 수도 있다고 지적했다. 이처럼 이러한 인식은 운명이 수행하는 역할을 인정함으로써 자기 통제와 몸무게 또는 몸매 간에 흔히 설정되는 관계에 이의를 제기한다(Davison et al., 1992를 참조하라).

몇몇 참여자들은 영양·의료·공중 보건 당국이 그들에게 식생활 선택을 명령한다는 것에 노여움과 불쾌감을 드러냈다. 이를테면 한 큰 축구 클럽에서 교대 근무자로 일하는 한 여성(포커스 그룹 4)은 자신이 최근에 스트레스가 많은 교대 근무를 한 후에 어떻게 자신의 욕망에 '굴복'해왔는지를 기술했다.

> 감자튀김이나 그런 것을 먹지 말아야 하는 문제 때문에 병원에 다녀온 이후로 지금까지 나는 정말로 괜찮았어요. 그런데 어젯밤에 카베리[고객 앞에서 구운 고기를 저며서 차려주는 레스토랑 - 옮긴이]에서 일한 것이 문제였어요. 나는 퇴근해서 생각했어요. '오 하나님, 나는 직장에서 정말로 무서운 밤을 보냈어요.' 그리고 나는 생각했어요. '감자튀김 먹고 싶다.' 그리고 생각했어요. '오, 될 대로 되라지!' 그리고 나는 감자튀김을 먹었어요. 그리고 이럴 수

가, 나는 그걸 즐겼어요!

인터뷰에 참여한 사람들은 또한 그들이 좋아하는 음식을 먹는 것이 그들에게 위안, 편안함, 즐거움, 보상의 수단을 제공하는 방식을 묘사했다. 조나단은 그가 싫어하는 일을 할 때 음식을 어떻게 하나의 보상으로 이용하는지에 대해 기술했다.

지난 3일 동안 작문 성적 매기기를 했던 나를 위로하기 위해 나는 시내 커피숍에 가서 점심으로 포카치아를 먹었어요. 게다가 그것뿐만이 아니었어요. 나는 배와 대황을 넣어 만든 크럼블을 아이스크림과 함께 아주 돼지처럼 먹었어요. 마치 일종의 위안회처럼 말이죠. 그러니까 만약 내가 또 그렇게 많은 작문 성적을 매기면, 나는 아마도 또 그럴 거예요.

역시 대학 교수인 폴도 유사하게 일을 시작하기 전에 자기가 좋아하는 음식을 먹거나 음료를 마신다. "나는 정신을 차리고 많은 일을 해야만 한다고 느끼면, 커피나 초콜릿을 먹어요." 샌디Sandy는 "나는 기분이 좋을 때 좋은 음식을 먹고, 기분이 나쁠 때에는 나쁜 음식을 먹는다"고 지적했다. 이를테면 기분이 나쁠 때 그는 초콜릿과 비스킷을 먹는다. 왜냐하면 "그렇게 하는 것이 자신에게 좋기" 때문이다. "나는 그것이 건강에 좋지 않은 단 음식이라는 점에서 그것이 좋은 음식이 아니라는 것을 알지만, 나는 단 것을 좋아하기 때문에 그걸 먹기를 좋아해요."

찰스와 커(Charles and Kerr, 1986b: 560~562)가 인터뷰한 여성들 역시 자신들이 좋아하는 음식을 탐닉할 때 그들이 느끼는 안락감, 그리고 긴장, 고독,

지루함으로부터의 해방감을 표현했다. 그 인터뷰 응답자들은 자신들이 불행 – 남편과의 말다툼, 그리고 요구하는 것이 많은 어린 아이와 하루 종일 홀로 집에 있은 후에 받는 스트레스 – 에 대응하는 하나의 방식으로 몰래 음식 먹기를 이용해온 상황에 대해 묘사했다. 그러한 음식은 "죄책감 있는 쾌락" – 즉 그것의 금지에 의해 훨씬 더 강화된 긍정적 속성 – "의 한 원천"이 되고, 그것의 소비는 자주 그러한 탐닉의 결과를 시정하려는 시도 속에서 다이어트로 이어진다(Charles and Kerr, 1986b: 561). 많은 사람에게서 먹기 습관이 그러한 순환 유형을 낳는 것으로 보인다. 즉 사람들은 탐닉에 빠져 일시적인 즐거움을 느꼈다가 다시 그것이 죄책감, 불안, 좌절, 자기 혐오를 낳고, 그리하여 다이어트를 시도하며 그들이 좋아하는 음식을 부정하고, 그다음에 다시 즐거운 해방의 욕구를 느낀다. 폴이 말했듯이, 그는 '건강에 좋은' 식품을 먹는 것과 그가 좋아하는 단 음식을 탐닉함으로써 자신에게 보상을 하는 것 사이를 계속해서 왔다 갔다 한다. "사람들은 과일과 샐러드와 야채를 먹고는 기분 좋아하죠. 그런 다음 초콜릿과 같은 것들을 먹고는 그래야 얼마간 균형이 잡힌다고 생각하죠." 따라서 "음식은 친구이자 동시에 적이다"(Charles and Kerr, 1986b: 570).

초콜릿은 긍정적 감정(그것과 탐닉, 위안, 쾌락과의 연계 때문에)과 부정적 감정(살찜과 자기 통제력 상실과의 연계 때문에) 모두를 불러일으키는 데서 특별한 역할을 하는 것으로 보인다. 찰스와 커의 인터뷰 응답자들 중의 한 사람은 자신이 다이어트 중에 마스바Mars bar[기름에 튀긴 초코바 - 옮긴이]를 먹은 후의 느낌을 다음과 같이 기술했다. "나는 그것을 먹고 나서 두려움을 느꼈어요. 진짜 돼지인 것 같았어요. 그걸 먹지 말았어야만 했어요" (Charles and Kerr, 1986b: 563). 폴이 좋아하는 먹을거리 중의 하나가 초콜릿이다. 앞서 지적했듯이, 그는 자주 보상으로 초콜릿을 이용하지만 자신이 그것과 관련하여 죄책감을 느낀다는 것을 깨닫는다. 왜냐하면 그것이 그를 살찌게 할 수 있기 때문이었다. 그가 초콜릿을 먹는 것에 대해 변명 — 이를테면 초콜릿을 먹는 것이 일에 착수하는 것을 도와준다는 것과 같은 — 을 할 때 죄책감을 느끼지 않는 경향이 있지만, 그가 "순전히 쾌락과 즐김을 위해서만" 그것을 먹을 때에는 "때때로 그러지 말아야 한다고 생각한다." 엘레나Elena가 좋아하는 먹을거리도 초콜릿이다. 그리고 그녀는 초콜릿을 먹지 않겠다는 생각과 함께 하루를 시작함에도 불구하고 거의 매일 그것을 먹는다. 그녀는 자신이 초콜릿을 먹을 때 죄책감을 느낀다고 말했다. "나는 그것이 설탕 투성이이고 지방 투성이라는 것을 알고 있어요. 그리고 나는 그것을 먹지 말아야 해요. 내가 체육관에 가고 있을 때는 특히 더 그래요. 그리고 내가 운동하느라고 시간을 낭비하는 것도 바로 내가 부적절한 음식을 먹고 있기 때문이죠. 나는 후회해요. 초콜릿은 맛있지만, 기분이 좋진 않아요. 왜냐면 내가 그것을 먹었고, 그것은 몸에 좋지 않으니까요."

제임스(James, 1990: 669)는 공중 보건 담론이 과자류를 "유혹적이고 파괴적인 사악한 요정"으로 기술함에도 불구하고 왜 과자류가 계속해서 많은 사람의 식생활에서 중요한지를 이해하기 위해 과자류가 사회적 관계에서 수행하는 상징적 역할을 검토했다. 그녀는 사람들은 식생활에서 단 음식을 완전히 제거하는 것을 자신들에게서 즐거움을 박탈하는 것으로 본다고 주장한다. '달콤한'이라는 단어 자체는 '달콤한 성격', '달콤한 거래', '달콤한 삶', '스위트하트'에서처럼 흔히 '좋은'과 결부지어진다. 설탕과 꿀 그리고 애정 간에는 자주 은유적 관계가 설정된다. 영국에 처음 들어올 때 원래는 사치스러운 식품이었던 초콜릿 또한 역사적으로 고급스러움, 기분 좋은 공상, 진귀함이라는 의미와 연관되어진다(Barthel, 1989: 431; James, 1990: 674~675). 초콜릿은 "죄스럽지만 합법적인" 식품이고, 받아들일 수는 있지만 또한 "약간은 성적 흥분을 일으키는" "애매한 정체성을 자극하는 것"이다(Barthel, 1989: 431). 그리하여 초콜릿, 설탕, 감미 음식을 둘러싼 많은 양가감정들이 존재한다. 이를테면 단맛은 만족과 죄책감 모두를 제공한다(Fischler, 1987: 89). 과자류는 영양적으로 "당신에게 나쁜" 것이지만 개념적으로는 쾌락과 즐길 수 있는 사악함을 함의한다는 점에서 "당신에게 좋은" 것이다. 즉 그것은 "부적절하지만 맛있는" 것이다(James, 1990: 679). 음식 도덕이 어떤 범주의 음식이 만족스러운 영양분을 가지고 있고 그렇기에 먹기에 적합한지를 규정하지만, 음식 도덕이 어떤 음식을 '나쁜' 음식과 죄책감이 드는 음식으로 범주화하는 것 자체가 그러한 음식을 보다 욕망하게 만들고 그것에 보상의 지위를 부여하는 데 기여한다. 아이가 착한 행동을 하면 사탕을 주거나 '좋은'('건강에 좋은') 음식을 먹으면 푸딩을 주는 일반적인 보상 유형은 그러한 음식 범주화를 재생산한다. 그리고 이는 성인 생활로 이어져서, 스트레스를 받거나 위기에 빠질 때 과자류로 스스로를 위로하게 한다(James, 1990: 681~682).

오늘날에도 주요한 논의의 주제가 되고 있는 두 가지 윤리가 있다. 이 둘은 여전히 서로 긴장 관계에 있다(Taylor, 1989). 그중 하나가 고대 그리스 사상에서 연원하여 계몽주의적 인간주의를 뒷받침했던 합리성의 윤리이다. 신스토아주의neo-Stoicism의 근간을 이루는 이 윤리는 자기 통제와 규율에 특권에 부여한다. 다른 하나는 사람들의 감정과 내적 충동의 표현 및 그것들에의 관여에 가치를 부여하는 낭만주의적 윤리이다. 이 두 윤리 간의 계속되는 싸움은 음식과 먹기를 둘러싸고 회자되는 담론 속에서도 분명하게 드러난다. 한편에서는 내가 보여주었듯이, 식생활을 합리적으로 통제하는 것, 즉 건강과 날씬한 체형이라는 명목하에 '나쁜' 음식에 대한 충동을 억제하고 단지 '좋은' 음식만을 먹는 것을 도덕적으로 선한 것으로 간주한다. 다른 한편에서는 충동에 '굴복'하게 놔두고 감정 — 자신에게 '진정한' — 을 표현하는 것을 중시하며, 쾌락과 자기 탐닉에 기여하는 먹기 관행들을 지지한다. 후자의 견해는 합리적 통제가 "우리를 질식시키고 무기력하게 하고 억압할지도 모른다 — 즉 합리적 자제가 자기 지배 또는 자기 노예화가 될 수도 있다" — 고 우려한다(Taylor, 1989: 116). 상품 문화에 대한 이중적 정명 — 낭비하고 소비하고 탐닉하라(통제를 풀라)는 정명과 나중에 소비할 수 있도록 절약하고 생산하고 스스로를 규율하고 쾌락을 부정하라는 정명 — 간의 긴장은 이 두 윤리의 자아관과 관련되어 있다(Featherstone, 1990: 13). 현대 서구 사회에서는 합리화에 대한 강조가 계속되고 있으면서도, 동시에 근대 대중문화 속에는 또한 카니발적인 것, 과잉, 흥분, 통제되지 않은 감정, 그리고 "살찌는 음식, 주류, 난교가 주는 직접적이고 기괴하고 저속한 육체적 쾌락"(Featherstone, 1990: 14~15)에 특권을 부여하는 위반transgression의 전통이 존재한다. 이러한 윤리들은 공간적 차원과 시간적 차원을 가지고 있다. 즉 작업장, 노동일, 근무 시간은 생산과 금욕적 자기 규율에 의해 특징지어지는 반면, 저녁, 주말, 휴일, 축일, 집, 그리고 쇼핑몰·술집·바·레스토랑과 같은 공적 공간은 소비와 쾌락주의적 탐닉이 일어나는 시간과 공간들이다.

몸을 쾌락주의적 즐거움과 해방 그리고 나르시시즘적 과시의 전달자이자 원천으로 보는 개념은 자기 규율이라는 금욕적 관념, 즉 육체의 유혹을 유인하기보다는 떨쳐버리는 하나의 수단으로서의 식생활 통제 관념에 공공연하게 이의를 제기한다. 해방의 가치, 즉 음식물과 같은 재화의 소비를 통한 자기 탐닉의 가치는 상품 문화 속에서 끊임없이 재확인된다. 해방은 보상, 만족, 즐거움의 담론을 포함하고, 그것들은 육체적 웰빙과 주체성 — 이를테면 스트레스와 불안의 완화 — 에 중요한 것으로 고려된다. 하지만 이러한 이원적 대립은 생각만큼 분명하지 않다. 왜냐하면 쾌락의 궁전으로서의 몸은 오직 금욕의 실천을 통해 획득되고 유지될 수 있을 뿐이기 때문이다. 잘 관리된 날씬한 몸은 다시 살찌는 것을 피하기 위해 엄격한 식생활 통제를 요구한다. 따라서 "규율과 쾌락주의는 더 이상 양립할 수 없는 것으로 보이지 않는다." 왜냐하면 전자가 후자를 낳는 것으로 이해되기 때문이다(Featherstone, 1991: 171). 내가 앞서 이 장에서 지적했듯이, 음식에 대한 금욕주의적 접근 방식 역시 그들 나름의 쾌락을 포함하고 있다. 자신의 몸과 자신의 욕망을 통제하고 있다는 느낌이 주는 즐거움과, 높은 가치를 부여받고 있는 매력적임과 자기 규율에 대한 기대를 따르고 있다는 즐거움이 바로 그것이다. 반면 자기 탐닉은 자주 죄책감, 수치심, 당혹감을 동반한다. 금욕주의 또한 상품 — 이를테면 다이어트 식품이나 '저칼로리' 식품 — 의 소비를 수반한다. 많은 저지방 또는 지방 함유량을 낮춘 식품의 상업 광고는 소비자들이 그것을 마음껏 즐기지만 동시에 날씬함과 매력을 유지할 수 있음을 내비침으로써 금욕주의와 쾌락주의를 결합하고자 한다. 이를테면 한 호주 잡지에 실린, 지방 함유량을 낮춘 치즈 — '슈퍼 슬림Super Slim'이라고 불린 — 광고는 다음과 같이 선언했다. "당신의 몸무게를 걱정하는가? 지방을 90% 제거한 슈퍼 슬림 슬라이스는 조금씩 물어뜯어 먹기에도 좋다." 또 다른 저칼로리 요구르트 광고는 다음과 같은 표제와 함께 레오타드를 입은 날씬한 두 젊은 여성을 보여주었다. "[제품이] 당신이 몸매를 유지시키는 데 도움을 주나요? 우리는 몸매가 대신 말하게 합니다." 그리고 그 광고는 계속해서 요구르트는 "당신의 외모를 가꾸는 아주 맛있는 방법입니다"라고 말했다.

'문명화된' 몸이 통제의 추구 과정에서 감각적으로 또는 육제적으로 억압받고 있는 것으로 보일 수도 있지만, 그러한 과정의 또 다른 측면은 감각적 경험을 증폭시키고 쾌락에 대한 감수성을 강화한다.

> 육체와 관련한 제약, 범주화, 규범을 더욱 강화하는 것은, 비록 주로 육체의 경험 차원에서이기는 하지만 하나의 보완적 대립물인 위반을 증가시키고 다양화한다. 따라서 우리는 심지어 단지 근대 사회에서만 개별화된 몸이 비록 그것을 방해하는 네트워크들에도 불구하고 감각적 쾌락의 전 범위 — 그것이 에로틱한 것이든, 식도락적인 것이든, 시각적인 것이든 또는 이 모든 것을 합한 것이든 간에 — 를 아주 다채롭게 즐겨왔다고 주장할 수 있을지도 모른다(Falk, 1994: 65).

섹슈얼리티와 관련한 푸코의 잘 알려진 억압가설이 여기에도 적용될 수 있다. 푸코는 자신의 『섹슈얼리티의 역사 1Hislory of Sexuality: Volume 1』(1979)에서 서구 사회에서 성적 표현과 관련한 행위, 사고, 감정 등이 금지될수록 그것들은 강박적으로 논의되고 부추겨지는 경향이 있었다고 주장했다. 이렇듯 섹슈얼리티는 노골적으로 억압적인 것처럼 보이는 전략을 통해 생성되었다. 푸코는 섹슈얼리티와 관련한 금지를 유지하고 재생산하는 데 요구되는 감시, 모니터링, 규제의 네트워크가 섹슈얼한 몸을 구성하고 하나의 자아 관행으로서의 섹슈얼리티에 특권을 부여하는 데 기여해왔다고 주장했다. 권력관계의 생산적 성격도 여기서 비롯된다. 즉 권력은 몸, 행동, 사고, 감정을 통제하고 틀 짓고자 하는 동시에 그것들을 구성하는 데 기여한다. 마찬가지로 소비문화에서 '나쁜' 음식을 먹는 것에 대한 금지와 관련한 점점 증가하고 있는, 서로 뒤얽혀 있는 전략들은 그러한 행동을 부추김으로써 그것의 즐거움을 강화하고 그것에 높은 가치를 부여하게 하는 결과를 낳는 경향이 있다. 만약 애초에 우리가 그 음식을 부정하지 않았더라면, 우리는 금지된 음식을 탐닉하는 것으로부터 그렇게 많은 즐거움을 얻지 못했을 것이다. 그것이 '나쁜' 것이라는 우리의 '합리적' 지식이 그것에 대한 우리의 감각적·감정적 경험을 '좋은' 것으로 만든다.

결론적 논평

음식 섭취의 통제는 억제에 관한 것, 즉 육체에 대해 의지력을 행사하는 것, 감정에 대해 정신력을 행사하는 것, 이상화된 '문명화된' 몸을 지향하고자 노력하는 것에 관한 것이다. 음식, 주체성, 몸과 관련한 이러한 의미들은 섭식 장애를 진단받은 사람들에게서 가장 극단적인 형태로 드러난다. 그러나 나는 그것이 다소 정도의 차이는 있지만 대부분의 사람들과 음식의 관계에서 드러나는 하나의 특징이라고 주장할 것이다. 그러므로 음식은 많은 죄책감, 좌절, 화의 원천이다. 하지만 또한 때로는 자기 통제의 규범을 지키는 것으로부터도 기쁨을 얻고, 또 다른 때에는 그것을 위반하는 것으로부터 기쁨을 얻기도 한다. 따라서 실제로 누군가는 현재 서구 사회에서 특권을 부여받고 있는 건강과 날씬한 몸을 추구하기 위해 어떤 음식을 먹고 다른 음식을 거부하라는 '합리적' 정명을 거부하거나 무시하고, 자기 표현과 감정적·육체적 해방을 추구하기 위해 금지된 음식을 먹고 싶은 충동에 굴복할 수도 있다. 따라서 소비문화 속에는 자아 구성의 수단으로서의 금욕주의 윤리와 소비의 쾌락과 간에 계속되는 변증법적 과정이 자리하고 있다. 이 둘은 상대방 없이는 아무런 의미도 지니지 못한다.

결론

나는 이 책 도처에서 음식 선호와 음식 관행, 감정, 육체화, 주체성 간의 강한 연계 관계를 강조해왔다. 나는 음식과 먹기와 관련한 권력관계와 그것들을 둘러싼 상징적 의미들의 상황적 속성과 변화하는 성질을 주체성 및 육체화와 관련하여 강조해왔다. 나는 음식의 의미를 규정하는 포괄적인 권력 구조는 존재하지 않는다고 주장해왔다. 왜냐하면 그러한 의미들을 구성하고 이해하고 존속하게 하는 담론, 육체화된 경험, 감각들은 빈번히 서로 상충하고 변화하고 또 모순적이기 때문이다. 달리 말하면, "인간세계는 열려 있고 불안정하다"(Shilling, 1993: 178).

이를테면 내가 보여주었듯이, 서구 문화에서 '좋은' 음식과 '나쁜' 음식이라는 흔한 대비에는 독특하고 자주 모순적인 연상들이 존재한다. '좋은' 음식은 (1) 영양가 있는 것과 건강에 좋은 것, (2) 순수성, 자연, 농촌적인 것, 금욕주의, 도덕적 옳음, 가족, 일, 자기 통제와 규율, 일상적인 것, 의무, 성스러운 것과 영적인 것, 그리고 (3) 성인기와 결부지어지는 경향이 있다.

'좋은' 음식은 부르주아적이고 세련되어 있다. 그것은 여성과 강한 연관성을 지닌다. 그것은 단단하지만 또한 소화가 잘 된다. 그것은 청결하다. 그것은 날씬함과 어머니의 사랑과 결부지어진다. '좋은' 음식은 자부심, 위안, 사랑의 감정에 의해 특징지어지고, 따뜻함, 만족, 안전의 감정과 결부지어진다. 하지만 그것은 또한 부모의 권위, 어머니의 몸에 빠져들기, 거부를 연상시키며 좌절과 화의 원천을 이루기도 한다. '나쁜' 음식은 질병과 결부지어진다. 그것은 일반적으로 도시적인 것과 인위성, 그리고 부도덕성과 연계지어진다. 그것은 또한 (1) 카니발적인 것, 기괴한 것, 풍부함, 쾌락주의, 해방, (2) 어린 아이 같음과 어린 시절, (3) 세속적인 것과 결부지어진다. '나쁜' 음식은 오염되어 있고 살을 찌게 한다. 그것은 남성적인 것과 노동계급과 연계되어진다. 그것은 소화가 잘 안 되고 몸에 부담을 준다. '나쁜' 음식은 쾌락, 행복, 향수의 감정과 결합하기도 하지만, 후회, 불안, 죄책감을 낳기도 한다. 그 사이에 경계를 넘어서는 경계 음식들이 존재한다. 그러한 음식들은 미끈거리거나 끈적거리거나 들러붙는 음식이거나 또는 대체로 '좋은' 음식으로 간주되지 않는 범주들에서 나온다. 그러므로 경계 음식은 잠재적으로 위험하고 불결하고 오염되어 있다. 경계 음식은 혐오감을 유발하지만, 또한 그것이 '까다로운' 또는 '위험한' 음식으로서 갖는 권력과 지위 때문에 쾌락의 한 원천이기도 하다.

음식과 먹기의 지극히 육체화되고 감각적인 성격과 그것이 유발하는 감정은 대립의 주요한 원인이 되기도 한다. 어떤 맥락에서는 일부 담론이 다른 담론들을 지배하지만, 그러한 지배에는 항상 도전이 존재한다. 그러므로 사람들은 음식과 먹기와 관련한 담론을 수동적으로 채택하지 않는다. 내가 보여주었듯이, 그와는 반대로 사람들은 어떤 때에는 그리고 어떤 맥락에서는 '문명화된' 몸을 획득하기 위해 금욕적인 자기 통제 담론을 취하지만, 다른 경우에는 쾌락주의와 감각적 자기 탐닉이 가져다주는 해방을 욕망하며 그러한 통제 담론에 저항하거나 그것을 무시한다. 이러한 반응을 이해하는 데서 중요한 것이 음식의 감정적 측면이다. 이를 설명하는 데서 중요한 또 다른 것이 거기서 무의식적 욕망이 수행하는 역할이다. 왜냐하면 음식에 대한 호오는 반드시 의식의 수준에서 이해되거나 표현되지 않기 때문이다. 지배적 담론이 주체의 의식 수준에 내면화될 수도 또 자아 프로젝트에 지극히 중요한 것으로 이해될 수도 있지만, 무의식이 개인들로 하여금 기꺼이 다르게 행위하게 할 수도 있다. 즉 사람들은 자주 "자신이 원하지 않는 욕망"을 가지기도 한다(Donald, 1992: 94). 그 결과 "주체는 전적으로 담론에 의해 지배되지 않지만, 또한 담론에서 완전히 벗어날 수도 없다"(Lupton, 1995: 137). 게다가 사회화의 결과 그리고 일상생활의 습관으로 인해 전혀 아무런 생각 없이 의식, 비非의식 또는 비非주체의 수준에서 특정 음식이 선호될 수도 있다. 부르디외의 아비투스 개념은 이러한 과정을 부분적으로 설명해준다. 이렇듯 주체성은 전적으로 담론에 의해 결정되지 않는다. 오히려 주체성은 육체화된 경험, 감각, 기억, 습관, 무의식과의 상호작용 속에서 담론을 통해 생산된다.

음식 섭취를 제한하는 것은 자기 규율을 입증하는 동시에 (서구 사회에서 그토록 높은 가치를 부여받고 이상화된) 날씬하고 오래 사는 젊은 몸을 획득하는 효과적인 방식이다. 그것은 자아 관행의 하나로, 자기 통제감과 성취감을 확인하고 유지하는 데 기여한다. 식이요법은 또한 많은 사람이 음식이 가공되고 포장되는 방식에 대해 우려할 때 음식에 대해 재차 확신하는 데 기여한다. "말 그대로 우리가 실제로 무엇을 먹고 있는지를 우리가 점점 덜 알게 된다”(Fischler, 1988: 289)는 점을 감안할 때, 식이요법의 채택은 우리가 먹는 음식의 성격과 관련한 불안만이 아니라 주체성과 관련한 불안 모두를 경감하고자 하는 시도이다. 하지만 자기 통제와 금욕적 거부에 대한 이러한 강조에도 불구하고, 음식을 둘러싼 또 다른 중요한 의미들이 새것 애호적인 소비자에게만큼이나 자아 프로젝트에도 기여한다. 많은 사람은 음식의 다양성, 새로움, 풍부함, 혁신, 자기 탐닉, 그리고 먹기에서 느끼는 흥분을 욕망하고, 그것들을 자아 구성과 자아 표현의 일부로 높이 평가한다. 그러므로 음식 관행과 먹기 관행은 몸과 감정을 통해 경험되는 주체성의 발달과 유지에서 계속해서 주요한 역할을 수행할 가능성이 크다. 합리성과 금욕주의의 담론은 통제 전략으로서 여전히 효력을 발휘하며, 쾌락주의와 해방의 담론과 계속해서 불가피한 긴장 관계에 있게 될 것이다. 서구 사회에 살고 있는 대부분의 사람에게 음식이 여전히 풍부하고 비교적 쉽게 손에 넣을 수 있는 것인 한, 음식은 계속해서 많은 사람에게 하나의 ‘문제’가 되는 동시에 쾌락과 자기 탐닉의 주요한 원천 중의 하나가 될 것이다.

부록: 연구 전략과 연구 참여자의 세부 사항

나는 세 가지 방법을 이용하여 음식과 먹기에 대한 사람들의 반응과 경험담을 이끌어냄으로써 이 책에서 기술한 자료들을 수집했다. 내가 채택한 하나의 연구 전략은 참여자들에게 음식에 관한 기억을 적어줄 것을 요구하는 기법이었다. 1992년 6월에서 1993년 8월 사이에 나는 시드니 대학교에서 인문학과 사회과학 강좌를 수강하는 서로 다른 네 집단의 학생들(세 집단은 학부학생들, 그리고 다른 한 집단은 대학원생들)에게 '음식'이라는 주제에 대한 기억을 짧게(약 1쪽) 기술하여 제출할 것을 요구했다. 그 상황에서 나의 목적은 처음에는 교육적인 것으로, 학생들이 연구 방법을 경험할 기회를 가지게 하는 동시에 음식과 먹기의 사회적으로 구성된 성격을 탐구하게 하는 것이었다. 나는 일주일 전에 자신들의 기억에 대한 보고서를 작성할 준비를 할 것을 통보했다. 나는 그들에게 다음과 같은 기억 기술의 '규칙'을 개관한 유인물(Kippax, 1990: 94에서 뽑은)을 제공했다. "제3자의 입장에서 특별한 에피소드, 행위, 사건의 기억을 심지어는 '대수롭지 않'거나 또는 사소한 세부 사항들까지를 포함하여 가능한 한 상세하게 기록하라(핵심 이미지, 소리, 맛, 냄새, 촉감을 생각하는 것이 도움을 줄 수 있다). 그러나 해석, 설명 또는 전기를 가미하지 마라." 학생들은 그다음 주 수업시간에 자신들이 글로 쓴 기억 보고서를 가지고 왔고, 그들은 네 명 또는 다섯 명의 참여자 집단으로 나뉘어서 서로의 기억을 읽고 그것들의 유사점과 차이점

〈표 1〉 이 책에서 언급된 글로 쓴 기억의 저자들

마리(Marie), 42세, 정규 학생, 이혼, 호주 출생, 부모는 앵글로-셀틱 인
패트릭(Patrick), 30세, 정규 학생, 미혼, 호주 출생, 부모는 앵글로-셀틱 인
로한(Rohan), 20세, 정규 학생, 미혼, 호주 출생, 부모는 모리셔스 인
멜리사(Melissa), 22세, 정규 학생, 미혼, 호주 출생, 부모는 앵글로-셀틱 인
메리(Mary), 41세, 정규 학생, 기혼, 호주 출생, 부모는 앵글로-셀틱 인
제이닌(Janine), 21세, 정규 학생, 미혼, 호주 출생, 부모는 앵글로-셀틱 인
크리스티나(Kristina), 26세, 청강 학생, 미혼 호주 출생, 부모는 체코 인
제인(Jane), 29세, 청강 학생이자 교사, 미혼, 호주 출생, 부모는 앵글로-셀틱 인
바바라(Barbara), 56세, 청강 학생이자 관리자, 기혼, 영국 출생, 부모는 앵글로-셀틱 인
레슬리(Lesley), 26세, 정규 학생, 미혼, 호주 출생, 부모는 앵글로-셀틱 인
잭퀴(Jacqui), 21세, 정규 학생, 미혼, 호주 출생, 부모는 그리스 인
에드워드(Edward), 55세, 청강 학생이자 튜터, 이혼, 호주 출생, 부모는 앵글로-셀틱 인
멜린다(Melinda), 20세, 정규 학생, 미혼, 호주 출생, 부모는 앵글로-셀틱 인
다니엘(Danielle), 19세, 정규 학생, 미혼, 호주 출생, 부모는 앵글로-셀틱 인
일레인(Elaine), 47세, 정규 학생, 기혼, 영국 출생, 부모는 앵글로-셀틱 인
샐리(Sally), 45세, 정규 학생, 이혼, 스코틀랜드 출생, 부모는 앵글로-셀틱 인

을 토론했다. 학생들은 주로 여성이었고(전체 63명의 참여자들 50명), 연령별로는 10대 후반과 20대 초반(학부학생들의 대다수)에서 40대와 50대(7명의 학생)에 이르기까지 분포되어 있었다. 나는 토론회가 끝나고 그들의 기록된 기억들을 제출받았다. 〈표 1〉은 내가 이 책에서 그들의 기억에 대해 언급한 학생들의 인구학적 세부 사항들을 정리한 것이다.*

이 연구 방법의 요점은 그것이 면접자가 사람들에게 구체적으로 어떤 지시도 하지 않은 채로 경험과 감정을 불러낼 수 있게 한다는 것이다. 기억을 불러내어 적는 과정은 음식 이벤트들의 중요한 사회적·감정적 특징에 초점을 맞추게 하는 데 도움을 준다. 그리고 그것은 일상적 관행 속에서 맛과 좋아하는 것을 선택하는 데서 작용하는 복잡한 것들을 개괄적으로나마 부각시키게 한다. 기억의

* 이 책에서 사용한 참여자의 이름은 모두 가명이다.

대상이 여전히 막연한 상태에 있고 또 기억의 원천이 면접자에 의해 의식적으로 자극되기보다는 참여자에게 그대로 남아 있을 경우에 훨씬 더 다양한 종류의 반응이 나올 수 있다. 음식에 대한 기억의 분석은 일상생활에 대한 우리의 기억이 사회적으로 구성되고 유형화되는 방식을 밝혀내고 기억이 단지 개인의 주관적 속성이 아니라 공유된 사회문화적 경험의 일부라는 점을 입증하는 데 기여한다(Crawford et al., 1992). 그러므로 음식에 대한 개인들의 기억을 검토하는 것은 그들이 현재 가지고 있는 호오, 그리고 문화적 수준에서 음식과 먹기를 둘러싸고 공유된 경험과 상징적 의미와 관련한 여러 측면들을 파악할 수 있게 해준다.

나는 두 번째 연구 방법으로 음식 선호에 대한 개별적인 반半구조화된 인터뷰를 수행하고 그것을 녹음하여 글로 옮겼다. (나 자신을 포함하여) 네 명의 여성 면접자가 1994년에 시드니에 거주하는 사람들과 총 33회의 인터뷰를 수행했다. 인터뷰 대상자는 주로 목적 표집purposive sampling 방법을 이용하여 면접자가 개인적 접촉을 통해 모집했다. 서로 다른 배경과 서로 다른 사회경제적 특권 수준을 가진 다양한 사람들과 인터뷰하고자 노력했다. 〈표 2〉는 이 단계의 연구에 참여한 사람들의 인구학적 세부 사항을 정리한 것이다. 참여자는 남성이 18명이었고, 여성이 15명이었다. 면접자들은 인터뷰 응답자들에게 다음과 같은 것에 대해 말해달라고 요청했다. 그들이 좋아하는 음식과 가장 싫어하는 음식, 그들이 '남성적' 음식이나 요리 또는 '여성적' 음식이나 요리 같은 것이 존재한다고 생각하는지의 여부, 그들이 '건강에 좋거'나 '몸에 좋다'고 또는 그 반대로 간주하는 음식의 종류, 그들이 체중을 줄이기 위해 먹는 음식의 종류와 같은 이유에서 그들이 피하는 음식의 종류, 어린 시절 또는 성인기의 음식과 먹기 행사와 관련하여 그들이 기억하는 것, 그들이 새로운 음식을 좋아하는지의 여부, 그들이 성인이 되어 처음으로 맛본 음식, 그들이 평생 동안 먹어온 음식의 유형에서 어떠한 변화가 있었는지의 여부, 그들이 서로 다른 유형의 음식을 특별한 때, 장소 또는 사람들과 연관시키는지의 여부, 그들이 다른 사람들과 음식을 놓고 늘

〈표 2〉 인터뷰 참여자들

브렌던(Brendan), 32세, 대학생, 여성 파트너와 거주, 아이 없음, 호주 출생, 부모는 앵글로-셀틱 인

콘스탄스(Constance), 45세, 건축가, 남편과 거주, 아들 1명, 호주 출생, 부모는 앵글로-셀틱 인

로스(Ross), 45세, 개업의, 아내와 거주, 아들 1명, 호주 출생, 부모는 앵글로-셀틱 인

슈(Sue), 29세, 미디어 연구가, 미혼, 집단 숙소에 거주, 아이 없음, 뉴질랜드 출생, 부모는 앵글로-셀틱 인

안나(Anna), 24세, 웨이트리스, 미혼, 집단 숙소에 거주, 아이 없음, 호주 출생, 부모는 독일인

마가렛(Margaret), 49세, 교사, 남편과 거주, 성인 자녀 2명, 호주 출생, 부모는 앵글로-셀틱 인

데이비드(David), 22세, 장식업자, 미혼, 부모와 거주, 아이 없음, 호주 출생, 부모는 앵글로-셀틱 인

유르겐(Jurgen), 34세, 가구공, 미혼, 아파트에서 동거인과 거주, 아이 없음, 독일 출생, 부모는 독일인

카렌(Karen), 24세, 점원, 미혼, 아파트에서 동거인과 거주, 아이 없음, 호주 출생, 부모는 앵글로-셀틱 인

아서(Arthur), 60세, 은퇴자, 아내와 거주, 성인 자녀 3명, 호주 출생, 부모는 앵글로-셀틱 인

마이크(Mike), 49세, 마케팅 이사, 아내와 거주, 성인 자녀 2명, 영국 출생, 부모는 앵글로-셀틱 인

밥(Bob), 63세, 목수, 아내와 거주, 성인 자녀 4명, 호주 출생, 부모는 앵글로-셀틱 인

시몬(Simon), 47세, 사무 변호사, 이혼, 혼자 살고 있음, 아이 5명, 호주 출생, 부모는 앵글로-셀틱 인

소니아(Sonia), 44세, 뷰티 어드바이저, 남편과 거주, 아이 2명, 영국 출생, 부모는 앵글로-셀틱 인

코스타스(Costas), 27세, 영업 사원, 여성 파트너와 거주, 아이 2명, 키프로스 출생, 부모는 키프로스 인

패트리시아(Patricia), 56세, 과학자, 이혼, 혼자 살고 있음, 성인 자녀 3명, 인도 출생, 부모는 앵글로-셀틱 인

엘레나(Elena), 28세, 안경사, 남편과 거주, 아이 없음, 호주 출생, 부모는 크로아티아 인

샌디(Sandy), 41세, 개업의, 아내와 거주, 아이 2명, 호주 출생, 부모는 앵글로-셀틱 인

로즈(Rose), 40세, 매장 매니저, 남편과 거주, 아이 3명, 영국 출생, 부모는 앵글로-셀틱 인

조나단(Jonathan), 39세, 교수, 여성 파트너와 거주, 아이 없음, 호주 출생, 부모는 앵글로-셀틱 인

카일리(Kylie), 22세, 홍보 노동자, 미혼, 부모와 거주, 아이 없음, 호주 출생, 부모 앵글로-셀틱 인

레오니(Leonie), 51세, 가사 도우미, 이혼, 혼자 살고 있음, 성인 자녀 2명, 영국 출생, 부모는 앵글로-셀틱 인

닐(Neil), 58세, 세일즈맨, 아내와 거주, 성인 자녀 4명, 영국 출생, 부모는 앵글로-셀틱 인

피터(Peter), 53세, 지역 회사 매니저, 아내와 거주, 성인 자녀 2명, 호주 출생, 부모는 앵글로-셀틱 인

제임스(James), 27세, 회사 매니저, 미혼, 집단 숙소 거주, 아이 없음, 영국 출생, 부모는 앵글로-셀틱 인

미셸(Michelle), 18세, 기술대학 학생, 어머니와 거주, 아이 없음, 호주 출생, 부모는 앵글로-셀틱 인

폴(Paul), 33세, 교수, 아내와 거주, 아이 없음, 호주 출생, 부모는 앵글로-셀틱 인

로즈마리(Rosemary), 45세, 지역 사회 사업가, 이혼, 딸과 거주, 호주 출생, 부모는 앵글로-셀틱 인

토니(Tony), 20세, 기술대학 학생, 미혼, 부모와 거주, 아이 없음, 호주 출생, 아버지는 이탈리아 인, 어

머니는 앵글로-셀틱 인
라지(Raj), 29세, 사무 변호사, 아내와 거주, 아이 없음, 호주 출생, 어머니는 스리랑카 인, 아버지는 앵글로-셀틱 인
길버트(Gilbert), 45세, 교수, 미혼, 혼자 살고 있음, 아이 없음, 체코 출생, 부모는 체코 인
마리아(Maria), 39세, 집 청소원, 남편과 거주, 아이 2명, 포르투갈 출생, 부모는 포르투갈 인
사라(Sarah), 35세, 사무 변호사, 미혼, 혼자 살고 있음, 아이 없음, 호주 출생, 부모는 앵글로-셀틱 인

언쟁을 하는지의 여부, 그들 스스로가 요리를 하는지의 여부와 그들이 요리하기를 즐기는지의 여부, 그들이 특정한 분위기에서 특정한 음식을 먹는지의 여부, 그리고 그들이 음식과 관련한 어떤 의례를 가지고 있는지의 여부.

세 번째 연구 전략은 보다 구체적으로 사람들이 식생활 및 건강과 관련한 논쟁에 어떻게 반응하는지를 탐구하는 데 초점이 맞추어져 있다. 그중에서도 콜레스테롤을 통제하는 것의 중요성에 대한 논쟁과 뉴스 미디어가 그러한 논쟁을 구성하는 데서 수행하는 역할에 특히 초점을 맞추었다.* 1994년도 전반기에 시드니에 거주하는 사람들로 이루어진 12개의 반半구조화된 포커스 그룹이 일련의 토론을 벌었다. 그러한 토의들 역시 녹음되어 글로 옮겨졌다. 〈표 3〉은 그 포커스 그룹 성원들의 인구학적 세부 사항을 기록한 것이다. 토론에 참여한 총 49명 중에서 여자가 31명, 남자가 18명이었다. 편안한 환경에서 참여자들이 응답할 수 있도록 하기 위해 포커스 그룹은 대체로 기존의 사회적 네트워크 — 친구, 친척 또는 직장 동료 — 에 의존하여 구성되었다. 포커스 그룹의 토의는 건강과 라이프스타일 간의 관계에 대한 일반적인 질문에서부터 시작되었다. 그다음에 질문들은 보다 구체적으로 건강과 식생활에 대한 미디어의 보도에 초점이 맞추어져 있다. 그룹의 각 성원에게는 지방과 콜레스테롤의 식이 섭취와 건강 상태 간의 연관성과 관련하여 모순적인 충고를 하는 세 편의 최근 신문 기사 복

* 시드니 대학교 공중 보건·지역사회의료학과가 나와 시몬 체프먼(Simon Chapman)에게 제공한 국립심장재단(National Heart Foundation)의 연구비를 지원받아 연구가 이루어졌다.

〈표 3〉 **포커스 그룹 참여자**

그룹 1:	여성 간호사(21세), 여성 부동산 사무소 보조원(45세), 남성 학생(20세), 여성 대학생(20세), 여성 대학생(22세)
그룹 2:	여성 호스티스(54세), 여성 상점 매니저(56세), 여성 은퇴자(77세)
그룹 3:	남성 학생(25세), 여성 교사(22세), 여성 교사(22세), 남성 세일즈 매니저(22세)
그룹 4:	여성 접수원(46세), 여성 가정 내 부업 노동자(77세), 자영업 종사 여성(39세), 여성 출납원(50세), 여성 출납원(41세)
그룹 5:	여성 사무원(40세), 남성 투자자(43세), 여성 지역 사회 사업가(45세), 남성 소프트웨어 복제사(30세), 여성 간호사(23세)
그룹 6:	여성 비서(47세), 여성 경리 사원(51세), 여성 지역 사회 간호사(49세)
그룹 7:	여성 가정 내 부업 노동자(60세), 여성 가정 내 부업 노동자(70세), 여성 미용사(55세), 여성 가정 내 부업 노동자(65세)
그룹 8:	여성 가정 내 부업 노동자(42세), 여성 간호사(55세), 여성 점원(19세), 여성 미용사(24세)
그룹 9:	여성 판매 보조원(29세), 여성 상점 매니저(51세), 여성 모형 제작자(23세)
그룹 10:	남성 안경사 겸 소방관(43세), 남성 트럭 운전사(21세), 남성 노동자(42세), 남성 소방관(38세)
그룹 11:	남성 직업소개소 직원(28세), 남성 세일즈 매니저(38세), 남성 교사(43세), 남성 금융 분석가(23세), 남성 비즈니스 어드바이저(29세)
그룹 12:	남성 홍보 관리자(28세), 남성 고객 관리 노동자(49세), 남성 연예·홍보 관리자(41세), 남성 홍보 관리자(49세)

사본을 주고 읽게 했다. 참여자들은 그러한 뉴스 보도를 어떻게 생각하는가 그리고 어떻게 하는 것이 '옳은지'(즉 건강을 위해 사람들은 어떤 종류의 음식을 먹어야 하는지 또는 먹지 말아야 하는지)를 어떻게 알고 있는가라는 질문을 받았다. 마지막으로, 그들은 건강해지고 또 건강을 유지하기 위해 어떻게 해야 하는지에 대한 '올바른' 조언을 누구에게서 들을 수 있다고 생각하는가라는 질문을 받았다.

글로 쓰인 기억과 인터뷰 녹취록 그리고 포커스 그룹 토의는 참여자들이 음식과 먹기에 대한 자신들의 이해와 경험을 표현하기 위해, 그리고 그러한 특별한 맥락에서 자신들을 표현하기 위해 의존한 담론에 준거하여 분석되었다. 담론 개념은 경쟁하는 영역을 분석하는 데 유용하다. 왜냐하면 그것은 사람들이 현상을 표현하는 방식에서 합의 또는 일관성보다는 가변성을 인정하고 또 개인들이 일반적으로 대화에서 일관적인 설명뿐만 아니라 서로 경쟁하는 또는 모순적인 설명들도 이용한다는 것, 즉 다양한 해석 레퍼토리를 이용하여 상이한 과업을 수행하고 특정한 방식으로 자신들을 표현한다는 점을 받아들이기 때문이다(Potter and Wetherell, 1987: 156). 이 분석 방법은 그러한 조사의 참여자들이 표현하는 담론들이 특정한 문화 속에서 이미 회자되는 기존의 축적된 담론들로부터 생산된다는 것을 받아들인다. 사람들이 자신의 경험을 표현하고 그것을 이해하는 데서 담론을 선택한다는 사실은 담론의 위계를 보여줄 뿐만 아니라 또한 상충하는 모순적 담론들이 존재한다는 것을 입증하는 것이기도 하다.

그러므로 언어와 담론의 사용은 사회적·공간적으로 매우 맥락적이다. 헤르메스(Hermes, 1993: 501)가 이 접근 방법에 대해 기술하듯이, 이 방법은 "일상 담화의 혼란스러운 속성을 직접 다루고 다른 한편으로는 일상의 창조성을 강조한다"는 장점이 있다. 따라서 녹취록은 사회적으로 구성된 텍스트로 취급되었다. 즉 그것은 현실에 대한 '참' 또는 '거짓' 견해의 표현으로서가 아니라 '상황에 입각한 서사' 또는 관점, 신념 체계, 가정, 도덕 형식의 표현으로 이용되었다(Silverman, 1993: 107~108; Tulloch and Lupton, 1994: 132).

참고문헌

Adair, G. 1986. *Myths and Memories*. London: Fontana.

Adams, C. 1990. *The Sexual Politics of Meat: A Feminist-Vegetarian Critical Theory*. New York: Continuum Publishing.

Anderson, E. 1984. "'Heating and cooling' foods re-examined." *Social Science Information*, 23(4/5), pp. 755~773.

Anonymous. 1992. "Confessions of a pregnant woman." *British Medical Journal*, 304, p. 126.

Appleby, A. 1979. "Diet in sixteenth-century England: sources, problems, possibilities." In Webster, C. (ed.). *Health, Medicine and Mortality in the Sixteenth Century*. Cambridge: Cambridge University Press, pp. 97~116.

Aronson, N. 1982. "Social definitions of entitlement: food needs 1885-1920." *Media, Culture and Society*, 4, pp. 51~61.

Ashkenazi, M. 1991. "From tachi soba to naorai: cultural implications of the Japanese meal." *Social Science Information*, 30(2), pp. 287~304.

Atkinson, P. 1983. "Eating virtue." In Murcott, A. (ed.). *The Sociology of Food and Eating*. Aldershot: Gower, pp. 9~17.

Australian Bureau of Statistics. 1994. *Apparent Consumption of Foodstuffs and Nutrients, Australia 1991-92*. Canberra: Australian Government Printing Service.

Backett, K. 1992. "Taboos and excesses: lay health moralities in middle class families." *Sociology of Health and Illness*, 14(2), pp. 255~273.

Backett, K., C. Davison and K. Mullen. 1994. "Lay evaluation of health and healthy lifestyles: evidence from three studies." *British Journal of General Practice*, 44, pp. 277~280.

Bakhtin, M. 1984. *Rabelais and His World*. Bloomington, IN: Indiana University Press.

Banks, C. 1992. "'Culture' in culture-bound syndromes: the case of anorexia nervosa."

Social Science and Medicine, 34(8), pp. 867~884.
Barthel, D. 1989. "Modernism and marketing; the chocolate box revisited." *Theory, Culture and Society*, 6, pp. 429~438.
Barthes, R. 1989. *Mythologies*. London: Paladin.
Beardsworth, A. and T. Keil. 1992. "The vegetarian option: varieties, conversions, motives and careers." *Sociological Review*, 40(2), pp. 252~293.
Beck, U. 1992. *Risk Society: Towards a New Modernity*. London: Sage.
Beechey, V. 1985. *Familial ideology*. In V. Beechey and J. Donald(eds). *Subjectivity and Social Relations*. Milton Keynes: Open University Press, pp. 98~120.
Belk, R. 1993. "Materialism and the making of the modern American Christmas." In D. Miller(ed.). *Unwrapping Christmas*. Oxford: Oxford University Press, pp. 75~104.
Bell, R.M. 1985. *Holy Anorexia*. Chicago: University of Chicago Press.
Bender, A. 1986. "Food and nutrition: principles of nutrition and some current controversies in western countries." In C. Ritson, L. Gofton and J. McKenzie (eds). *The Food Consumer*. Chichester: John Wiley and Sons, pp. 37~58.
Berry, W. 1992. "The pleasures of eating." In D. Curtin and L. Heldke(eds). *Cooking, Eating, Thinking: Transformative Philosophies of Food*. Bloomington, IN: Indiana University Press, pp. 374~379.
Biasin, G.-P. 1993. *The Flavours of Modernity: Food and the Novel*. Princeton, NJ: Princeton University Press.
Bilson, G. 1994. "The blood of others." *Good Weekend*, 14 May, pp. 66~68.
Blaxter, M. and E. Paterson. 1983. "The goodness is out of it: the meaning of food to two generations." In A. Murcott(ed.). *The Sociology of Food and Eating*. Aldershot: Gower, pp. 95~105.
Blumhagen, D. 1980. "Hypertension: a folk illness with a medical name." *Culture, Medicine and Psychiatry*, 4, pp. 197~227.
Bordo, S. 1990. "Reading the slender body." In M. Jacobus, E.F. Keller and S. Shuttleworth(eds). *Body/Politics: Women and the Discourses of Science*. New York: Routledge, pp. 83~112.
_____. 1992. "Anorexia nervosa: psychopathology as the crystallization of culture." In D. Curtin and L. Heldke(eds). *Cooking, Eating, Thinking: Transformative Philosophies of Food*. Bloomington, IN: Indiana University Press, pp. 28~55.

Bourdieu, P. 1984. *Distinction: A Social Critique of the Judgement of Taste*. London: Routledge and Kegan Paul.

Brannen, J., K. Dodd, A. Oakley and P. Storey. 1994. *Young People, Health and Family Life*. Buckingham: Open University Press.

Bray, A. 1994. "The edible woman: reading/eating disorders and femininity." *Media Information Australia*, 72, pp. 4~10.

Brighthope, I. and R. Maier with P. Fitzgerald. 1989. *A Recipe for Health: Building a Strong Immune System*. Melbourne: McCulloch.

Brumberg, J. 1988. *Fasting Girls: The Emergence of Anorexia Nervosa as a Modern Disease*. Cambridge, MA: Harvard University Press.

Buckland, R. 1994. "Food, old and new: what limitations?" In B. Harriss-White and R. Hoffenberg(eds). *Food: Multidisciplinary Perspectives*. Oxford: Basil Blackwell, pp. 157~173.

Burgoyne, J. and D. Clarke. 1983. "You are what you eat: food and family reconstitution." In A. Murcott(ed.). *The Sociology of Food and Eating*. Aldershot: Gower, pp. 152~153.

Bynum, C. 1987. *Holy Feast and Holy Fast: The Religious Significance of Food to Medieval Women*. Berkeley, CA: University of California Press.

Caine, B. and R. Pringle. 1995. "Introduction." In B. Caine and R. Pringle(eds). *Transitions: New Australian Feminisms*. Sydney: Alien and Unwin, pp. x~xiv.

Calnan, M. 1987. *Health and Illness: The Lay Perspective*. London: Tavistock.

_____. 1990. "Food and health: a comparison of beliefs and practices in middle-class and working-class households." In S. Cunningham-Burley and N. McKeganey (eds). *Readings in Medical Sociology*. London: Tavistock/Routledge, pp. 9~36.

Calnan, M. and S. Williams. 1991. "Style of life and the salience of health: an exploratory study of health related practices in households from differing socio-economic circumstances." Sociology of Health and Illness, 13(4), pp. 516~529.

Camporesi, P. 1989. *Bread of Dreams: Food and Fantasy in Early Modern Europe*. Cambridge: Polity Press.

Carrier, J. 1990. "Gifts in a world of commodities: the ideology of the perfect gift in American society." *Social Analysis*, 29, pp. 19~37.

Chapman, G. and H. Maclean. 1993. "'Junk food' and 'healthy food': meanings of food

in adolescent women's culture." *Journal of Nutrition Education*, 25, pp. 108~113.
Charles, N. and M. Kerr. 1986a. "Issues of responsibility and control in the feeding of families." In S. Rodmell and A. Watt(eds). *The Politics of Health Education: Raising the Issues*. London: Routledge and Kegan Paul, pp. 57~75.
_____. 1986b. "Food for feminist thought." *Sociological Review*, 34(3), pp. 537~572.
_____. 1988. *Women, Food and Families*. Manchester: Manchester University Press.
Cheal, D. 1988. *The Gift Economy*. London: Routledge.
Chemin, K. 1992. "Confessions of an eater." In D. Curtin and L. Heldke(eds). *Cooking, Eating, Thinking: Transformative Philosophies of Food*. Bloomington, IN: Indiana University Press, pp. 5~7.
Clare, A. 1994. "Dreaming of a right Christmas." *The Australian Magazine*, 17-18 December, pp. 12~15.
Corbin, A. 1986. *The Foul and the Fragrant: Odour and the French Social Imagination*. Cambridge, MA: Harvard University Press.
Cosman, M. 1976. *Fabulous Feasts: Medieval Cookery and Ceremony*. New York: George Braziller.
Couch, S.-A. 1994. "Chef calls police as couple refuse to pay for 'bloody' steak." *Sydney Morning Herald*, 16 February.
Counihan, C. 1989. "An anthropological view of western women's prodigious fasting: a review essay." *Food and Foodways*, 3(4), pp. 357~375.
Coward, R. 1984. *Female Desire: Women's Sexuality Today*. London: Paladin.
_____. 1989. *The Whole Truth: The Myth of Alternative Health*. London: Faber and Faber.
Crawford, J., S. Kippax, J. Onyx, U. Gault and P. Benton. 1992. *Emotion and Gender: Constructing Meaning from Memory*. London: Sage.
Crawford, R. 1984. "A cultural account of 'health': control, release, and the social body." In J. McKinlay(ed.). *Issues in the Political Economy of Health Care*. New York: Tavistock, pp. 60~103.
Curtin, D. 1992a. "Food/body/person." In D. Curtin and L. Heldke(eds). *Cooking, Eating, Thinking: Transformative Philosophies of Food*. Bloomington, IN: Indiana University Press, pp. 3~22.
_____. 1992b. "Recipes for values." In D. Curtin and L. Heldke(eds). *Cooking, Eating,*

Thinking: Transformative Philosophies of Food. Bloomington, IN: Indiana University Press, pp. 123~144.

Davis, D. 1991. *Are You Poisoning Your Family?: The Facts about the Food We Eat.* Ringwood, Victoria: Lamont.

Davison, C., G. Davey Smith and S. Frankel. 1991. "Lay epidemiology and the prevention paradox: the implications of coronary candidacy for health education." *Sociology of Health and Illness*, 13(1), pp. 1~19.

Davison, C., S. Frankel and G. Davey Smith. 1992. "The limits of lifestyle: re- assessing 'fatalism' in the popular culture of illness prevention." *Social Science and Medicine*, 34(6), pp. 675~685.

DeVault, M. 1991. *Feeding the Family: the Social Organization of Caring as Gendered Work.* Chicago, IL: University of Chicago Press.

Diamond, H. and M. Diamond. 1990. *Fit for Life.* Sydney: Angus and Robertson.

Donald, J. 1992. *Sentimental Education: Schooling, Popular Culture and the Regulation of Liberty.* London: Verso.

Donzelot, J. 1979. *The Policing of Families.* New York: Pantheon Books.

Douglas, M. 1975. *Implicit Meanings: Essays in Anthropology.* London: Routledge and Kegan Paul.

_____. 1980/1966. *Purity and Danger: An Analysis of Concepts of Pollution and Taboo.* London: Routledge and Kegan Paul.

Douglas, M. and J. Gross. 1981. "Food and culture: measuring the intricacy of rule systems." *Social Science Information*, 20(1), pp. 1~35.

Douglas, M. and M. Nicod. 1974. "Taking the biscuit: the structure of the British meal." *New Society* 30, PP. 744~747.

Driver, C. 1983. *The British at Table, 1940-1980.* London: Chatto and Windus/The Hogarth Press.

Dupleix, J. 1994. "The enemy within." *Good Weekend*, 10 September, pp. 26~29.

Durack, T. 1994. "The meaning of soup." *Australian Gourmet Traveller*, June, pp. 10~13.

Eisenberg, A., H. Murkoff and S. Hathaway. 1990. *What to Eat When You're Expecting.* Sydney: Angus and Robertson.

Elias, N. 1978. *The Civilizing Process.* New York: Urizen.

Ellis, R. 1983. "The way to a man's heart: food in the violent home." In A. Murcott (ed.). *The Sociology of Food and Eating*. Aldershot: Gower, pp. 164~ 171.

Elmer-DeWitt, P. and A.-M. O'Neill. 1995. "Fat times." *Time Australia*, 27 February, pp. 42~49

Enzensberger, C. 1972. *Smut: An Anatomy of Dirt*. London: Calder and Boyars.

Esquivel, L. .1993. *Like Water for Chocolate*. London: Black Swan.

Falk, P. 1991. "Homo culinarius: towards an historical anthropology of taste." *Social Science Information*, 30(4), pp. 757~790.

_____. 1994. *The Consuming Body*. London: Sage.

Featherstone, M. 1990. "Perspectives on consumer culture." *Sociology*, 24(1), pp. 5~22.

_____. 1991. "The body in consumer culture." In M. Featherstone, M. Hepworth and B.S. Turner(eds). *The Body: Social Process and Cultural Theory*. London: Sage, pp. 170~196.

Fiddes, N. 1991. *Meat: A Natural Symbol*. London: Routledge.

Finkelstein, J. 1989. *Dining Out: A Sociology of Modern Manners*. Cambridge: Polity Press.

Fischler, C. 1980. "Food habits, social change and the nature/culture dilemma." *Social Science Information*, 19(6), pp. 937~953.

_____. 1986. "Learned versus 'spontaneous' dietetics: French mothers' views of what children should eat." *Social Science Information*, 25(4), pp. 945~965.

_____. 1987. "Attitudes towards sugar and sweetness in historical and social perspective." In J. Dobbing(ed.). *Sweetness*. Berlin: Springer-Verlag, pp. 83~98.

_____. 1988. "Food, self and identity." *Social Science Information*, 27(2), pp. 275~ 292.

Flax, J. 1993. "Mothers and daughters revisited." In J. van Mens-Verhulst, K. Schreurs and L. Woertman(eds). *Daughtering and Mothering: Female Subjectivity Reanalysed*. London: Routledge, pp. 145~156.

Fordyce, E.T. 1987. "Cookbooks of the 1800s." In K. Grover(ed.). *Dining in America: 1850-1900*. Rochester, NY: University of Massachusetts Press and the Margaret Woodbury Strong Museum, pp. 85~113.

Foucault, M. 1979. *The History of Sexuality: Volume I, An Introduction*. London: Penguin.

_____. 1984. "Truth and power." In P. Rabinow(ed.). *The Foucault Reader*. New York:

Pantheon, pp. 51~75.

_____. 1988. "Technologies of the self." In L.H. Martin, H. Gutman and P.H. Hutton (eds). *Technologies of the Self: A Seminar with Michel Foucault*. London: Tavistock, pp. 16~49.

Fowler, R. 1991. *Language in the News: Discourse and Ideology in the Press*. London: Routledge.

Fox, N. 1993. *Postmodernism, Sociology and Health*. Buckingham: Open University Press.

Fraser, M. 1994. "Australia makes a meal of the family duels." *Sydney Morning Herald*, 31 December, 15.

Gamarnikow, E. and J. Purvis. 1983. "Introduction." In E. Gamarnikow, D. Morgan, J. Purvis and D. Taylorson(eds). *The Public and the Private*. London: Heinemann, pp. 1~6.

Garrett, C. 1993. "Myth and ritual in recovery from anorexia nervosa." Unpublished PhD thesis, University of New South Wales, Sydney.

Giddens, A. 1992. *The Transformation of Intimacy: Sexuality, Love and Eroticism in Modern Societies*. Cambridge: Polity Press.

Goldstein, N. 1994. "Edible scents." *Vogue Entertaining*, December/January, 36.

Gronow, J. 1993. "What is 'good taste'?" *Social Science Information*, 32(2), pp. 279~301.

Grosz, E. 1990. "Inscriptions and body-maps: representations and the corporeal." In T. Threadgold and A. Cranny-Francis(eds). *Feminine/Masculine and Representation*. Sydney: Alien and Unwin, pp. 62~74.

_____. 1994. *Volatile Bodies: Toward a Corporeal Feminism*. Sydney: Alien and Unwin.

Gusfield, J. 1987. "Passage to play: rituals of drinking time in American society." In M. Douglas(ed.). *Constructive Drinking: Perspectives on Drink from Anthropology*. Cambridge: Cambridge University Press, pp. 73~90.

Halligan, M. 1990. *Eat My Words*. Sydney: Angus and Robertson.

Hamilton, S. 1992. "Why the lady loves $C_6H_5(CH_2)_2NH_2$." *New Scientist*, 19/26 December, pp. 26~28.

Haraway, D. 1988. "A manifesto for cyborgs: science, technology, and socialist feminism in the 1980s." In E. Weed(ed.). *Coming to Terms: Feminism, Theory, and Practice*. New York: Routledge, pp. 173~204.

Hardt-Mautner, G. 1995. "'How does one become a good European?': the British press and European integration." *Discourse and Society*, 6(2), pp. 177~207.

Haslam, D. 1987. *Eat It Up! A Parent's Guide to Eating Problems*. London: Futura.

Heldke, L. 1992a. "Foodmaking as a thoughtful practice." In D. Curtin and L. Heldke (eds). *Cooking, Eating, Thinking: Transformative Philosophies of Food*. *Bloomington*. IN: Indiana University Press, pp. 203~229.

_____. 1992b. "Food politics, political food." In D. Curtin and L. Heldke(eds). *Cooking, Eating, Thinking: Transformative Philosophies of Food*. Bloomington, IN: Indiana University Press, pp. 301~327.

Helman, C. 1978. "'Feed a cold, starve a fever' - folk models of infection in an English suburban community, and their relation to medical treatment." *Culture, Medicine and Psychiatry*, 2, pp. 107~137.

Henriques, J., W. Hollway, C. Urwin, C. Venn and V. Walkerdine. 1984. "Theorizing subjectivity." In J. Henriques, W. Hollway, C. Urwin, C. Venn and V. Walkerdine(eds). *Changing the Subject: Psychology, Social Regulation and Subjectivity*. London: Methuen, pp. 203~226.

Hermes, J. 1993. "Media, meaning and everyday life." *Cultural Studies*, 7(3), pp. 493~506.

Homans, H. 1983. "A question of balance: Asian and British women's perceptions of food during pregnancy." In A. Murcott(ed.). *The Sociology of Food and Eating*. Aldershot: Gower, pp. 73~83.

Iossifides, A. 1992. "Wine: life's blood and spiritual essence in a Greek Orthodox convent." In D. Gefou-Madianou(ed.). *Alcohol, Gender and Culture*. London: Routledge, pp. 80~100.

Jackson, S. 1993. "Even sociologists fall in love: an exploration in the sociology of emotions." *Sociology*, 27(2), pp. 201~220.

James, A. 1982. "Confections, concoctions and conceptions." In B. Waites, T. Bennett and G. Martin(eds). *Popular Culture: Past and Present*. London: Croom Helm, pp. 294~307.

_____. 1990. "The good, the bad and the delicious: the role of confectionary in British society." *Sociological Review*, 38(4), pp. 666~688.

James, P. 1994. "The nature of food: essential requirements." In B. Harriss-White and R. Hoffenberg(eds). *Food: Multidisciplinary Perspectives*. Oxford: Basil Blackwell, pp. 27~40.

Jeanneret, M. 1991. *A Feast of Words: Banquets and Table Talk in the Renaissance*. Cambridge: Polity Press.

Jenkins, R. 1991. *Food for Wealth or Health?: Towards Equality in Health*. London: Socialist Health Association.

Kasson, J. F. 1987. "Rituals of dining: table manners in Victorian America." In K. Grover(ed.). *Dining in America: 1850-1900*. Rochester, NY: University of Massachusetts Press and the Margaret Woodbury Strong Museum, pp. 114~141.

Khare, R. 1980. "Food as nutrition and culture: notes towards an anthropological methodology." *Social Science Information*, 19(3), pp. 519~542.

Kippax, S. 1990. "Memory work: a method." In J. Daly and E. Willis(eds). *The Social Sciences and Health Research*. Canberra: Public Health Association of Australia, pp. 93~97.

Kristeva, J. 1982. *Powers of Horror: An Essay on Abjection*. New York: Columbia University Press.

Kuper, A. 1993. "The English Christmas and the family: time out and alternative realities." In D. Miller(ed.). *Unwrapping Christmas*. Oxford: Oxford University Press, pp. 157~175.

Kurosawa, S. 1994. "Horses for courses." *The Weekend Australian Magazine*, 12-13 February, 8.

Laermans, R. 1993. "Bringing the consumer back in." *Theory, Culture and Society*, 10, pp. 153~161.

Lalonde, M. 1992. "Deciphering a meal again, or the anthropology of taste." *Social Science Information*, 31(1), pp. 69~86.

Leonard, D. and M.A. Speakman. 1986. "Women in the family: companions or caretakers?" In V. Beechey and E. Whitelegg(eds). *Women in Britain Today*. Milton Keynes: Open University Press, pp. 8~76.

Levenstein, H. 1988. *Revolution at the Table: The Transformation of the American Diet*. New York: Oxford University Press.

_____. 1993. *Paradox of Plenty: A Social History of Eating in Modem America*. New York: Oxford University Press.

Levi-Strauss, C. 1970. *The Raw and the Cooked*. London: Jonathon Cape.

Littlewood, F. 1994. "Cooking with a vengeance: food for people you hate." *Good Weekend*, 3 December, pp.112~118.

Lofgren, O. 1993. "The great Christmas quarrel and other Swedish traditions." In D. Miller(ed.). *Unwrapping Christmas*. Oxford: Oxford University Press, pp. 217~234.

Lupton, D. 1994. "'The great debate about cholesterol': medical controversy and the news media." *Australian and New Zealand Journal of Sociology*, 30(3), pp. 334~349.

Lupton, D. 1995. *The Imperative of Health: Public Health and the Regulated Body*. London: Sage.

McEntee, J. 1994. "Cinematic representations of the vengeful woman." *Media Information Australia*, 72, pp. 41~48.

Mcintyre, S. 1983. "The management of food in pregnancy." In A.Murcott(ed.). *The Sociology of Food and Eating*. Aldershot: Gower, pp. 57~72.

McKie, L., R. Wood and S. Gregory. 1993. "Women defining health: food, diet and body image." *Health Education Research: Theory and Practice*, 8(1), pp. 35~41.

Mahoney, M. A. and B. Yngvesson. 1992. "The construction of subjectivity and the paradox of resistance: reintegrating feminist anthropology and psychology." *Signs: Journal of Women in Culture and Society*, 18(1), pp, 44~73.

Maitland, S. 1988. "Gluttony." In A. Fell(ed.). *The Seven Deadly Sins*. London: Serpent's Tail, pp. 141~162.

Mansfield, A. and B. McGinn. 1993. "Pumping irony: the muscular and the feminine." In S. Scott and D. Morgan(eds). *Body Matters: Essays on the Sociology of the Body*. London: Falmer, pp. 49~68.

Mauss, M. 1990. *The Gift: The Form and Reason for Exchange in Archaic Societies*. London: Routledge.

Mennell, S. 1985. *All Manners of Food: Eating and Taste in England and France from the Middle Ages to the Present*. Oxford: Basil Blackwell.

_____. 1991. "On the civilizing of appetite." In M. Featherstone, M. Hepworth and B. Turner(eds). *The Body: Social Process and Cultural Theory*. London: Sage, pp.

126~156.

Mennell, S., A. Murcott and A. van Otterloo. 1992. "The sociology of food: eating, diet and culture." *Current Sociology,* 40(2).

Miller, D. 1993. "A theory of Christmas." In D. Miller(ed.). *Unwrapping Christmas.* Odord: Oxford University Press, pp. 3~37.

Mintz, S. 1986. *Sweetness and Power: The Place of Sugar in Modern History.* New York: Penguin.

Moorhouse, F. 1994. "On the disorder in language and eating." *Sydney Review*, September, 7.

Morris, M. 1995. "Retreat from vegetarianism." *British Medical Journal*, 310, p. 880.

_____. 1994. "What do cyborgs eat?: oral logic in an information society." *Discourse*, 16(3), pp. 86~123.

Mouffe, C. 1989. "Radical democracy: modern or postmodern?" In A. Ross(ed.). *Universal Abandon? The Politics of Postmodernism.* Edinburgh: Edinburgh University Press, pp. 31~45.

Murcott, A. 1982. "On the social significance of the 'cooked dinner' in South Wales." *Social Science Information*, 21(4/5), pp. 677~696.

_____. 1983. "'It's a pleasure to cook for him': food, meal times and gender in some South Wales households." In E. Gamarnikow, D. Morgan, J. Purvis and D. Taylorson(eds). *The Public and the Private.* London: Heinemann, pp. 78~90.

_____. 1988. "On the altered appetites of pregnancy: conceptions of food, body and person." *Sociological Review*, 36(4), pp. 733~764.

_____. 1993a. "Purity and pollution: body management and the social place of infancy." In S. Soott and D. Morgan(eds). *Body Matters: Essays on the Sociology of the Body.* London: Falmer, pp. 122~134.

_____. 1993b. "Talking of good food: an empirical study of women's conceptualizations." *Food and Foodways*, 5(3), pp. 305~318.

Nations, M., L. Camino and F. Walker. 1985. "'Hidden' popular illnesses in primary care: residents' recognition and clinical implications." *Culture, Medicine and Psychiatry*, 9, pp. 223~240.

Nutbeam, D., M. Wise, A. Bauman, E. Harris and S. Leeder. 1993. *Goals and Targetsfor Australia's Health in the Year 2000 and Beyond.* Canberra: Australian Government

Publishing Service.

Oakley, A. 1979. *Becoming a Mother.* Oxford: Martin Robertson.

Oliver, K. 1992. "Nourishing the speaking subject: a psychoanalytic approach to abominable food and women." In D. Curtin and L. Heldke(eds). *Cooking, Eating, Thinking: Transformative Philosophies of Food.* Bloomington, IN: Indiana University Press, pp. 68~84.

Orbach, S. 1988. *Fat is a Feminist Issue.* London: Arrow Books.

Pangborn, R. M. 1987. "Selected factors influencing sensory perception of sweetness." In J. Dobbing(ed.). *Sweetness.* Berlin: Springer-Verlag, pp. 49~66.

Paterson, E. 1981. "Food-work: maids in a hospital kitchen." In P. Atkinson and C. Health(eds). *Medical Work: Realities and Routines.* Farnborough, England: Gower, pp. 152~170.

Phoenix, A. and A. Woollett. 1991. "Motherhood: social construction, politics and psy-chology." In A. Phoenix, A. Woollett and E. Lloyd(eds). Motherhood: Mean-ings, *Practices and Ideologies.* London: Sage, pp. 13~27.

Pill, R. 1983. "An apple a day ... some reflections on working class mothers' views on food and health." In A. Murcott(ed.). *The Sociology of Food and Eating.* Aldershot: Gower, pp. 117~127.

Plato. 1992. From *Phaedo.* In D. Curtin and L. Heldke(eds). *Cooking, Eating, Thinking: Transformative Philosophies of Food.* Bloomington, IN: Indiana University Press, pp. 24~27.

Posner, T. 1983. "The sweet things in life: aspects of the management of diabetic diet." In A. Murcott(ed.). *The Sociology of Food and Eating.* Aldershot: Gower, pp. 128~137.

Potter, J. and M. Wetherell. 1987. *Discourse and Social Psychology: Beyond Attitudes and Behaviour.* London: Sage.

Pringle, R. and S. Collings. 1993. "Women and butchery: some cultural taboos." *Australian Feminist Studies*, 17, pp. 29~45.

Probyn, E. 1988. "The anorexic body." In A. Krokcr and M. Kroker(eds). *Body Invaders: Sexuality and the Postmodern Condition.* Canada: McMillan, pp. 201~211.

Reiger, K. 1985. *The Disenchantment of the Home: Modernizing the Australian Family 1880-1940.* Melbourne: Oxford University Press.

Revel, J.-F. 1992. "From *Culture and Cuisine*." In D. Curtin and L. Heldke(eds). *Cooking, Eating, Thinking: Transformative Philosophies of Food*. Bloomington, IN: Indiana University Press, pp. 244~250.

Richardson, D. 1993. *Women, Motherhood and Childrearing*. Houndsmills: Macmillan.

Ripe, C. 1993. *Goodbye Culinary Cringe*. Sydney: Alien and Unwin.

Ritson, C. and R. Hutchins. 1991. "The consumption revolution." In J. Slater(ed.). *50 Years: Fifty Years of the National Food Survey 1940-1990*. London: HMSO, pp. 35~46.

Ross, E. 1993. *Love and Toil: Motherhood in Outcast London 1870-1918*. New York: Oxford University Press.

Rothblum, E.D. 1992. "The stigma of women's weight: social and economic realities." *Feminism and Psychology*, 2(1), pp, 61~73.

Rozin, P., M. Pelchat and A. Fallon. 1986. "Psychological factors influencing food choice." In C. Ritson, L. Gofton and J. McKenzie(eds), *The Food Consumer*. Chichester: John Wiley and Sons, pp. 85~106.

Rutherford, J. 1992. *Men's Silences: Predicaments in Masculinity*. London: Routledge.

Sahlins, M. 1972. *Stone Age Economics*. Chicago, IL: Aldine Publishing Company.

_____. 1976. *Culture and Practical Reason*. Chicago, IL: University of Chicago Press.

Santich, B. 1994. "Good for you: beliefs about food and their relation to eating habits." *Australian Journal of Nutrition and Dietetics*, 51(2), pp. 68~73.

Schivelbusch, W. 1993. *Tastes of Paradise: A Social History of Spices, Stimulants, and Intoxicants*. New York: Vintage.

Schwartz, H. 1986. *Never Satisfied: A Cultural History of Diets, Fantasies and Fat*. New York: The Free Press.

Searle-Chatterjee, M. 1993. "Christmas cards and the construction of social relations in Britain today." In D. Miller(ed.). *Unwrapping Christmas*. Oxford: Oxford University Press, pp. 176~192.

Sennett, R. 1976. *The Fall of Public Man*. Cambridge: Cambridge University Press.

Shapiro, S. 1994. "Re-membering the body in critical pedagogy." *Education and Society*, 12(1), pp. 61~78.

Shilling, C. 1993. *The Body and Social Theory*. London: Sage.

Shuttleworth, S. 1993. "A mother's place is in the wrong." *New Scientist*, 25 December, pp. 38~40.

Silverman, D. 1993. *Interpreting Qualitative Data: Methods for Analysing Talk, Text and Interaction*. London: Sage.

Singer, P. 1992. "Becoming a vegetarian." In D. Curtin and L. Heldke(eds). *Cooking, Eating, Thinking: Transformative Philosophies of Food*. Bloomington, IN: Indiana University Press, pp. 172-93.

Siskind, J. 1992. "The invention of Thanksgiving: a ritual of American nationality." *Critique of Anthropology*, 12(2), pp. 167~191.

Smith, D. and M. Nicolson. 1993. "Health and ignorance: past and present." In S. Platt, H. Thomas, S. Scott and G. Williams(eds). *Locating Health: Sociological and Historical Explorations*. Aldershot: Avebury, pp. 221~244.

Spencer, C. 1994. *The Heretic's Feast: A History of Vegetarianism*. London: Fourth Estate.

Stern, B. 1992. "Historical and personal nostalgia in advertising text: the fin de siècle effect." *Journal of Advertising*, 11(4), pp. 11~22.

Symons, M. 1984. *One Continuous Picnic: A History of Eating in Australia*. Ringwood, Victoria: Penguin.

Taylor, C. 1989. *Sources of the Self: The Making of the Modern Identity*. Cambridge: Cambridge University Press.

Tollin, K. 1990. "Trends in the choice of food and indicators of differences in consumption styles." In J. Somogyi and E. IKoskinen(eds). *Nutritional Adaptation to New Life-Styles*. Basel: Kruger, pp. 17~29.

Tulloch, J. and D. Lupton. 1994. "Health communication after ICA/ANZCA '94: some issues of theory and method." *Australian Journal of Communication*, 21(2), pp. 122~137.

Turner, B. 1982. "The government of the body: medical regimens and the rationalization of diet." *British Journal of Sociology*, 33(2), pp. 254~269.

_____. 1984. The *Body and Society: Explorations in Social Theory*. Oxford: Basil Blackwell.

_____. 1991. "The discourse of diet." In M. Featherstone, M. Hepworth and B. Turner(eds). *The Body: Social Process and Cultural Theory*. London: Sage, pp.

157~169.

_____. 1992. *Regulating Bodies: Essays in Medical Sociology*. London: Routledge.

Twigg, J. 1983. "Vegetarianism and the meanings of meat." In A. Murcott(ed.). *The Sociology of Food and Eating*. Aldershot: Gower, pp. 18~30.

Urry, J. 1990. *The Tourist Gaze: Leisure and Travel in Contemporary Societies*. London: Sage.

Vialles, N. 1994. *Animal to Edible*. Cambridge: Cambridge University Press.

Vigarello, G. 1988. *Concepts of Cleanliness: Changing Attitudes in France since the Middle Ages*. Cambridge: Cambridge University Press.

Visser, M. 1986. *Much Depends on Dinner: The Extraordinary History and Mythology, Allure and Obsessions, Perils and Taboos, of an Ordinary Meal*. London: Penguin.

Visser, M. 1991. *The Rituals of Dinner: The Origins, Evolution, Eccentricities, and Meaning of Table Manners*. New York: Grove Widenfeld.

Walker, R. and D. Roberts. 1988. *From Scarcity to Surfeit: A History of Food and Nutrition in New South Wales*. Sydney: New South Wales University Press.

Warde, A. and K. Hetherington. 1994. "English households and routine food practices." *Sociological Review*, 42(4), pp. 758~778.

Warnock, F. 1994. "The myth about processed foods." *Australian Food Foundation Newsletter*, 8, pp. 1~2.

Watson, J. M. 1993. "Male body image and health beliefs: a qualitative study and implications for health promotion practice." *Health Education Journal*, 52(4), pp. 246~252.

Weedon, C. 1992. *Feminist Practice and Poststructuralist Theory*. Oxford: Blackwell.

Wheeler, E. and S. Tan. 1983. "Food for equilibrium: the dietary principles and practice of Chinese families in London." In A. Murcott(ed.). *The Sociology of Food and Eating*. Aldershot: Gower, pp. 84~94.

Wheelock, J. 1990. "Consumer attitudes towards processed foods." In J. Somogyi and E. Koskinen(eds). *Nutritional Adaptation to New Life-Styles*. Basel: Kruger. pp. 125~132.

White, P. and J. Gillett. 1994. "Reading the muscular body: a critical decoding of advertisements in Flex magazine." *Sociology of Sport Journal*, 11, pp. 18~39.

Whorton, J. 1989. "Eating to win: popular conceptions of diet, strength, and energy in the early twentieth century." In K. Grover(ed.). *Fitness in American Culture: Images of Health, Sport, and the Body, 1830-1940*. Amherst and New York: University of Massachusetts Press and the Margaret Wood bury Strong Museum, pp. 86~122.

Williams, R. 1983. "The salt of the earth: ideas linking diet, exercise and virtue among elderly Aberdonians." In A. Murcott(ed.). *The Sociology of Food and Eating*. Aldershot: Gower, pp. 106~116.

Wohl, A. 1983. *Endangered Lives: Public Health in Victorian Britain*. London: J.M. Dent and Sons.

찾아보기

● 인명 찾아보기

● 항목 찾아보기

● **책 찾아보기**

● 영화 찾아보기

책을 옮기고 나서

이 책은 호주의 여류 사회학자 데버러 럽턴의 『음식, 몸, 자아』를 우리말로 옮겨 펴낸 것이다. 번역본을 출간하며 아직 음식사회학의 지평이 넓지 않은 국내 상황을 반영하여 제목을 이 책이 집중적으로 다루는 내용보다 좀 더 광범한 범주인 『음식과 먹기의 사회학』으로 바꾸고 원래의 제목을 부제로 삼았기 때문에, 이 분야에 관심 있는 독자라면 이미 옮긴이가 번역하여 출간한 다른 책들을 머리에 떠올리며, 음식 레토릭을 이용하면 "그 밥에 그 나물"이라고 쉽게 판단할 수도 있다.

이 책이 첫 출간된 지 벌써 많은 시간이 흘렀지만, 옮긴이의 눈을 사로잡고 또 옮기기까지 하게 된 데에는 이 책이 다른 음식 관련 저술들과는 다른 독특한 몇 가지 특징이 있기 때문이었다. 첫째, 이 책 역시 다른 음식사회학 책처럼 사회구성주의적 관점을 견지하고 있지만, 음식과 감정의 관계를 직접적으로 다루고 있다. 옮긴이 역시 음식사회학과 감정사회학에 관심을 가지고 이와 관련된 몇 편의 글을 쓰고 몇 권의 책을 번역한 터라 이 책과의 만남은 반갑기 그지없었다. 특히 이 책은 음식과 관련한 감정들이 어떻게 형성되고 또 그것이 사람들의 먹기 습관과 먹기 관행을 틀 짓는지를 세밀하고 흥미롭게 추적한다.

둘째는, 이 책이 음식과 감정의 관계를 다루는 것에서도 엿보이듯이, 이 책은 음식과 관련한 여러 세부 항목들을 교과서식으로 나열하여 다루는 것이 아니라, 책의 원제목대로 음식과 몸과 자아의 관계, 어쩌면 우리 사회의 화두 중의 하나를 정면으로 다룬다. 즉 럽턴은 "먹는 것이 곧 자신이다"라는 철학자 루드비히 포이어바흐의 언명을 경험적으로 검증한다고도 할 수도 있다. 보다 구체적으로는 럽턴은 서구 사회의 음식 습관과 음식 관행, 문화, 육체화, 자아의 뒤얽힘을 어린 시절, 엄마-아이 관계, 음식 취향, 호오, 외식 경험, 영성, '문명화된' 몸의 측면에서 논의한다.

셋째는 그녀의 연구방법론이다. 음식과 감정에 관한 관심을 가지고 있는 연구자들을 당혹스럽게 하는 것은 주제의 흥미로움과 중요성에도 불구하고 어떻게 연구할지가 막막하다는 것이다. 왜냐하면 너무나 친숙한 주제인지라 통계적 방법으로는 진부한 결론 그 이상을 도출하기 힘들기 때문이다. 럽턴은 이 책을 통해 그러한 주제에 어떻게 접근할 수 있는지를 아주 잘 실천적으로 보여준다. 그녀는 음식, 몸, 자아의 관계를 규명할 수 있는 많은 이론적 자원들 — 푸코, 부르디외, 엘리아스, 더글라스, 크리스테바 등을 비롯한 수많은 사회문화이론가들 — 을 동원하고, 신문과 잡지의 기사, 광고, 영화 등으로부터 수많은 전거들을 따오고, 사람들의 음식과 먹기에 대한 기억, 사고, 경험, 생각을 직접 이끌어내는 세 가지 방법 — 기억 기술하기, 반半구조화된 개인면접, 포커스 그룹 토의 — 을 이용하여 생생한 자료들을 수집한 후, 이것들을 자신의 관점에서 씨줄과 날줄로 엮어낸다.

이러한 럽턴의 작업은 또다시 음식 레토릭을 활용하면, 동일한 재료를 가지고도 어떻게 색다르고 맛깔난 음식을 만들어낼 수 있는지를 보여준다고 할 수 있다. 아마 독자들은 이 메뉴를 맛보고 즐기면서, 엄격한 사회학적 분석에 고개를 끄덕이다가 자신의 이야기라는 착각에 빠지기도 하고 또 자신의 음식과 관련한 회상에 잠기기도 할 것이다.

도서출판 한울은 『메뉴의 사회학』과 『음식의 문화학』에 이어 이번에도 음식과 먹기의 사회학의 밥상에 이 새로운 메뉴를 올려놓을 수 있게 해주었다. 염정원 님은 이 메뉴의 출시 과정에서도 뒤처리를 깔끔하게 해주었고, 디자인 팀은 메뉴를 훨씬 더 돋보이게 장식해주었다. 출판사의 모든 분들께 항상 고마움을 느낀다. 하지만 옮긴이의 여전히 부족한 솜씨는 독자들의 식사를 불편하게 할지도 모른다. 솜씨가 더 늘 때까지는 양해를 구하는 수밖에 없을 것 같다.

2015년 봄비 오는 날에

박형신 씀

지은이 _

데버러 럽턴(Deborah Lupton)은 호주 시드니 대학교 사회학 및 사회정책학과 교수, 찰스 스터트 대학교 사회학 및 문화연구 교수를 지냈고, 현재 호주 캔버라 대학교 연구교수로 있다. 지금까지 건강, 몸, 감정, 위험에 관한 많은 책과 논문을 썼고, 최근에는 디지털 사회학에 관심을 가지고 연구를 수행하고 있다. 최근에 출간한 저작만으로도 *Digital Sociology*(2014), *The Unborn Human*(2013), *The Social Worlds of the Unborn*(2013), *Risk*(2nd edition, 2013), *Fat*(2012), *Medicine as Culture: Illness, Disease and the Body*(3rd edition, 2012) 등이 있다.

옮긴이 _

박형신은 고려대학교 대학원 사회학과에서 박사학위를 취득하고, 강원대학교 사회과학연구소 연구교수, 고려대학교 인문대학 사회학과 초빙교수, 연세대학교 사회발전연구소 연구교수 등을 지냈다. 현재 고려대학교와 한양대학교에서 강의하고 있다. 『정치위기의 사회학』, 『사건으로 한국사회 읽기』(공저), 『열풍의 한국사회』(공저), 『오늘의 사회이론가들』(공저) 등의 책을 썼고, 『사회학적 야망』, 『탈감정사회』, 『감정과 사회학』, 『메뉴의 사회학』(공역), 『음식의 문화학』(공역) 등 여러 책을 우리말로 옮겼다.

한울아카데미 1783

음식과 먹기의 사회학
음식, 몸, 자아

지은이 | 데버러 럽턴
옮긴이 | 박형신
펴낸이 | 김종수
펴낸곳 | 도서출판 한울

초판 1쇄 발행 | 2015년 5월 10일
초판 2쇄 발행 | 2015년 6월 15일

주소 | 413-120 경기도 파주시 광인사길 153 한울시소빌딩 3층
전화 | 031-955-0655
팩스 | 031-955-0656
홈페이지 | www.hanulbooks.co.kr
등록번호 | 제406-2003-000051호

Printed in Korea.
ISBN 978-89-460-5783-8 93330(양장)
978-89-460-6012-8 93330(반양장)

* 가격은 겉표지에 있습니다.
* 이 책은 강의를 위한 학생판 교재를 따로 준비했습니다.
강의 교재로 사용하실 때에는 본사로 연락해주십시오.